AF549607

Scott Cunningham

Magie mit Kristallen, Edelsteinen und Metallen

SCOTT CUNNINGHAM

Magie mit Kristallen, Edelsteinen und Metallen

Das große Lexikon und Praxisbuch

Übersetzt aus dem Amerikanischen
von Michael Schmidt

Die amerikanische Originalausgabe erschien 2002 unter dem Titel
»Cunningham's Encyclopedia of Crystal, Gem & Metal Magic« im Verlag
Llewellyn Publications, Woodbury, MN 55125, USA
(www.llewellyn.com).

1. Auflage 2023

Genehmigte Lizenzausgabe 2023 für
Nikol Verlagsgesellschaft mbH & Co. KG, Hamburg

Umschlaggestaltung: Nele Schütz Design unter
Verwendung von Shutterstock/wacomka (Kristalle),
Nadezhda Shu (Ornament)
Fotos im Bildteil: © by Llewellyn Worldwide
Gesetzt aus der 11,5/15 Punkt Minion bei
Christine Roithner Verlagsservice, Breitenaich
Druck und Bindung: CPI Moravia Books s.r.o.
Printed in the Czech Republic

ISBN: 978-3-86820-774-3

Besuchen Sie uns im Internet:
www.nikol-verlag.de

Dieses Buch ist Robert Thompson gewidmet,
der in mir das Interesse an Turmalinen
und am Steinesammeln geweckt und mir die Freude
an Kristallen und Steinen vermittelt hat.

Steine sind Geschenke der Erde. Sie sind Manifestationen der universalen Kräfte der Gottheit, der Göttin, Gottes und des Schicksals, die alles, was ist, was war und was ein potenzielles Sein hat, erschaffen haben.

Welche Geheimnisse birgt der am Strand liegende, vom Wasser glatt geschliffene Kieselstein? Welche verborgenen Energien pulsieren im Inneren des Edelsteins an Ihrem Finger, der Juwelen um Ihren Hals? Könnten gar die Steine, über die Sie hinweggehen, eine Liebe in Ihr Leben bringen oder Ihnen in finanzieller Hinsicht helfen?

Finden Sie die Antworten auf diese und andere Fragen selbst heraus. Die Kräfte im Inneren von Steinen stehen uns allen zu Gebote. Nutzen Sie weise die Schätze der Erde, dann werden sie Sie mit allem segnen, was Sie wirklich brauchen.

Inhalt

Einführung 9

TEIL EINS – GRUNDKENNTNISSE UND MAGIE

1 Die Kräfte der Steine 15
2 Magie 19
3 Steinenergien 27
4 Der Regenbogen der Kraft 32
5 Herzen, Diamanten und Sterne – die Magie der Form 42
6 Steine kaufen und sammeln 47
7 Das Reinigen der Steine 55
8 Die Geschichten in den Steinen 58
9 Weissagen mit Steinen 64
10 Ein Stein-Tarot 75
11 Die Magie des Schmucks 85
12 Steinzauber 90

TEIL ZWEI – MAGIE UND VOLKSWEISHEIT

13 Die Steine 99

TEIL DREI – DIE MAGIE DER METALLE

14 Die Metalle ... 225

TEIL VIER – ZUSÄTZLICHE INFORMATIONEN

Die Tabellen ... 261
- Energie – projektive und rezeptive Steine ... 262
- Beherrschende Planeten ... 264
- Beherrschende Elemente ... 268
- Magische Intentionen ... 271
- Magische Ersatzsteine ... 278
- Geburtssteine ... 280

Bezugsquellen ... 282

Glossar ... 283

Über den Autor ... 289

Danksagung ... 291

Literaturverzeichnis ... 293

Einführung

Kristalle, Steine, Metalle. Amethyst für inneren Frieden. Quarz für Energie. Silber für Seelisches.

Seit den frühesten prähistorischen Zeiten bis in unser technisches Zeitalter hinein finden wir Schönheit, Kraft und Geheimnis in Steinen. Genau wie Pflanzen und Kräuter besitzen auch Steine und Metalle Energien. Mit ihren Kräften können wir uns und unser Leben ändern.

Die Magie der Steine ist uralt. Alles begann, als die Menschen der Frühzeit spürten, dass in den Steinen um sie herum irgendeine Kraft oder Energie eingeschlossen ist. Wahrscheinlich wurden Steine zunächst als Amulette verwendet – also als Objekte, die getragen wurden, um Negatives oder »Böses« abzuleiten. Später wurden sie als Gottheiten verehrt, als Opfergaben dargebracht und als Segen für die Fruchtbarkeit des Landes vergraben. Ihr Gebrauch ist sehr eng mit Religion, Ritual und Magie verbunden.

Heute ist die Magie der Steine bei Abermillionen Menschen in Vergessenheit geraten. Die industrielle Revolution und die beiden verheerenden Weltkriege haben das isolierte Dorfleben zerstört, in dem die alte Magie von Generation zu Generation weitergegeben wurde.

Inzwischen hat aber ein neues Wissen um den magischen Wert von Steinen und Metallen geradezu Hochkonjunktur. Dieses plötzliche Interesse ist beispiellos in der Geschichte der Menschheit und wie der zunehmende Gebrauch von Kräutern in der Magie ein weiterer Beleg dafür, dass die Menschen ihr Leben im Zeitalter des Mikrochips nicht befriedigt. Irgendetwas fehlt ihnen – die Magie.

Während meiner sechzehnjährigen Reise in die Welt des Schamanismus und der Magie bin ich zu der Überzeugung gelangt, dass früher oder später jeder Aspekt der menschlichen Existenz von Magie bestimmt wird. Im Laufe der Jahrhunderte haben wir dieses Wissen zwar größtenteils verloren, aber wenigstens sind uns davon verlockende Fragmente geblieben.

Selbst Menschen, die sich nicht für Magie interessieren, glauben, dass es Glück bringt, Geburtssteine zu tragen, dass Perlen für eine Braut Tränen bedeuten und dass der Hope-Diamant verflucht sei. Sie wissen vielleicht nicht, warum sie solche Dinge glauben, aber sie tun es.

Wenn wir in die Vergangenheit zurückblicken, bis zu einem Zeitalter, in dem die mystischen Eigenschaften von Steinen und Metallen außer Frage standen, finden wir Antworten auf unsere Fragen.

Steine sind wie Farben, Pflanzen und andere natürliche Objekte magische Instrumente, die wir anwenden können, um eine notwendige Veränderung herbeizuführen. Verwandlung ist das Wesen der Magie. Steine helfen uns dabei, es zu verwirklichen, indem sie ihre Kräfte zur Verfügung stellen und unsere eigenen Energien bündeln.

Nach Jahrhunderten repressiver religiöser Strukturen und des abstumpfenden Materialismus wird vielen Menschen der Umstand bewusst, dass wir uns der Erde entfremdet haben. Manager lassen Juwelen in den strahlendsten Farbtönen auf schwarze Samttücher fallen, um in den dabei entstehenden Mustern Hinweise auf die Zukunft zu entdecken. Minister legen Mondstein und Azurit zwischen ihre Augenbrauen, um ihre übersinnliche Wahrnehmung zu verstärken. Schüler und Studenten tragen Bergkristalle, um ihre Lerngewohnheiten zu verbessern. Die alten Wege sind wieder begehbar für alle, die sie nutzen wollen.

Steine und Metalle sind Schlüssel, mit denen wir unser Potenzial öffnen können. Sie erweitern unser Bewusstsein, bereichern unser Leben, lindern unseren Stress und flößen unseren Träumen heilende Energien ein.

Skeptiker behaupten, das sei alles nur eine Frage unserer geistigen Einstellung. Magier erwidern, ja, die gehöre dazu. Doch es liege auch an den Steinen, am rituellen Gebrauch, den wir von diesen Schätzen machen, und an unseren Verbindungen mit der Erde.

Die Magie der Steine funktioniert. Sie wirkt. Dies zu wissen genügt, um sie auszuprobieren.

Wenn wir die Magie der Steine praktizieren, wenden wir uns nicht von der Technik ab. Wir verzichten nicht auf die Elektrizität und andere Segnungen unseres Zeitalters.

Nein, wir machen von dieser alten Magie Gebrauch, um unser hektisches Leben angenehmer zu machen, um es besser zu verstehen und in den Griff zu bekommen. Sie bringt uns in Einklang mit den Kräften, die die Steine, uns selbst, die Erde und das Universum erschaffen haben, und gibt uns damit das, was unserem oft so sterilen Leben fehlt.

Wenn ein in einem ausgetrockneten Flussbett liegender Stein Sie auffordert, ihn aufzuheben, wenn ein schimmernder Kristall Sie an Ihrer Hand zu ziehen scheint, wenn ein geschliffener Edelstein in einem Ring Ihre Fantasie anregt, dann spüren Sie die alten Kräfte der Steine.

Die Steine – ihre Magie – warten auf Sie. Alles andere liegt bei Ihnen.

TEIL EINS

Grundkenntnisse und Magie

Kapitel 1

Die Kräfte der Steine

Im Mondschein steht eine Frau in ihrem Garten. Der Wind hebt ihren weißen Schal in die Luft, während sich das silberne Licht über sie ergießt. In ihren erhobenen Händen liegt ein sechsseitiger Kristall. Sie blickt auf den schimmernden Stein und spürt seine unregelmäßigen, beunruhigenden Schwingungen.

Während sich die Brise legt, kehrt Ruhe in eine Gruppe alter Kiefern ein, die die Gestalt umstehen. Der Mond scheint heller zu leuchten. Die Frau spürt sein linderndes Licht, das vom Himmel herabstrahlt.

Der Stein beruhigt sich. Seine bizarren Schwingungen vergehen. Dann entwickeln sich starke Schwingungen, die sich zu einem einzigen, regelmäßigen Pulsieren von Energie vereinen.

Während die Frau den Stein höher hält, ergießt sich seine Kraft hinab in ihre Arme, durchströmt sie wie eine Reihe angenehmer Stromschläge. Sie gerät in Schwingung und gewinnt an Kraft.

Nach einer nicht messbaren Zeit senkt die Frau den Stein und berührt damit ihre Stirn.

Ihre Arbeit ist getan. Der Kristall ist gereinigt und bereit zur Magie.

Steine können tief in der Erde liegen oder der Sonne und den Sternen offen ausgesetzt sein. Sie sind stumpf oder prismenförmig, kompakt oder grobkörnig. Blau, Grün, Rot und Farbtöne, die kein Regenbogen aufweist, treten häufig bei ihnen auf: Beispiele sind der reichlich vorkommende Achat und der kostspielige Smaragd, durchsichtige, dreifarbige Turmaline und der undurchsichtige Marmor, der rötlich violette Sugilith und der farblose Bergkristall.

Steine sind Geschenke der Erde. Sie sind Manifestationen der universalen Kräfte der Gottheit, der Göttin, Gottes und des Schicksals, die alles, was ist, was war und was ein potenzielles Sein hat, erschaffen haben.

Die Erde ist ein winziger Teil eines riesigen Energienetzes. Sie ist zwar einst von ihm erschaffen worden, enthält aber nun ihre eigenen Schwingungen. Einige dieser Kräfte und ihrer Manifestationen sind dunkel getönt und so geformt, dass sie uns zum Nutzen gereichen.

Steine sind magische Batterien, die die Energien der Erde enthalten und konzentrieren. Viele sollen auch von den Planeten und Himmelskörpern unseres Sonnensystems beeinflusst sein oder zumindest symbolisch für sie stehen. Andere werden seit Langem mit fernen Sternen in Verbindung gebracht.

Magie und Steine sind seit Urzeiten miteinander verbunden. Von Wind und Regen zu Tieren geformte Felsen dienen seit vorgeschichtlicher Zeit als Symbole und stehen im Zentrum von Riten. Seit zigtausend Jahren werden schimmernde Schmucksteine zum persönlichen Schutz getragen. Seltene oder seltsam geformte Steine oder solche mit elektrischen oder magnetischen Eigenschaften gelten seit Langem als magische Instrumente.

In frühester Zeit wurden Steine zu Bildnissen geschnitzt, die anscheinend religiöser oder magischer Natur sind. Sie dienten auch als Baumaterialien. Mit aus ihnen hergestellten Werkzeugen wurde Getreide geschnitten, wurden Kleidungsstücke geformt, Dornen herausgezogen und Operationen durchgeführt.

Steinwaffen schützten Menschenleben – oder beendeten sie. Felsen wurden erhitzt, um damit Wasser zu kochen, Äonen vor der Erfindung feuerfester Kessel. Steine waren zugleich schön und praktisch, heilig und profan.

Im Lauf der Jahrhunderte griffen die Menschen auf Steine zurück, um die Empfängnis zu gewährleisten und die Geburt zu erleichtern, um für Sicherheit und Gesundheit zu sorgen und die Toten zu schützen. In neuerer Zeit werden Steine in der Magie dazu benutzt, eine innere oder äußere Veränderung herbeizuführen. Mondsteine werden getragen, um die übersinnliche Wahrnehmung zu fördern. Amethyst mäßigt das Temperament. Peridot wird getragen, um Reichtum anzuziehen. Rosenquarz weckt Liebe.

Heute stehen uns fünftausend Jahre Steinmagie zu Gebote. Viele Menschen entdecken derzeit die Kräfte im Inneren der Steine. Indem sie mit Steinen arbeiten, verwandeln diese Menschen gleichsam als natürliche Steinmagier ihr Leben.

Was ist überhaupt Steinmagie? Wie können ein paar aus der Erde gekratzte Steine irgendeinen Einfluss auf etwas haben?

Steine sind wie Kräuter, Farben, Metalle, Zahlen und Laute nicht träge. Sie können seit Jahrmillionen still in der Erde liegen oder auf einem Regalbrett ruhen, wohin wir sie letzte Woche gelegt haben – und doch sind sie aktive, starke Instrumente, die Energien besitzen, welche unsere Welt beeinflussen können und dies auch tun.

Steine sind Geschenke der Erde, die wir benutzen können, um unser Leben, unsere Beziehungen und uns selbst zu verbessern. Viele davon können behutsam aus der Erde geborgen und gesammelt werden.

Die Magie der Steine beruht auf einfachen Vorstellungen. Der magische Gebrauch eines Steins bringt seinen Einfluss und seine Energien ins Spiel. *Die Magie besteht darin, diese Energien gezielt einzusetzen.*

Wenn Sie bereit sind, sich auf Steine einzulassen und mit ihnen zu arbeiten, heiße ich Sie in der Welt der kristallinen Magie willkommen. Vielleicht werden Sie sie nie wieder verlassen.

Welche Geheimnisse birgt der am Strand liegende, vom Wasser glatt geschliffene Kieselstein? Welche verborgenen Energien pulsieren im Inneren des Edelsteins an Ihrem Finger, der Juwelen um Ihren Hals? Könnten gar die Steine, über die Sie hinweggehen, eine Liebe in Ihr Leben bringen oder Ihnen in finanzieller Hinsicht helfen?

Finden Sie die Antworten auf diese und andere Fragen selbst heraus. Die Kräfte im Inneren von Steinen stehen uns allen zu Gebote. Nutzen Sie weise die Schätze der Erde, dann werden sie Sie mit allem segnen, was Sie wirklich brauchen.

KAPITEL 2

MAGIE

Magie ist Verwandlung.
Verwandlung ist Magie.
Alle Magie ist Veränderung; alle Veränderung ist Magie.

Steine, Kristalle und Metalle enthalten ebenso wie Farben, Gerüche, Formen, Bewegung, Erde, Luft, Wasser, Feuer, Insekten, Säugetiere, wir Menschen, unser Planet und unser Universum Energie. Diese Energie ermöglicht es uns, Magie zu praktizieren.

In der Philosophie des Magiers, der weisen Frau, des Schamanen, des Kahuna und der Hohepriesterin stammt diese Energie aus der Urquelle. Sie wird zum Beispiel »Göttin«, »Gott«, »höchste Gottheit«, »Schicksal« genannt, trägt aber noch viele andere Namen. Zahllose Glaubensrichtungen haben sich komplexe rituelle Kalender und Geschichten ausgedacht, die sich mit dieser Energie befassen. Sie ist in allen Religionen Gegenstand der Verehrung.

Tatsächlich aber geht diese Energiequelle über jede Religion, Theorie oder Erklärung hinaus. *Sie ist einfach* – überall, in uns Menschen und in unserem Planeten.

Magie praktizieren all diejenigen, die um diese Energie wissen. Sie wecken sie, setzen sie frei und lenken sie.

Was auch immer Sie über Magie erfahren haben mögen – sie ist nichts weiter als ein natürlicher Vorgang. Sie hat nichts mit Dämonen und zwielichtigen Kreaturen zu tun, und kein »gefallener Erzengel« verleiht uns die Fähigkeit, Magie zu praktizieren. Dies sind Vorstellungen einer Religionsphilosophie, die den Individualismus verabscheut. In gewisser Hinsicht ist die Magie der wahre Individualismus, denn sie ermöglicht es uns als Individuen, unser Leben in den Griff zu bekommen und es zu verbessern.

Ist Magie »übernatürlich«?

Nein. Das Übernatürliche existiert nicht.

Denken wir einen Augenblick darüber nach. Übernatürlich hieße ja, dass es etwas über die Natur hinaus gäbe, etwas, das außerhalb von ihr und anders als sie wäre.

So etwas gibt es aber nicht! Magie ist genauso natürlich wie ein Stein, so real wie unser Atem, so stark wie die Sonne.

Die Magie der Steine, der Gebrauch der Energien im Inneren von Steinen, um notwendige Veränderungen zu bewirken, ist ein ideales Beispiel für die Natürlichkeit der Magie, denn was könnte natürlicher sein als Steine?

Die meisten Bücher, die heute über Kristalle und Steine geschrieben werden, befassen sich in erster Linie mit spiritueller Entwicklung und Heilung. Nur wenige dieser Werke behandeln andere Aspekte der Magie.

Hier setzt dieses Buch an. Die Magie steht immer im Mittelpunkt. Die Entwicklung der übersinnlichen Wahrnehmung, das Erwecken von Liebe und Freundschaft, das Befreien von sexuellen Funktionsstörungen, das Erlangen von Reichtum und Gesundheit, das Schärfen der Geisteskräfte, das Herbeiführen von Frieden und Glück – dies sind die Wunder, die sich durch die Kräfte der Steine bewirken lassen.

Die Magie beruht nicht auf der Kontrolle oder der Beherrschung der Natur. Auch das ist eine nicht magische Anschauung, ein weiteres Relikt der Vorstellung, »Magie sei übernatürlich«. In der Magie wirken wir in Harmonie mit diesen Kräften. Jede Magie, die auf andere Weise praktiziert wird, schränkt ihre Möglichkeiten ein und ist oft nichts weiter als ein starker Egotrip für den Magier.

Dieses Kapitel handelt von einigen Grundlagen der Magie, die für den Gebrauch des zweiten Teils dieses Buches unerlässlich sind. Dann wissen Sie, worum es geht, wenn von »Visualisierung«, »Kraftlenkung« oder »Errichtung eines Steinaltars« die Rede ist.

Aber wie ich in all meinen Büchern betone, schreibe ich natürlich nur über das, was bei mir funktioniert und wobei ich mich wohlfühle. Wenn also meine Riten, Symbole und geistigen Prozesse Sie nicht ansprechen, dann suchen Sie nach solchen, bei denen dies der Fall ist.

Denken Sie daran: Die Natur ist der Lehrer. Sie ist ein Phänomen der Magie – eine Illustration im universalen Zauberbuch. Falls Ihnen dies nicht viel bedeutet, dann hören Sie auf die Steine, den Wind, das Feuer und das Wasser. Hören und lernen Sie dabei.

Drei notwendige Dinge

Erfolgreiche Magie setzt drei Dinge voraus:

Das Bedürfnis

Es muss ein Bedürfnis vorhanden sein, etwas, das sich nicht durch andere Mittel befriedigen lässt. Liebe zu wecken, das eigene Heim zu behüten, eine Unterkunft zu finden oder andere materielle Objekte sind Beispiele für ein solches Bedürfnis.

Ein Bedürfnis ist ein leerer Raum in Ihrem Leben oder ein kritischer Zustand (wie eine Krankheit oder eine Gefahr), mit dem Sie sich sofort befassen müssen.

Die Magie füllt dieses Vakuum aus oder bringt den Zustand in Ordnung. Damit erfüllt sie das Bedürfnis.

DIE EMOTION

Zusammen mit dem Bedürfnis muss es eine Emotion geben. *Emotion ist Energie.* »Rotsehen« ist ein Beispiel dafür. Das Gesicht läuft rot an, der Herzschlag beschleunigt sich. Dies sind Manifestationen der Energie.

Wenn Sie von Ihrem Bedürfnis nicht emotional betroffen sind, werden Sie nicht im Stande sein, genügend Energie aus irgendeiner Quelle herauszuholen und sie auf Ihr Bedürfnis zu richten. Mit anderen Worten: Ihre Magie wird nicht funktionieren. Wenn Sie zum Beispiel eine anstehende Prüfung bestehen müssen, es aber eigentlich nicht wollen, wird jede Magie, mit der Sie Ihre Chancen verbessern wollen, versagen.

Die Emotion setzt die Kraft frei, das Bedürfnis konkret zu manifestieren.

DAS WISSEN

Dies ist die Art und Weise, wie Magie funktioniert, die Techniken, die wir anwenden, um Energie in uns oder in natürlichen Objekten wie Steinen zu wecken und sie auf das magische Bedürfnis zu richten.

Das »Wissen« umfasst Visualisierung, grundlegende Rituale, Konzentration und die Wirklichkeit der Kraft.

Dieses Kapitel enthält einige Grundkenntnisse des Wissens.

Wenn wir zwar das Bedürfnis und die Emotion, aber nicht das Wissen haben, wie wir diese Dinge gebrauchen sollen, ergeht es uns wie einem Menschen der Frühzeit, der vor einem Büchsenöffner oder einem Computer sitzt. Wir würden nicht wissen, wie wir mit diesen Werkzeugen umgehen sollen.

Sobald das Bedürfnis, die Emotion und das Wissen vorhanden sind, können wir damit beginnen, die Magie zu praktizieren.

Die Moral der Magie

Wir praktizieren die Magie, um unser Leben und das unserer Freunde und unserer Lieben zu verbessern. Magie wird aus Liebe, nicht aus Hass ausgeübt – in Harmonie mit der Natur.

Viele Menschen interessieren sich für Magie, weil sie glauben, sie sei eine großartige Möglichkeit, ihre Feinde loszuwerden. Für sie ist Magie eine Waffe des Zorns statt ein Instrument der Liebe.

Kraft ist neutral. Die Elektrizität, eine Manifestation der Kraft, lässt sich beispielsweise in der Laserchirurgie einsetzen, um ein Leben zu retten, oder liefert den Strom für den elektrischen Stuhl, der es beendet.

Mit der Energie verhält es sich genauso. Unsere Absichten und Bedürfnisse entscheiden darüber, wie sie auf die Außenwelt wirkt.

Die Magie ist – oder sollte es nicht sein – kein Instrument der Selbstsucht, der Beherrschung, des Schmerzes, der Furcht, der Manipulation, der Befriedigung des Ichs oder der Kontrolle. Im Gegenteil: Sie ist lebensbejahend, von Liebe, Freude, Zufriedenheit, Vergnügen und Wachstum erfüllt.

Wenn ich wirklich jemanden hassen würde (was noch nie der Fall war), würde ich ihm wahrscheinlich eher einen Schlag verpassen als einen Zauberspruch entgegenschleudern.

Manche Menschen sind da ganz anderer Meinung. Sie sagen mir das auch in Kursen und Seminaren ins Gesicht. Ich schüttle dann nur den Kopf, denn mit solchen Menschen kann man nicht reden.

Wenn Sie den Finger in eine heiße Lampenfassung stecken, bekommen Sie einen Schlag.

Praktizieren Sie eine manipulative Magie, ergeht es Ihnen noch schlimmer. Sie haben die Wahl.

Sie oder die anderen?

Am besten ist es, wenn Sie mithilfe der Magie zunächst Veränderungen in sich selbst oder in Ihrem Leben herbeiführen, bevor Sie anderen helfen. Auf diese Weise lernen Sie rasch, wie die Magie funktioniert und wie sie am besten auszuüben ist.

Das hat mit Selbstsucht nichts zu tun. Ihr Leben ist Ihr magisches Laboratorium. Sobald die Experimente funktionieren, können Sie sie auf andere anwenden. Wer würde schon einem Magier trauen, dessen Leben ein einziges Durcheinander ist, der Schulden hat, ständig krank oder wankelmütig ist?

Visualisierung

Sie können das Visualisieren üben. Schließen Sie die Augen und visualisieren Sie das Gesicht Ihrer besten Freundin oder Ihr Lieblingskleidungsstück. Verstehen Sie? Visualisierung ist einfach ein »Sehen« ohne die Augen.

Bei der magischen (oder kreativen) Visualisierung formen Sie ähnliche Bilder von Ihrem magischen Bedürfnis. Mit anderen Worten: Wir »sehen«, was erst noch sein soll. In gewisser Hinsicht ist diese Visualisierung der Schlüssel, der die Energie auf das Ziel lenkt. Mit einiger Übung fällt es Ihnen leicht, die magische Visualisierung zu formen und zu vervollkommnen.

Wenn Sie eine Liebe in Ihr Leben bringen möchten, halten Sie einen Rosenquarz und visualisieren Sie, wie Sie diese Beziehung ausleben. Selbst wenn Sie das Gesicht des betreffenden Menschen nicht erblicken können (nicht vergessen: Magie ist nicht manipulativ), sehen Sie, wie Sie mit diesem Menschen glücklich sind.

Lassen Sie sich von der *Emotion* Ihres Bedürfnisses ebenso wie von Ihrem Bedürfnis selbst warmherzig umfassen; »sehen« Sie dann, wie die Energie aus Ihrem Inneren in den Stein und dann aus ihm hinausströmt, um ihre Wirkung zu entfalten. Das ist magische Visualisierung.

Steine aufladen

Bevor Sie Steine in der Magie verwenden, sollten sie mit Energie »aufgeladen« oder »programmiert« werden. Dies geschieht einfach dadurch, dass Sie den Stein in Ihrer projektiven Hand (gewöhnlich die rechte, bei Linkshändern aber die linke Hand) halten, Ihr magisches Bedürfnis visualisieren und Energie aus Ihrem Körper in den Stein fließen lassen.

Diese Energie ist eine persönliche Kraft. Sie existiert in uns allen. Wir können diese Energie aus unserem Körper in Steine, Kerzen, Metalle und andere Objekte lenken, damit sie uns helfen, unsere magischen Ziele zu erreichen. Die Bewegung dieser oder anderer Formen von natürlicher Energie steht im Zentrum der Magie.

Sehen Sie, wie die Kraft aus Ihrem Körper durch Ihre projektive Hand in den Stein fließt. Laden Sie ihn mit der Energie Ihres magischen Bedürfnisses auf – zum Beispiel Liebe, Geld, Kraft, Gesundheit.

Wenn Sie wissen, dass der Stein mit Ihrer persönlichen Kraft schwingt, ist das Aufladen abgeschlossen. Dieser einfache Prozess, der vor jedem Ritual durchgeführt wird, wird die Wirkungen Ihrer Steinmagie erheblich verbessern.

Der Steinaltar

Wenn Sie möchten, üben Sie Ihre Magie – zumindest diejenige, die Sie zu Hause praktizieren – an einem »Steinaltar« aus. Das ist natürlich nicht ein Ort, an dem wir Steine anbeten, sondern ein besonderer Bereich, in dem Sie Ihre Magie praktizieren.

Im Idealfall bauen Sie sich einen Altar, indem Sie eine große Marmorplatte oder eine andere Steinplatte auf einen abgeflachten Baumstumpf, einen Frisiertisch, eine Kommode oder einen Beistelltisch legen. An diesem Altar werden Sie dann mit den Instrumenten der Steinmagie arbeiten. Ansonsten genügt auch irgendein Tisch.

Magische Objekte werden oft auf den Steinaltar gelegt. Das können »Glücksbringer« oder Energiesteine und -metalle sein, etwa große Bergkristalle, Kreuzsteine, Staurolithe, Magnetite, Fossilien, Lava und Opale.

Dieser Bereich ist der Ort, an dem Sie die Steine säubern und reinigen, sich auf sie einstimmen und die Magie ausüben. Viele der in diesem Buch erwähnten Zauberrituale erfordern auch den Gebrauch von Kerzen, die auf den Steinaltar gestellt und angezündet werden.

Auch Weihrauch, Blumen und andere magische Objekte können auf den Steinaltar platziert werden, solange sie mit Ihrem magischen Bedürfnis in Einklang stehen oder für Sie »Kraftobjekte« sind – also Dinge, die Ihre Fähigkeit, Energie zu wecken und auszusenden, verstärken oder verbessern. Der Steinaltar ist ein Ort der Magie.

KAPITEL 3

STEINENERGIEN

Eine unüberschaubare Ansammlung von Steinen wartet darauf, dass wir sie in der Magie verwenden. Sie kommen in unendlich vielen Formen, Kristallstrukturen und Farben vor. Auch ihr magischer Gebrauch ist unglaublich vielfältig.

Wie ich bereits im ersten Kapitel sagte, sind Steine Energiespeicher. Wir verwenden diese Energien in der Magie, um eine notwendige Veränderung herbeizuführen.

Im Inneren von Steinen gibt es zwei Grundtypen von Energie. Diese beiden Typen – die *projektive* und die *rezeptive* Energie – enthalten all die verschiedenen Schwingungen, die in Steinen stattfinden, wie die Liebe wecken, das Glück anziehen oder Negatives abwehren.

Sie sind Manifestationen der reinsten Formen der universalen Energien, die alles erschaffen haben. Dafür gibt es viele Symbole. In der Religion nennt man sie Gott und Göttin, in der Astronomie Sonne und Mond, beim Menschen das Männliche und das Weibliche. Hier noch einige weitere Assoziationen:

PROJEKTIV	REZEPTIV
elektrisch	magnetisch
heiß	kalt
Tag	Nacht

PROJEKTIV	REZEPTIV
physisch	spirituell
hell	dunkel
Sommer	Winter
Messer	Becher
aktiv	träge

Diese Kräfte finden sich überall im Universum. Sie sind in unserem Planeten und in uns selbst vorhanden. Im magischen Denken liegen sie in unserem Körper. Symbolisch gesprochen können wir deshalb Nachwuchs von beiderlei Geschlecht bekommen und alle Formen der Magie praktizieren.

Wir haben sowohl projektive als auch rezeptive Energien. Diese Kräfte haben aber nichts mit unserem physischen Geschlecht zu tun – oder vielmehr: Sie sollten nichts damit zu tun haben. Aber da wir von Geburt an dazu erzogen werden, jene Energie zu betonen, die unserem physischen Geschlecht entspricht, sind Unausgewogenheiten ziemlich weit verbreitet. Jungen werden blau angezogen, sollen Fußball spielen, tragen Hosen und so weiter. Auch wenn sich dies heute mehr und mehr ändert, ist es noch immer die Norm.

Eines der Ziele des Magiers ist es, ein vollkommenes Gleichgewicht zwischen diesen Zwillingskräften herzustellen. Wenn sie aus dem Gleichgewicht geraten, wenn eine Energie überwiegt oder überbetont wird, ergeht es dem Magier genauso.

Ein Überwiegen der projektiven Energie lässt den Magier reizbar, aggressiv, zornig und übertrieben analytisch werden. In gesundheitlicher Hinsicht kann diese Unausgewogenheit zu Magengeschwüren, Kopfschmerzen, Bluthochdruck und anderen Leiden führen. Zu viel rezeptive Energie erzeugt Unausgeglichenheit, Lethargie, Depressionen, Desinteresse und ein Verdrängen der physischen Welt. Andere mögliche Probleme sind Albträume, besitzergreifende Liebe, Arbeitslosigkeit, unterdrückte Immunreaktion und Hypochondrie.

Falls Sie eine Unausgewogenheit in Ihrem Energiehaushalt feststellen, tragen Sie Steine des entgegengesetzten Typs, damit diese fehlende Kraft wieder aktiviert wird. (Der Abschnitt »Zusätzliche Informationen« enthält eine Liste dieser Steine, s. S. 262–263.)

Die projektiven Steine sind hell, äußerlich, aggressiv und elektrisch. Sie besitzen starke, kraftvolle Energien, die Böses abwehren, Trägheit überwinden und Bewegung erzeugen.

Projektive Steine tragen zur Heilung von Krankheiten bei, stärken den bewussten Verstand und vermitteln ihrem Träger Mut und Entschlossenheit. Man wendet sie an, um die physische Energie zu fördern, das Glück anzuziehen und Erfolg herbeizuführen. In der Magie könnten sie dazu dienen, Ritualen zusätzliche Stärke zu verleihen.

Diese Steine und Mineralien werden aus zwei Gründen verwendet: um unerwünschte, negative Energien zu vertreiben oder einem Objekt oder einer Person Energien zuzuführen. Eine Frau, die einen Karneol trägt, um Mut zu bekommen, leitet seine Energien in sich hinein. Wenn diese Frau hingegen Negatives von ihrem Körper fernhalten möchte, würde sie dem Stein durch Visualisierung für diesen Zweck Kraft verleihen. Statt also Energie in sie hineinzusenden, sendet der Stein Energie von ihr weg. Das ganze Geheimnis besteht somit offensichtlich in der Visualisierung.

Projektive Steine nehmen Kontakt mit dem bewussten Verstand auf. Sie sind oft schwer oder dicht, gelegentlich undurchsichtig, rot, orangefarben, gelb, golden oder farblos. Sie können auch wie die Sonne glänzen oder strahlen. Beispiele für projektive Steine und Mineralien sind Rubin, Diamant, Lava, Topas und Rhodochrosit.

Projektive Steine sind mit Sonne, Merkur, Mars, Uranus und mit den Elementen Feuer und Luft verbunden. (Mehr zu den Elementen erfahren Sie im Abschnitt »Zusätzliche Informationen«, S. 268–270.) Sie hängen auch mit den Sternen zusammen, da Sterne ja nichts weiter als weit entfernte Sonnen sind.

Rezeptive Steine sind die natürliche Ergänzung der projektiven Steine. Sie sind lindernd, beruhigend, nach innen gerichtet und magnetisch und fördern Meditation, Spiritualität, Weisheit und Mystik. Sie schaffen Frieden.

Diese Steine dienen der Kommunikation zwischen dem bewussten Verstand und dem Unbewussten und wecken die übersinnliche Wahrnehmung. Sie strahlen Energien aus, die Liebe, Geld, Heilung und Freundschaft anziehen. Rezeptive Steine werden oft verwendet, um Ziele zu erden sowie unsere Erdwurzeln zu stabilisieren und zu betonen.

Die rezeptiven Steine werden wie die projektiven Steine verwendet. So kann zum Beispiel Lapislazuli dazu dienen, entweder Liebe zu wecken oder – wenn er energetisch aufgeladen wird – Depressionen zu absorbieren und damit Freude zu erzeugen.

Rezeptive Steine kommen in allen möglichen Farben vor wie Grün, Blau, Blaugrün, Violett, Grau, Silber, Rosa, Schwarz (das Fehlen von Farbe) und Weiß (die Kombination aller Farben). Sie können auch opalisierend oder lichtdurchlässig sein und ein natürliches Loch haben.

Beispiele für rezeptive Steine sind Mondstein, Aquamarin, Smaragd, Lochsteine, Rosenquarz, rosafarbener Turmalin, Kunzit, Lapislazuli und Sugilith. Sie sind mit Mond, Venus, Saturn, Neptun, Jupiter und den Elementen Erde und Wasser verbunden.

Zwar lassen sich nicht alle Steine ohne Weiteres diesen Kategorien zuordnen, aber mithilfe dieses guten Systems können wir die Steine mit ihren Grundkräften in Verbindung bringen. Manche Steine wie Lapislazuli enthalten eine Mischung dieser Energien. Andere können Anwendungsmöglichkeiten haben, die diese einfache Klassifikation widerlegen, sodass Sie sich bei der Bestimmung ihrer Grundkräfte auf Ihr Urteilsvermögen verlassen müssen. Denken Sie daran, dass dieses System zu unserem Nutzen angewendet werden soll. Daher kann es nicht immer hundertprozentig stimmen.

Indem Sie einfach irgendeinen unbekannten Stein anschauen und sein Gewicht und seine Farbe bestimmen, sind Sie in der Lage, etwas über seine magischen Eigenschaften zu wissen, noch bevor Sie sie spüren wollen.

Wenn Sie irgendwo einen Stein sehen, versuchen Sie doch festzustellen, ob er rezeptiv oder projektiv ist. Wenn Sie dies künftig dann ganz automatisch tun, werden Sie rasch die Steine kennenlernen und dabei entdecken, dass sich die Steinmagie leichter praktizieren lässt.

Kapitel 4

Der Regenbogen der Kraft

Wie ich im vorigen Kapitel bereits andeutete, sind die Farben von Steinen ein wichtiger Anhaltspunkt für die Erschließung ihrer magischen Anwendungen. Farben sind Energien, die sich direkt auf unseren Geist auswirken. So sind zum Beispiel heute in vielen Gefängnissen Bereiche, in denen sich Gefangene aufhalten, in einem hellen Rosaton gestrichen. Werden aggressive Verbrecher in diese Räume gebracht, dann werden sie ruhig. Warum? Weil Rosa eine besänftigende, liebevolle Farbe ist. In einer derartigen Umgebung können die Sträflinge, wenn sie nicht gerade unter dem Einfluss stimmungsverändernder Drogen stehen, einfach nicht gewalttätig bleiben.

Auch in vielen Krankenhäusern sind Operationssäle und Genesungsräume inzwischen in Blau gehalten. Diese Farbe wird in der Magie seit Langem zur Förderung der Heilung angewendet. Mittlerweile greift auch die Schulmedizin endlich darauf zurück.

Allmählich lernen wir, die alten magischen Systeme zu begreifen, je mehr wir uns der Wirkung von Farben bewusst werden. Wenn rosafarbene Wände aggressive Menschen beruhigen, warum sollten dann nicht auch Steine in der gleichen Farbe nützlich sein, um Liebe zu wecken?

Selbst auf dieser oberflächlichen Ebene können die Farben, die Steine aufweisen, dramatische Auswirkungen haben. Wenn wir die Farbe als Schlüssel zu anderen, weniger physischen Wirkungen gebrauchen, betreten wir wahrhaft das Reich der Magie.

In diesem Kapitel befassen wir uns mit den Grundfarben von Steinen sowie mit ihren magischen Eigenschaften. Genau wie im vorigen Kapitel dienen Ihnen diese Informationen als Anleitung, Ihre eigenen Anwendungen von Steinen zu entdecken. Zugleich helfen sie Ihnen dabei, die Ausführungen im Abschnitt »Magie und Volksweisheit« (ab S. 97) zu verstehen.

An dieser Stelle sind ein paar Anmerkungen im Hinblick auf das magische Heilen angebracht. Niemand kann den Körper eines anderen Menschen heilen. Gewiss gibt es Techniken, die dies ermöglichen, aber die Heilung muss von innen kommen. Die meisten Heiler sagen, sie könnten nichts weiter tun, als den Heilungsprozess zu beschleunigen, indem sie Blockaden im Körper des Kranken beseitigen, die den Energiefluss behindern.

Seit Jahrhunderten werden Steine in der heilenden Magie verwendet. Einige von ihnen müssen in der Tat Wirkungen erzielt haben. Wenn ich diese traditionellen Informationen im Abschnitt »Magie und Volksweisheit« (ab S. 97) ausbreite, möchte ich Sie damit nicht etwa auffordern, nach einem Blutstein zu greifen, wenn Sie sich in den Finger geschnitten haben, oder nach einem Smaragd, wenn Sie Probleme mit den Augen haben. Ich will damit einfach sagen, dass derartige Maßnahmen *in Verbindung mit einer schulmedizinischen Behandlung* angewendet werden können. Nehmen Sie also einen Verband und eine antibakterielle Salbe (oder ein Bananenblatt) und verbinden Sie die Wunde. *Erst dann* benutzen Sie einen Blutstein, um die Heilung zu beschleunigen.

Die Magie will sich nicht über die Technik hinwegsetzen. Sie kann und sollte zusammen mit ihr angewendet werden, wann immer dies möglich ist. Wenn Sie das beim Lesen der »heilenden« Informationen in diesem Buch im Hinterkopf behalten, sollten sich alle Fragen im Hinblick auf diesen Aspekt der Steinmagie erübrigen.

Steine sind zweifellos stark, aber wir müssen über sie Bescheid wissen, in Harmonie mit ihnen sein und in Kontakt mit unserem eigenen Körper stehen, damit diese Magie wirken kann.

Auf jeden Fall sind Farben Kräfte. Farbige Steine sind doppelt stark. Im Folgenden erfahren Sie einiges über diese Energien.

Rot

Rot ist die Farbe des Blutes, der Geburt und des Todes. In vielen Kulturen ist sie »heilig« oder den Gottheiten geweiht. Rote Steine sind projektiv, aktiv. Sie gehören zum Planeten Mars und zum Element Feuer. Beide sind aggressive Energien.

Diese Steine sind schützende Steine und bewirken eine Stärkung des Körpers und der Willenskraft. Rote Steine fördern den Mut, verleihen dem Körper Energie und führen Ritualen zusätzliche Kraft zu, wenn sie auf dem Altar liegen.

In der Antike wurden rote Steine als Gegenmittel gegen Gift getragen, um die eigenen Gedanken »rein« zu halten und Zorn und alle gewaltsamen Emotionen zu bannen, indem sie die Ursachen beseitigten. Außerdem wurden sie als Schutz gegen Feuer und Blitzschlag benutzt.

Beim Heilen sind rote Steine sehr eng mit Blut verbunden. Oft werden sie getragen, um Blutarmut zu beheben, Blutungen zu stillen und Wunden zu heilen.

Außerdem wirken sie anscheinend bei Ausschlägen und Entzündungen. Vielleicht wegen ihrer Verbindungen mit dem Blut wurden rote Steine einst getragen, um Fehlgeburten zu verhindern.

Rote Steine können mit Energie aufgeladen und zur Überwindung sexueller Funktionsstörungen angewendet werden, wobei man den Stein meist während der Visualisierung neben oder auf die Genitalien platziert.

Rosa

Rosafarbene Steine sind rezeptiv und voller liebevoller Schwingungen. Sie sind beruhigend, besänftigend und werden zum Stressabbau und zur Entspannung des Körpers wie des Geistes angewendet.

Weil man manchmal glaubt, rosafarbene Steine würden von Venus regiert (obwohl eher Grün eine Venus-Farbe ist), gebraucht man sie, um eine Liebe zu wecken oder um eine bereits bestehende Liebe zu stärken. Sie können auch bewirken, dass Schwierigkeiten in langjährigen Beziehungen ausgeräumt werden.

Sie können getragen werden, um die Selbstliebe zu fördern. Diese Selbstliebe hat nichts mit Narzissmus zu tun, vielmehr erkennen Sie dann Ihre Fehler und Schwächen, akzeptieren sie und lösen sich von ihnen, um mit dem Leben klarzukommen. Eine Binsenweisheit lautet: Wir können von anderen nicht erwarten, dass sie uns lieben, wenn wir uns selbst nicht lieben. Rosafarbene Steine sind eine Energie, die wir benutzen können, um das zu erreichen.

Rosafarbene Steine fördern Frieden, Glück, Freude und Lachen. Sie helfen uns, Freunde anzuziehen, und ermuntern zur Offenheit gegenüber anderen. Sie eignen sich ideal zur Anwendung in Gruppenritualen.

Orange

Orangefarbene Steine haben zwar etwas vom Feuer roter Steine, sind aber in ihren Wirkungen sanfter. Sie sind projektiv und gelten oft als Symbole der Sonne. Sie eignen sich ideal zur Anwendung in Schutzritualen und in Ritualen zur Förderung der Erleuchtung. Diese Steine hängen mit der persönlichen Kraft zusammen. Wenn Sie einen solchen Stein während magischer Riten tragen, verbessert er Ihre Fähigkeit, diese Energie anzuzapfen und gezielt einzusetzen.

Dies sind ausgezeichnete Steine für Menschen mit geringem Selbstwertgefühl, denn sie erweitern Ihr Selbstbewusstsein.

Orangefarbene Steine gelten auch als Glücksbringer und als Erfolgssymbole. Sie werden bei magischen Handlungen getragen, um ein positives Ergebnis zu garantieren.

Gelb

Gelbe Steine und Mineralien sind projektiv. Sie werden von Merkur beherrscht und darum in Ritualen verwendet, bei denen es um Kommunikation geht. Falls Sie Probleme haben, sich verständlich auszudrücken, tragen Sie doch einmal einen gelben Stein. Schriftstellern kann bei ihrer Arbeit geholfen werden, wenn sie gelbe Steine anwenden, während öffentliche Redner sie tragen, um sprachgewandt und überzeugend zu wirken.

Da gelbe Steine auch von der Sonne beherrscht werden, sind sie Schutzsteine, während das Element Luft, das sie ebenfalls beherrscht, uns verrät, dass sie zur Stärkung des bewussten Verstands angewendet werden können. Sie werden während der Magie getragen, um die Visualisierungsfähigkeiten zu erhöhen.

Reisezauber lassen sich mit gelben Steinen ausüben, wobei Sie vielleicht einen in Ihrer projektiven Hand halten und visualisieren, wie Sie zu Ihrem gewünschten Ziel reisen.

In gesundheitlicher Hinsicht fördern gelbe Steine die Verdauung, regeln das Nervensystem und beheben Hautprobleme.

Gelbe Steine sind Steine der Bewegung, des Austauschs, der Energie und der mentalen Wahrnehmung.

Grün

Grün, die Farbe der Natur und der Fruchtbarkeit, wird in Religion und Magie oft mit Rot verbunden.

Steine dieser Farbe sind rezeptiv. Sie werden in der heilenden Magie verwendet, indem man vielleicht eine grüne oder blaue Kerze mit diesen Edelsteinen umgibt, die Kerze anzündet und dann die kranke Person als vor Leben sprühenden, völlig geheilten Menschen visualisiert.

Sie können auch zum Schutz der Gesundheit mitgeführt oder getragen werden. Insbesondere glaubt man, dass grüne Steine die Augen stärken, die Nieren kontrollieren, Magenprobleme lindern und Migräne verhindern.

Da grüne Steine von Venus beherrscht werden, trägt man sie während der Gartenarbeit, um üppiges Wachstum zu fördern, oder steckt sie zu diesem Zweck in die Erde. Wenn Sie Pflanzen im Haus haben, geben Sie doch einmal ein paar aufgeladene grüne Steine in die Topferde. Aufgrund dieser Verwendung nahm man auch an, dass diese Steine die Fruchtbarkeit erhöhen und somit ebenso die Empfängnis fördern.

Wegen ihrer Verbindungen mit dem Element Erde werden sie auch in der Magie gebraucht, wenn es um Geld, Reichtum, Wohlstand und Glück geht.

Grüne Steine sind aufbauende, stützende und ausgleichende Steine, die zur Einstimmung mit der Erde getragen werden können.

Blau

Blau ist die Farbe des Ozeans, des Schlafes und der Dämmerung. Diese Steine, die vom Element Wasser und vom Planeten Neptun beherrscht werden, sind rezeptiv und fördern den Frieden. Hält man einen blauen Stein in der Hand, oder betrachtet man ihn in gedämpftem Licht, beruhigt er die Emotionen. Falls Sie Schlafprobleme haben, versuchen Sie einmal, blaue Steine im Bett zu tragen. Dies ist auch eine ausgezeichnete Möglichkeit, Albträume zu beenden.

Blaue Steine werden generell getragen oder angewendet, um eine Heilung zu fördern – insbesondere um Fieber zu senken, Geschwüre und ihre Ursachen zu beseitigen und Entzündungen zu beenden. Manchmal werden sie in der Hand gehalten, um körperliche Schmerzen zu verringern oder zu beseitigen.

Wenn Sie das Gefühl haben, einer Reinigung zu bedürfen, tragen Sie blaue Steine, vielleicht während des Badens, um Ihr inneres Wesen ebenso wie Ihren Körper zu reinigen. Dies wird oft vor einem magischen Ritual getan.

Violett

Violette oder indigoblaue Steine sind rezeptiv und spirituell. Da sie von Jupiter und Neptun beherrscht werden, verbindet man sie seit Langem mit Mystik und Reinigung. Sie eignen sich ausgezeichnet dazu, während einer Meditation, bei übersinnlichen Aktivitäten oder während jedes Rituals getragen zu werden, bei dem der Kontakt mit dem Unterbewussten hergestellt werden soll.

Wie grüne und blaue Steine dienen auch violette Steine der Heilung und dem Frieden. Diese Steine werden getragen, um die Gesundheit zu erhalten. Manchmal gibt man sie schwierigen Kindern, um sie zum Gehorsam anzuhalten. In physischer Hinsicht wendet man violette Steine an, um Beschwerden im Kopf zu lindern wie Kopfschmerzen, Geisteskrankheiten, Gehirnerschütterungen und Haarprobleme. Sie beheben Depressionen und führen zu einem gesunden Schlaf, wenn sie nachts getragen werden.

Violette Steine sind mit den großen Religionen ebenso verbunden wie mit den eher spontanen, an der Erde orientierten Glaubenssystemen. Sie werden getragen, um Kontakt mit höheren Kräften aufzunehmen.

Weiss

Weiße Steine sind rezeptiv und werden vom Mond beherrscht. Insofern sind sie eng mit dem Schlaf und mit übersinnlichen Phänomenen verbunden.

In der Vergangenheit wurden weiße Steine, insbesondere Chalzedon, getragen, um die Laktation bei Müttern zu fördern, die Probleme beim Stillen haben. Heute gelten sie als Glückssteine, die oft in der Tasche mitgeführt oder als Schmuck getragen werden.

Da der Mond nachts scheint, dienen seine Steine als Schutz nach Einbruch der Dunkelheit, wenn man allein in gefährlichen Gegenden unterwegs ist. Manchmal werden weiße und rote Steine zusammen mitgeführt oder getragen, um jederzeit Schutz zu haben.

Wenn Sie Kopfschmerzen loswerden wollen, stecken Sie einen weißen Stein in die Tasche.

Weil weiße Steine alle Farben enthalten, meinen manche Steinmagier, dass sie sich magisch aufladen lassen, um als Ersatz für Steine in allen Farben zu dienen. Dies geschieht durch Visualisierung.

Schwarz

Schwarze Steine sind rezeptiv. Sie stehen für die Erde und für Stabilität und werden von Saturn beherrscht, dem Planeten der Beschränkung. Schwarze Steine symbolisieren somit Selbstkontrolle, Durchhaltevermögen und stille Kraft.

Manchmal gelten sie als Schutzsteine, aber häufiger dienen schwarze Steine dazu, einen Menschen zu »erden«. Falls Sie benommen sind, Schwindelanfälle haben oder sich so auf das Spirituelle konzentrieren, dass Ihr physisches Leben darunter leidet, sollten Sie schwarze Steine tragen.

In mystischer Hinsicht ist Schwarz die Farbe des Weltalls, der Abwesenheit von Licht. Wenn Sie einen Unsichtbarkeitszauber bewirken möchten, also etwa dafür sorgen wollen, dass Ihre Handlungen von anderen nicht bemerkt werden, wenden Sie einen schwarzen Stein an.

Formen Sie zum Beispiel ein kleines Bild von sich aus schwarzem Ton und schmücken Sie es mit schwarzen Steinen. Geben Sie es in ein schwarzes Kästchen oder in ein Kästchen, das mit Spiegeln ausgekleidet ist, und legen Sie dieses Kästchen dann an einen dunklen Ort. Das versteckt Sie vor anderen Menschen, falls diese Ihr Leben bedrohen.

Vielfarbige Steine

Steine, die verschiedene Farben aufweisen, etwa Blutstein (Grün und Rot), Turmalin (viele Farbkombinationen) und Opal (alle Farben), sind in ihrer magischen Zusammensetzung offensichtlich komplexer als einfarbige Steine.

Bei den meisten dieser Steine schauen Sie sich einfach die einzelnen Farben an und bestimmen dann die Anwendungsmöglichkeiten des betreffenden Steins, indem Sie die Energien jeder Farbe kombinieren.

Opale sind ein Sonderfall, ebenso wie alle Steine, die Regenbogen- oder Mischfarben aufweisen. Näheres dazu finden Sie auf den Seiten 182–184.

Andere Farben

Nähere Informationen über Steine mit metallischen Einschlüssen, etwa Lapislazuli (der unter anderem Eisenpyrit enthält), finden Sie im Abschnitt »Die Magie der Metalle« (s. S. 225–258).

Bei Steinen in verschiedenen Tönen oder Kombinationen der oben aufgeführten Grundfarben (etwa Lindgrün oder Türkis) müssen Sie ebenfalls die Informationen über jede einzelne Farbkomponente miteinander kombinieren.

KAPITEL 5

HERZEN, DIAMANTEN UND STERNE – DIE MAGIE DER FORM

Welche besonderen Kräfte besitzen Edelsteine wie der Sternrubin und der Sternsaphir? Hat ein herzförmiger Stein die Kraft, Liebe zu wecken? Welche magische Bedeutung haben runde, quadratische und dreieckige Steine?

Natürlich entstandene Steine kommen in allen möglichen Formen vor – von amorphen Massen bis zu hexagonalen Kristallen. Liegen sie frei auf dem Boden, verändern Wind und Wasser ihr Aussehen, wobei oft deutlich erkennbare Formen erzeugt werden. Wenn sie gesammelt werden, werden sie entweder in kleinere Steine zerbrochen oder aus der sie umschließenden Materie herausgeholt, in der sie geformt wurden. Später werden sie von einem Steinschneider geschleudert und poliert, geschnitten und geschliffen. All das verändert natürlich die Form des Steins noch weiter.

Dem kundigen Beobachter offenbaren die Formen von Steinen oft ihre magischen Kräfte. Man nimmt an, dass Steine, die in natürlichen Prozessen ihre Formen angenommen haben, größere Kräfte besitzen als künstlich geformte. Solche natürlich geformten Steine haben eine tiefe magische Bedeutung.

Wir haben es hier mit der schamanistischen Magie zu tun. In Peru werden solche Steine von Schamanen in ihren Ritualen verwendet. Verschiedene amerikanische Indianerstämme schätzten Steine in Tierform für den Gebrauch in Zauber und Ritual. Heute jedoch wird die Magie von Steinformen nur selten in Betracht gezogen.

In diesem Kapitel werden einige Formen untersucht, in denen Edelsteine vorkommen, sowie die Formen, die von Menschen erschaffen werden. Ferner betrachten wir die wenigen Steine, die schimmern, strahlen und im Inneren eine Bewegung aufzuweisen scheinen.

Da Steine in vielen Formen vorkommen, werden wir uns nur mit den Hauptformen befassen. Wenn Sie einen eigenartig geformten Stein finden, lassen Sie sich von ihm ansprechen. Wie sieht er aus? Was assoziieren Sie mit dieser Form? Spüren Sie seine Energien, und arbeiten Sie damit, um seine Kräfte zu entdecken.

Wenn Sie mit natürlich geformten Steinen arbeiten, ist die Art des Steins nicht so wichtig wie seine Form, es sei denn, Sie legen Wert darauf. In der Form liegt die Magie!

Runde Steine symbolisieren die rezeptiven Kräfte des Universums, des Magnetismus und der Muttergöttin. Sie sind mit dem weiblichen Fortpflanzungsapparat verbunden. Darum können sie zum Beispiel in Heilungsritualen verwendet werden, um Frauen darzustellen.

Diese Steine sind Schlüssel zur Spiritualität wie zur Entfaltung der übersinnlichen Wahrnehmung. Sie werden für den Liebeszauber sowie für alle Arten von »Anziehungsritualen« verwendet. Wollen Sie zum Beispiel Geld anziehen, legen Sie kleine Stücke Olivin oder Jade in Form eines Quadrats um einen runden Stein und visualisieren Sie Ihren Wunsch.

Kugelförmige Steine, die inzwischen in vielerlei Arten erhältlich sind, werden oft als Kristallkugeln beim Weissagen verwendet.

Lange, dünne Steine sind offenkundig phallische Symbole, obwohl Bergkristalle oder andere Kristallsteine nicht unbedingt dazuzählen. Sie sind projektiv und stehen für Elektrizität und den Großen Gott der heidnischen Religionen.

Sie sind Energiesteine und können für diesen Zweck mitgeführt oder auf den Altar gelegt werden. Um Ihr Haus zu schützen, hängen Sie einen solchen Stein an die Haustür oder stellen ihn vor einen Spiegel.

Runde und lange Steine können in Kombination für Liebeszauber verwendet werden, indem sie während des Visualisierens neben- oder aufeinander auf den Altar gelegt werden. Werden andere Liebe anziehende Steine neben oder um diese beiden Steine herum gelegt, vermittelt dies dem Ritual zusätzliche Kraft und Symbolik.

Mit eiförmigen Steinen regt man die Kreativität und neue Ideen an. Außerdem werden sie auf den Steinaltar gelegt, um dem Ritual »Fruchtbarkeit« zu verleihen. Früher wurden kleine Steine in dieser Form von Frauen mitgeführt, um eine Empfängnis zu fördern. Größere Exemplare können im Garten vergraben werden, wenn man fruchtbare Pflanzen bekommen will.

Quadratische Steine symbolisieren die Erde, Wohlstand und Reichtum und werden daher für entsprechende Zauberformen verwendet. Sie fördern auch Stabilität und Beständigkeit. Benutzen Sie einen dieser Steine, um sich jeweils auf ein Projekt zu konzentrieren, wenn Sie das Gefühl haben, dass Ihrem Leben der Zusammenhalt fehlt.

Herzförmige Steine dienen in der Magie natürlich dazu, Liebe zu wecken oder anzuziehen. Sie können mitgeführt werden, um Liebe in Ihr Leben zu bringen oder eine bereits darin existierende Liebe zu vergrößern und um es Ihnen zu ermöglichen, Liebe zu nehmen und zu geben.

Dreieckige Steine sind Schutzsteine und werden zu diesem Zweck getragen oder mitgeführt. Wenn Sie Ihr Haus schützen wollen, stellen Sie einen dreieckigen Stein in das Fenster, das der Straße am nächsten liegt.

L-förmige Steine sollen Glück bringen, vielleicht weil diese Form die Verbindung des Spirituellen mit dem Physischen suggeriert. Sie können als Glücksbringer mitgeführt oder auf den Altar gelegt werden.

Steine, die Körperteilen ähneln, werden in der Magie verwendet, um den jeweiligen Körperteil zu heilen oder zu stärken. Nierenförmige Steine helfen also den Nieren. Diese plastischen Steine, die nach dem Ritual getragen werden, sind Brennpunkte der Visualisierung.

Pyramidenförmige Steine, die in der Natur selten vorkommen, aber immer häufiger bei Händlern zu finden sind, konzentrieren Energien und setzen sie durch die Spitze in Richtung des magischen Ziels frei. Wenn Sie also Geld brauchen, könnten Sie eine Banknote unter die Pyramide legen und visualisieren, dass Geldenergie von der Banknote nach oben durch die Pyramide und dann hinausfließt, um Ihnen Wohlstand zu bringen.

Diamantförmige Steine verweisen natürlich auf diese Edelsteine und werden dazu verwendet, Reichtum anzuziehen.

Diese Beispiele sollten genügen und es Ihnen ermöglichen, die magischen Anwendungsmöglichkeiten von speziell geformten Steinen zu erkunden, die Sie vielleicht am Strand, an Flussufern oder in trockenen Bachbetten finden.

Lochsteine, also Steine mit einem natürlich entstandenen Loch, sind in der Magie so wichtig, dass sie im Abschnitt »Magie und Volksweisheit« separat behandelt werden (s. S. 168–169). Dort erfahren Sie auch mehr über Steine, die von Natur aus auffällige Formen haben wie Staurolith und Kreuzstein.

Andere Steine werden nicht wegen ihrer Formen, sondern wegen ihres Schimmers oder Glanzes geschätzt. Steine wie Katzenauge (Chalzedon), Sternrubin, Sternsaphir, Mondstein, Tigerauge, Sonnenstein und viele andere sind so genannte *Schillersteine.*

Um diese Steine ranken sich zahllose Legenden. So glaubten manche Völker, dass Dämonen oder Geister in ihnen leben, die diesen Effekt bewirken.

Solche Steine gelten seit Langem als Schutzsteine, da sie Negatives ableiten. Sie werden zum persönlichen Schutz als Schmuck getragen. Diese »Bewegungssteine« sind auch nützlich für Reisezauber oder können wegen ihrer Schutzwirkung auf Reisen getragen werden.

»Sterne«, die in Saphieren und Rubinen erscheinen, sollen die magische Wirksamkeit dieser Steine erhöhen.

KAPITEL 6

STEINE KAUFEN UND SAMMELN

Je nach Ihren Wünschen und Bedürfnissen kann es einfach oder schwierig, preiswert oder teuer sein, Steine für magische Zwecke zu beschaffen. Für den magischen Gebrauch benötigen Sie nicht unbedingt Steine in Edelsteinqualität. Ein vollkommener Smaragd wird zwar eine starke magische Wirkung haben, doch eine geringere Qualität wird die gleiche Wirkung erzielen, wenn auch in etwas geringerer Stärke. Das gilt auch für entsprechende Ersatzsteine. (Im Abschnitt »Zusätzliche Informationen« finden Sie eine Liste von magischen Ersatzsteinen, S. 278–279.)

Wenn Sie die Steinmagie ernsthaft praktizieren wollen, legen Sie sich einen Vorrat an Steinen zu. Sie müssen sich nicht hundert verschiedene Steine besorgen. Zehn oder zwölf genügen für den Anfang. Stellen Sie sich ein Kontingent zusammen, auf die Sie für fast jedes magische Bedürfnis zurückgreifen können. Hier eine repräsentative Auswahl:

Amethyst	Peridot
Bernstein	Quarz mit Rutilnadeln
Bergkristall	Staurolith
Granat	Tigerauge
Karneol	Turmalin (grün, rosafarben, blau
Lapislazuli	und schwarz)

Bei Ihrer Auswahl sollten Sie natürlich Ihre Bedürfnisse und Interessengebiete berücksichtigen. Lesen Sie dazu den zweiten Teil dieses Buches, und stellen Sie sich eine persönliche Liste zusammen. Ändern Sie sie, wenn Sie neue Steine entdecken oder unerwartet in Situationen geraten, in denen Sie sie brauchen.

Wie bekommen Sie die Steine? Es gibt drei grundlegende Methoden: Kaufen, Tauschen und Sammeln. Während die meisten Steine heutzutage gekauft werden (genau wie früher), ist es preiswerter und macht mehr Spaß, Steine zu tauschen. Noch besser ist es natürlich, sie direkt aus der Erde zu holen.

Steine kaufen

Es ist unglaublich, wie viele Steine heutzutage erhältlich sind. Sie stammen aus der ganzen Welt, sind oft zigtausende von Kilometern unterwegs gewesen und durch viele Hände gegangen, bevor sie auf der Theke des Händlers landen, bei dem Sie sie kaufen. Einfache Exemplare von geringer Qualität kosten vielleicht nur ein paar Cent. Für andere Steine müssen Sie schon mehrere hundert oder tausend Euro pro Gramm oder Karat bezahlen.

In den meisten Großstädten gibt es Mineralienläden, ebenso in Kleinstädten in mineralienreichen Gegenden. Die Inhaber wissen zwar nur selten über die Magie der Steine Bescheid, dennoch lohnt ein Besuch dieser Läden, in denen man Steine kaufen und viel über ihre nicht okkulten Eigenschaften erfahren kann. Oft müssen Sie dafür einen hohen Preis zahlen, deshalb lohnt der Vergleich mit anderen Anbietern. Wenn Sie mit dem Inhaber eines Mineralienladens in gutem Kontakt stehen, wird er Ihnen Bescheid geben, wann er neue Steine geliefert bekommt, und Ihnen vielleicht die erste Auswahl einräumen.

Eine gewisse Vielfalt an Steinen entdecken Sie auch in New-Age-Läden und ähnlichen Geschäften, die es ebenfalls in allen

Großstädten gibt. Praktisch jeder verkauft Bergkristalle, den »neuen« Stein des New Age.

Händler von Steinen und Edelsteinen finden Sie auch in den Gelben Seiten des örtlichen Branchentelefonbuchs. Naturkundemuseen verkaufen Steine in ihren Geschenkeläden, meist zu guten Preisen. Auf Regionalmessen mit Ausstellungen lokaler Edelstein- oder Mineralienclubs gibt es ebenfalls oft Verkaufsstände.

Sie können Steine schließlich auch über den Versandhandel beziehen. Im Anhang sind Internetadressen mit entsprechenden Links aufgeführt (s. S. 282).

Messen und Ausstellungen, ein fester Bestandteil des Handels, sind »Rituale«, die Tausende von Sammlern und Hunderte von Händlern anziehen. In deren Ständen glitzern Hunderttausende von Edelsteinen und Mineralien. Dort können Sie am günstigsten einkaufen. Viele Händler, die von Messe zu Messe ziehen, kennen die örtlichen Läden gut und machen Ihnen einen guten Preis. Damit Sie für einen Stein nicht zu viel bezahlen, sollten Sie mehrere Händler vergleichen, bevor Sie Ihren Kauf tätigen.

Als ich 1971 damit begann, Magie zu praktizieren, wurde viel Aufhebens um ein »altes« magisches Gebot gemacht. Es lautet: Feilsche oder schachere nicht um Objekte, die du für magische Zwecke erstehen willst. Man interpretierte es so, dass man sich nicht nach dem besten Preis umschauen sollte. Dieses Gebot scheint in Vergessenheit geraten zu sein. Ich habe mich zwar früher an diese »Vorschrift« gehalten, aber stets das Gefühl gehabt – genau wie andere –, dass sie von Händlern formuliert oder verbreitet worden war, die für ihre Ware unbedingt die höchsten Preise erzielen wollten. So viel zum Schacherverbot! Es ist nicht mehr aktuell. Geld ist Energie in einer physischen

Form. Ich übe zwar keine Magie gegen Bezahlung aus, sehe aber nichts Falsches darin, mit Geld vernünftig umzugehen, wenn man magische Objekte kauft, also auch Steine.

Zurück zu den Messen und Ausstellungen. Steine, die im örtlichen Handel praktisch nicht erhältlich sind, entdeckt man oft auf Mineralienausstellungen. Erkundigen Sie sich bei den Händlern nach Ihrem Favoriten, dann bekommen Sie ihn vielleicht. Bei einer Ausstellung hielt ich vergeblich nach Sonnenstein und Staurolith Ausschau. Als ich mich an zwei verschiedenen Ständen danach erkundigte, stieß ich schon auf feine Exemplare, die ich sofort kaufte.

Wann und wo solche Ausstellungen und Messen stattfinden, erfahren Sie in Ihrer Tageszeitung, in Fachzeitschriften oder im Internet (siehe den Abschnitt »Bezugsquellen« im Anhang, S. 282). Fragen Sie auch in Gesteinsläden danach; dort ist man in der Regel über Ausstellungen in Ihrer Region informiert.

Steine tauschen

Sie haben nicht viel Geld, aber zu viele Exemplare von einer Steinart? Dann tauschen Sie doch einfach! Ein Objekt von einem bestimmten Wert gegen ein anderes Objekt von gleichem Wert zu tauschen ist eine uralte Praxis und viel älter als der Gebrauch von Geld.

In früheren Zeiten wurden Magier und Hexen für Heilungen, Reinigungen oder andere magische Rituale nicht bezahlt, sondern erhielten im Austausch für die aufgewandte Energie Nahrung, Unterkunft oder andere lebensnotwendige Dinge. Dieser Tauschhandel existiert noch immer – in unterentwickelten Ländern ebenso wie in Industriestaaten.

Haben Sie Freunde, die daran interessiert sind, ihre Steinsammlungen zu erweitern, besonders wenn sie sich mit Magie beschäftigen, dann vergleichen Sie doch einmal Ihre Schätze und sehen Sie, was sich daraus ergibt.

Tauschen ist besonders befriedigend. Sie können damit die Vielfalt Ihrer Steine mehren und neue Freunde gewinnen. Es fließt dabei kein Geld. Somit hat die Erweiterung des Spektrums von Steinen, die Sie in der Magie verwenden können, geringe ökonomische Auswirkungen. Doch es ist auch durchaus üblich, dass Sammler losziehen und ihre Steine suchen und ausgraben.

Steine suchen und sammeln

Steine und Mineralien zu suchen und zu sammeln ist ein richtiges Abenteuer. Was für ein erhebendes magisches Erlebnis ist es doch, den Schmutz zu entfernen und eine Farbe aufblitzen zu sehen. Steine zu kaufen ist gewiss aufregend, aber befriedigender ist es doch, wenn Sie selbst welche finden.

Auf der ganzen Welt gibt es reichhaltige Vorkommen der verschiedenen Edelsteine und Mineralien. In der Nähe meines Wohnorts San Diego gibt es Gebiete, in denen neben vielen anderen Steinen und Mineralien insbesondere Turmalin, Kunzit, Granat, Lepidolith, Glimmer, Beryll, Bergkristalle, Achat und Kalzit vorkommen. Gute Fundstätten gibt es aber überall auf der Erde.

Da Magier mit den natürlichen Kräften des Universums arbeiten und die Erde als eine Manifestation dieser Kräfte respektieren, ist es nur recht und billig, eine Suchexkursion mit einer Verehrung anzugehen. Rituale und Opfer vor dem Aufbruch gelten oft als unabdingbar für praktizierende Magier.

Das eigenhändige Suchen und Sammeln von Steinen macht nicht nur Spaß und erfüllt einen mit Ehrfurcht angesichts der Entdeckung von Steinen, die nie zuvor ein menschliches Auge gesehen hat.

Der Tagebau von Bergkristallen in Arkansas hat viel böses Blut hervorgerufen. Er ist zwar die kostengünstigste Methode, Kristalle zu gewinnen, schädigt aber die Erde nachhaltig. Auf der ganzen Welt schuften sich arme Tagelöhner von morgens bis abends ab und holen aus der Erde wertvolle Edelsteine für skrupellose Bergwerksbesitzer, die ihnen einen Hungerlohn für Steine zahlen, die Tausende von Euro einbringen können. Edelsteinpreise werden künstlich hochgehalten, sodass vielen Menschen das Vergnügen entgeht, sie zu besitzen und Zugang zu ihren Kräften zu haben. Deshalb stellen manche Magier den Wert einiger Steine, die auf dem Markt sind, infrage. Sind etwa die Kräfte in einem Bergkristall, der dem Boden entrissen wurde, negativ? Ist ein Smaragd, der von einem schwitzenden, unterernährten Arbeiter gefunden wurde, in magischer Hinsicht unrein?

Manche Magier bejahen dies und empfehlen, solche Steine vor der Verwendung in der Magie und im Ritual speziell zu präparieren und zu reinigen. Da Edelsteine sich durchaus wie Computer »programmieren« lassen, können alle schlechten Gefühle und jeder Missbrauch, die mit ihrer Gewinnung verbunden sind, ihre Spuren auf ihnen hinterlassen und sich auf ihren Endbesitzer auswirken.

Um jeden Zweifel hinsichtlich des Ursprungs, der Authentizität und der Gewinnungsmethode Ihrer Steine ausschließen zu können, sollten Sie selbst nach ihnen suchen. Planen Sie Ihre Exkursion so, dass Sie auf alle Eventualitäten vorbereitet sind – Regen (entsprechende Kleidung), starke Sonnenstrahlung (Sonnencreme, Sonnenbrille und ein breitkrempiger Hut) und Unfälle (Erste-Hilfe-Ausrüstung). Nehmen Sie auch etwas zu essen und zu trinken mit sowie alles andere, was Sie sonst noch benötigen. Gehen Sie möglichst nicht allein. Falls Sie sich in unwegsames

Gelände begeben, sagen Sie Freunden, wo Sie sind und wann Sie zurückkehren wollen.

Sie benötigen nur einfache Werkzeuge und Ausrüstungsgegenstände – eine Maurerkelle, eine Spitzhacke, eine kleine Schaufel, ein Sieb, kleine Beutel, Fläschchen oder Reagenzgläser für Ihre Funde, einen Pinsel und ein Messer – sowie eine größere Tasche oder einen Rucksack, um alles zu tragen. Für Höhlen benötigen Sie einen Schutzhelm, ein Seil, starke Lampen und Schutzkleidung.

Sobald Sie alle Vorbereitungen getroffen haben, absolvieren Sie irgendein Ritual gegenüber der Erde. Das muss nichts weiter sein als eine Einstimmung, ein Opfer und ein Dank im Voraus. Da es alle möglichen Varianten für derartige Rituale vor der Suche gibt, stelle ich Ihnen hier zwei Beispiele vor.

Das erste wird praktiziert, bevor Sie zu Ihrer Exkursion aufbrechen.

Stellen Sie sich vor Ihren Steinaltar. Halten Sie in der rechten Hand ein Exemplar (falls Sie eins haben) von der Steinart, nach der Sie suchen wollen. Stimmen Sie sich auf dieses Exemplar und damit auch auf die Erde ein. Visualisieren Sie riesige Höhlen voller glitzernder Kristalle. Spüren Sie, wie die Steine in der Erde schwingen und Energien ausstrahlen oder absorbieren. Visualisieren Sie, wie Sie die Steine finden. Danken Sie der Erde mit irgendwelchen Worten oder Symbolen für ihr Opfer. Während Sie dies tun, tragen Sie den Stein nach draußen und begraben Sie ihn in der Erde.

Das zweite Ritual lässt sich bei der Ankunft an der Grabungsstätte oder im Freien vor dem Aufbruch zu dem betreffenden Gebiet absolvieren.

Wählen Sie ein kostbares Objekt – einen geschliffenen Edelstein, eine kleine Silbermünze, ein paar Tropfen eines teuren Öls, etwas Wein oder Honig. Gehen Sie hinaus an einen wilden und einsamen Ort oder bis zur eigentlichen Lagerstätte.

Setzen Sie sich auf die Erde und legen Sie die Hände neben Ihre Oberschenkel auf den Boden. Strecken Sie Ihre Wirbelsäule, bis Sie aufrecht und doch bequem sitzen.

Spüren Sie, wie die Erde unter Ihnen schwingt. Rufen Sie sie an, und bitten Sie sie um Erlaubnis, Steine zu suchen. Visualisieren Sie jetzt, wie Sie liebevoll die Steine suchen. Sehen Sie vor sich, wie Sie sie in einer positiven, lebensbejahenden Magie verwenden.

Begraben Sie dann Ihre Opfergabe in der Erde und begeben Sie sich mit einer verehrungsvollen Einstellung auf die Suche.

Wie wirkungsvoll sind solche Rituale?

Ein Freund hat mir berichtet, jedes Mal wenn er ein derartiges Ritual vor der Suche absolviert habe, sei er erfolgreich gewesen. Wenn er es weggelassen habe, sei der Erfolg ausgeblieben. Solche Rituale sind gewiss nicht notwendig. Steinsucher, die mit Magie nichts im Sinn haben, würden nie auf den Gedanken kommen, solche Dinge zu tun, und doch sagenhafte Funde machen.

Doch wer sich mit Magie befasst, für den sind sie eine Grundvoraussetzung. Wir sind nicht da, um »die Erde zu beherrschen und zu unterdrücken«. Wir arbeiten in Harmonie mit ihr, zumal wenn wir einige ihrer Schätze sammeln wollen.

Absolvieren Sie also Ihr Ritual und suchen Sie sich Ihre magischen Steine selbst. Viel Glück beim Graben!

Kapitel 7

Das Reinigen der Steine

Steine sind, wie ich im Abschnitt »Steine kaufen und sammeln« (S. 47–54) erwähnte, vielfältigen Energien ausgesetzt, bevor sie zu Ihnen kommen. Bevor Sie sie in der Magie verwenden, unterziehen viele Magier die Steine einer Säuberung oder Reinigung.

Dieser einfache Vorgang beseitigt alle früheren Einflüsse und bereitet den Stein auf unseren Gebrauch vor. Es empfiehlt sich, dies bei jedem Stein zu tun. Die einzigen Ausnahmen sind Steine, die Sie selbst gesucht haben – es sei denn, Sie haben sie in der Nähe einer militärischen Anlage, einer Autobahn oder in kontaminiertem Boden gefunden.

Es gibt eine ganze Reihe von Methoden zur Steinreinigung. Die einfachste besteht darin, den Stein einen Tag, drei Tage oder gar eine Woche lang ins Sonnenlicht zu legen. Die Sonnenstrahlen verbrennen die unnötigen Energien.

Legen Sie die Steine ins direkte Sonnenlicht. Eine Fensterbank im Haus ist nicht so gut geeignet wie ein Ort im Freien, da das Fensterglas einen Teil der Sonnenstrahlen blockiert. Tragen Sie die Steine jeden Tag bei Anbruch der Dämmerung wieder ins Haus.

Manche Steine werden bereits nach einem Tag, an dem sie die Strahlen aufgesogen haben, »klar« sein. Andere benötigen mehr Zeit. Überprüfen Sie die Steine täglich, und spüren Sie die Energien in ihnen, indem Sie sie in Ihre rezeptive Hand legen. Sind die Schwingungen regelmäßig und gesund, ist die Reinigung gelungen.

Eine zweite Methode ist ein wenig schwieriger. In diesem Fall benötigen Sie fließendes Wasser. Legen Sie die Steine in ein Netz und befestigen Sie es in einem Fluss oder Bach, damit die Steine nicht weggespült werden. Lassen Sie die Steine ein bis zwei Tage im Wasser liegen, damit alle Unreinheiten sanft abgewaschen werden.

Die dritte Methode richtet sich nach den Kräften der Erde. Vergraben Sie die Steine etwa für eine Woche im Boden und überprüfen Sie dann, ob sie gereinigt sind. Wenn dies der Fall ist, waschen oder wischen Sie sie ab. Ihre Magie kann beginnen.

Alle drei Empfehlungen sind natürliche Reinigungsmethoden, die mithilfe der Energie der Elemente durchgeführt werden. Wenn Sie sie jedoch nicht anwenden können, gibt es eine weitere Methode: ein Reinigungsritual, das Sie bei sich zu Hause vollziehen können. Wenden Sie dieses Ritual auf Ihrem Altar an, sofern Sie einen haben, oder auf irgendeinem Tisch. Am besten geschieht dies bei Sonnenaufgang oder tagsüber.

Füllen Sie ein Becken mit reinem Wasser und stellen Sie es in westlicher Richtung auf den Tisch oder Altar.

Zünden Sie nun eine rote Kerze an und stellen Sie sie im Süden auf. Entzünden Sie etwas Weihrauch und platzieren Sie ihn im Osten. Schließlich füllen Sie eine Schale oder einen Blumentopf mit frisch ausgegrabener Erde. Stellen Sie die Schale oder den Topf im Norden auf den Altar. Legen Sie zwischen all diese Objekte den Stein, der gereinigt werden soll.

Wenn all dies erledigt ist, bringen Sie Ihren Geist zur Ruhe und nehmen den Stein in Ihre projektive Hand. Richten Sie Ihre Aufmerksamkeit auf das Gefäß mit der Erde. Legen Sie den

Stein darauf und bedecken Sie ihn mit frischer Erde. Sagen Sie sinngemäß etwa: *Ich reinige dich mit Erde!*

Lassen Sie den Stein ein paar Minuten liegen, während Sie die ganze Zeit visualisieren, dass die Erde die Unreinheiten des Steins absorbiert. Holen Sie ihn dann heraus, säubern Sie ihn und halten Sie ihn in den aufsteigenden Weihrauch. Führen Sie ihn neun Mal durch den Rauch, und zwar von rechts nach links, wobei Sie etwa folgende Worte sagen: *Ich reinige dich mit Luft!*

Führen Sie nun den Stein rasch mehrere Male durch die Kerzenflamme, während Sie sagen: *Ich reinige dich mit Feuer!*

Das Feuer verbrennt alles Negative.

Legen Sie nun den Stein ins Wasser und sagen Sie Folgendes (oder etwas Ähnliches in Ihren eigenen Worten): *Ich reinige dich mit Wasser!*

Visualisieren Sie, wie das Wasser ihn sauber wäscht.

Lassen Sie den Stein eine Zeit lang im Wasser liegen, trocknen Sie ihn dann mit einem sauberen Tuch ab und halten Sie ihn in Ihrer rezeptiven Hand.

Ist der Stein »sauber«? Wenn nicht, wiederholen Sie dieses einfache Ritual so oft, bis Sie sicher sind, dass es gewirkt hat.

Danach bewahren Sie den Stein an einem besonderen Ort auf. Jetzt ist er bereit für den magischen Gebrauch.

Kapitel 8

Die Geschichten in den Steinen

Bevor Sie Steine zur Magie verwenden, sollten Sie sie unbedingt kennenlernen. Wenn Sie mit ihnen vertraut sind, können Sie mit ihren Kräften arbeiten. Nachdem Sie sich etwa auf einen Amethyst eingestimmt haben, entwickeln Sie ein »magisches Wissen« im Hinblick auf diesen Stein. Dies ist ein echtes Instrument und eines der drei Grunderfordernisse der Magie (siehe den Abschnitt »Magie«, S. 22–23).

Meditieren Sie am Anfang mit etwa zehn Steinen. Fügen Sie später mehr hinzu, wenn sie in Ihr Leben gelangen, so wie es mir vor Kurzem mit Sugilith erging. Wenn sich dann eine Situation ergibt, in der ein magischer Ritus erforderlich ist, kennen Sie den Stein, den Sie verwenden müssen.

Arbeiten Sie mit einzelnen Steinen. Falls Sie etwa morgens Zitrin studieren und nachmittags zu Aventurin übergehen, werden Ihre Assoziationen mit diesen Steinen nicht so klar sein, wie wenn Sie Ihre Sitzung über zwei Tage verteilen und damit jeden Stein gründlicher studieren.

Versuchen Sie, die Sitzungen mit jedem Stein mindestens zwei- oder dreimal am selben Tag zu wiederholen, damit Sie sich vollständig versenken können. Wenn Sie nichts anderes vorhaben, schauen Sie sich nach Ihrer Haupteinstimmung den Stein tagsüber einfach ein paarmal an oder halten Sie ihn einen Augenblick lang.

Um die Geschichten in den Steinen zu »hören«, können Sie folgende Methode ausprobieren. Sie ist im besten schamanistischen Sinn darauf ausgelegt, den Stein Sie lehren zu lassen. Das Universum spricht ständig zu uns, zu uns allen. Denken Sie daran, ihm zuzuhören!

Reinigen Sie nötigenfalls den Stein (siehe Abschnitt »Das Reinigen der Steine«, S. 55–57). Dann nehmen Sie sich Zeit, etwa eine halbe bis eine Stunde, je nachdem, wie sehr Sie mit Steinen zu arbeiten wünschen.

Suchen Sie sich einen ruhigen Ort. Das kann in Ihrem Garten sein, im Wohnzimmer, wenn der Rest der Familie schläft, oder an einem stillen Ort in einem nahe gelegenen Wald. Sogar ein Stadtpark ist dafür geeignet. Idealerweise ist jeder Ort im Freien dem Arbeiten im Haus vorzuziehen.

Diese Steinübung besteht aus zwei Abschnitten. Der erste nutzt das Übersinnliche, das Unterbewusste, den tief bewussten Geist. Zumindest einen Teil davon ordnet man seit einiger Zeit der »rechten Hirnhälfte« zu. Der zweite Abschnitt nutzt den intellektuellen, bewussten, gesellschaftlich gesteuerten Verstand, also die »linke Hirnhälfte«.

Nehmen Sie vor dem Stein bequem Platz, auf dem Erdboden, dem Fußboden oder auf einem Stuhl an einem Tisch. Der Stein sollte in Reichweite liegen. Schließen Sie die Augen und lauschen Sie Ihrem Mantra, Ihrem Atem. Bringen Sie Ihren bewussten Geist zur Ruhe. Atmen Sie tief und rhythmisch.

Während Ihre Augen geschlossen bleiben, strecken Sie Ihre rezeptive Hand aus (die linke Hand bei Rechtshändern, die rechte bei Linkshändern). Halten Sie sie ein paar Zentimeter über den

Boden und bewegen Sie sie sacht vor und zurück. Richten Sie Ihre Konzentration oder Ihre Aufmerksamkeit auf die Handfläche dieser Hand. Sie suchen den Stein. *Bemühen* Sie sich nicht, die Energien des Steins zu spüren – *lassen Sie einfach zu, dass Sie es tun.*

Nehmen wir an, ich tue dies mit einem kleinen Bergkristall. Während meine Hand darüber hinwegfährt, spüre ich möglicherweise eine starke Ausstrahlung, die von dem Stein aufsteigt und sich vielleicht als warme, pulsierende Stelle in meiner Handfläche manifestiert.

Wenn ich meine Hand vom Kristall wegbewege, hört das Gefühl auf. Sobald ich wieder darüber hinwegfahre, bewegt sich der Energiestrom durch meine Handfläche. Das mag Ihnen seltsam oder übernatürlich vorkommen, aber dies ist ein vollkommen natürlicher Gebrauch unserer Sinne und in der Magie von großer Bedeutung.

Sobald Sie den Stein auf diese Weise lokalisiert haben, heben Sie ihn mit geschlossenen Augen auf, wobei Sie erneut Ihre Sinne benutzen, um die exakte Lage des Steins zu bestimmen. Ihre Finger sollten ihn vollkommen umschließen.

Ihre Augen sind noch immer geschlossen. Sie nutzen gerade den übersinnlichen Geist. Halten Sie den Stein eine Weile in Ihrer rezeptiven Hand. Nun sind die Energien leichter wahrzunehmen, da Sie ihrer Quelle näher sind. Wie fühlen sie sich an? Wirken sie sich auf Ihre Stimmung aus? Sind Sie glücklicher? Ruhiger? Energiegeladen? Erregt?

Während Ihre Augen noch immer geschlossen sind, bewegen Sie den Stein langsam auf und ab, und zwar ein paar Zentimeter vor Ihrem Körper, vom Bauch bis über Ihren Kopf. Spüren Sie irgendetwas anderes? Spüren Sie die Energie des Steins in Ihrem Inneren, fast wie einen warmen Sonnenstrahl? Oder einen kühlen Strahl Mondschein?

Geben Sie nun den Stein in Ihre projektive Hand. Spüren Sie den Stein. Ist er glatt, glitschig, rau, gefurcht oder gerippelt? Ist er bröcklig? Fühlt er sich kalt an? Warm?

Sobald Sie ihn mit Ihren Fingern erkundet haben, fühlen Sie das Gewicht des Steins. Ist er leicht? Schwer?

Erinnern Sie sich an all das – an alle Eindrücke, Empfindungen und emotionalen Auswirkungen, falls es welche gibt. Öffnen Sie nun die Augen und schauen Sie sich den Stein an. Während Sie an alle gerade erhaltenen Informationen denken, studieren Sie ihn mit den Augen. Sie haben den Stein sicher schon vorher betrachtet, aber noch nie mit all diesen Empfindungen.

Blicken Sie ihn eine Weile an, vielleicht als ob Sie ihn zum ersten Mal sehen würden. Sehen Sie ihn mit den Augen eines Schamanen. Durchdringen Sie ihn mit Ihrem Sehvermögen, analysieren Sie ihn, strengen Sie Ihren bewussten Verstand an.

Welche Form hat er? Falls er nicht von einem Steinschneider bearbeitet wurde: Ist er ein glatter, natürlicher Kristall, ein grober Mineralienbrocken oder ein vom Wasser polierter Stein? Wenn er kristallin ist: Wie viele Seiten weist er auf? Sind sie regelmäßig oder ungleichmäßig geformt? Glatt oder tief gerillt?

Konzentrieren Sie sich nun auf die Farbe des Steins, lassen Sie sie Ihr Bewusstsein erfüllen. Ist der Farbton intensiv oder blass? Hell oder dunkel? Angenehm oder unangenehm? Wirkt er sich auf Ihre Stimmung aus? Was assoziieren Sie, in magischer oder anderer Hinsicht, mit der Farbe?

Ist der Stein undurchsichtig, durchscheinend oder durchsichtig?

Lassen Sie den Stein diese Fragen beantworten. Untersuchen Sie den Stein, wie ein Arzt einen Patienten untersuchen würde. Der Stein spricht zu Ihnen und offenbart dabei seine magische Natur und seine magischen Anwendungsmöglichkeiten.

Wenn Sie das Gefühl haben, dass Ihre Konzentration nachlässt, oder wenn Sie sich einfach langweilen (ein gutes Zeichen dafür, dass das »Gespräch« vorbei ist), und besonders wenn Sie unterbrochen werden, halten Sie den Stein mit beiden Händen, bewegen Sie ihn zum Himmel hoch, dann zum Boden hinunter und drücken Sie ihn schließlich an Ihre Brust.

Dies ist ein einfaches Ritual, das das Ende der Sitzung definiert, indem es den Stein allen Energien oben und unten präsentiert.

Nun schlagen Sie die magischen Informationen im Zusammenhang mit dem Stein nach. Stellen Sie fest, ob es mit dem übereinstimmt, was Sie herausgefunden haben.

Sind Sie ein Mensch, der gern alles festhält, schreiben Sie eine Zusammenfassung der Sitzung auf. Notieren Sie den Stein, seine Energien, Ihre Gefühle.

Wenn Sie möchten, können Sie den Stein ein paar Stunden tagsüber oder nachts nach Ihrer Einstimmung mit sich führen oder tragen. Spüren Sie alle Veränderungen in Ihnen, während Sie den Stein tragen.

Ansonsten legen Sie den Stein an einen sicheren Ort, vielleicht auf Ihren Altar oder in Ihren Kraftbeutel, falls Sie einen haben. (Was das ist, erfahren sie im Glossar, S. 284.)

Ihre Steinmeditation ist nun beendet.

Tun Sie dies so oft, wie Sie es für nötig halten. Vielleicht benötigen Sie bloß eine Sitzung, um all diese Informationen zu verarbeiten, aber es können auch mehrere Sitzungen sein. Vielleicht praktizieren Sie die »bewusste« Hälfte dieser Übung tagsüber und die »unterbewusste« nachts. Sonnenuntergang oder Sonnenaufgang sind ideale Zeiten dafür, symbolisieren sie doch den Übergang vom übersinnlichen Geist (Nacht) zum analytischen Geist (Tag).

Falls Sie Freunde haben, die Steine magisch verwenden, fragen Sie sie nach ihren Eindrücken von den Steinen. Tauschen Sie Ihre Informationen aus, wenn Sie möchten, denn niemand besitzt in solchen Dingen ein Monopol. Denken Sie daran, dass die Eindrücke anderer Menschen sich von Ihren stark unterscheiden können.

Gewiss, dies mag sich kompliziert anhören. Würde denn der Stein sein magisches Wirken nicht auch ohne ein solches Ritual ausüben? Vielleicht. Manchmal tut er es natürlich. Aber in der Steinmagie sind die Kräfte, die wir in den Rohstoffen spüren, nur ein Teil der Energie, die wir anwenden. Steine werden nämlich oft als Brennpunkte der persönlichen Kraft genutzt, die wir in unserem Körper wecken.

Durch das Ritual setzen wir diese persönliche Kraft in den Steinen frei, die wie Linsen fungieren, welche die Energie bündeln und konzentrieren, während sie das ihre zur »Übertragung« beisteuern. Die Energie wird dann zum magischen Ziel hin ausgesandt.

Unser umfassendes Wissen über Steine, ihre Form, Farbe und Kräfte verbindet uns noch enger mit ihnen und ermöglicht uns eine sicherere, stärkere Energieprojektion in sie hinein. Vielleicht funktioniert ja die Steinmagie auch ohne die Vertrautheit des Magiers mit den Instrumenten. Aber wie Praxis und Lust aus einem Anfänger einen versierten Holzschnitzer machen können, so können auch Sitzungen wie diese über die Wirksamkeit der praktizierten Magie entscheiden. Wenn man sie weglässt, verpasst man die halbe Magie.

Kapitel 9

Weissagen mit Steinen

Weissagen ist ein magischer Vorgang, bei dem man mithilfe verschiedener Instrumente und Techniken einen Blick in die Zukunft wirft. Das Legen von Tarotkarten ist ebenso eine Form des Weissagens wie die Beobachtung der über uns hinwegziehenden Wolken oder die Betrachtung der Muster, die Teeblätter in einer Tasse erzeugen.

Für alle Menschen, die nicht bewusst über mediale Fähigkeiten gebieten können, wenn es darauf ankommt, ist das Weissagen die beste Möglichkeit. Während wir diese Magie ausüben, konzentrieren wir uns mit unserem bewussten Verstand auf die Symbole, die sich uns zeigen, und lassen zu, dass sie mit unserem übersinnlichen Geist Kontakt aufnehmen. Diese Symbole – Münzen, Runensteine, Regentropfen auf einer Fensterscheibe – sind Schlüssel, die es uns ermöglichen, unsere übersinnliche Wahrnehmung zu öffnen.

Es gibt zahllose Formen von Weissagen, Wahrsagen, Hellsehen oder Prophezeien. Sie sind in allen Kulturen der Menschheitsgeschichte praktiziert worden. Zuweilen wurden diese Riten von ganz gewöhnlichen Menschen vollzogen, dann wieder von Priesterinnen, Priestern oder Schamanen. Die Suche nach dem Wissen um mögliche zukünftige Ereignisse ist noch heute lebendig.

Ich sage bewusst »mögliche zukünftige Ereignisse«, denn nichts ist ein für allemal in Stein gemeißelt. Die Zukunft ist gerade nicht von vornherein festgelegt – unser Leben entfaltet sich nicht nach irgendeinem göttlichen Plan. Vielmehr erschaffen wir unsere Zukunft in jeder Sekunde. Unser Leben ist das Ergebnis unserer Entscheidungen.

Genauso wie wir über unsere Zukunft bestimmen, können auch andere Menschen unser Leben beeinflussen, wenn wir es zulassen. Universale Kräfte kommen und gehen und gestalten mit ihrer Energie das Morgen. Unfassbar sind die hier waltenden Faktoren.

Zum Glück müssen wir diese Prozesse nicht verstehen, um einen Blick auf die Zukunft zu erhaschen. Wir brauchen nichts weiter zu tun, als unsere Instrumente zu wählen und sie rituell anzuwenden, um Kontakt mit der übersinnlichen Wahrnehmung aufzunehmen, die in uns allen existiert.

Das Weissagen mit Steinen ist eine ausgezeichnete Form dieser uralten Kunst. Wenn Sie sich im Hinblick auf eine wichtige Entscheidung leiten lassen müssen, dann suchen Sie Hilfe bei Steinen. Wenn Sie bei dem Gedanken an ein bevorstehendes Ereignis Angst überkommt, wenden Sie sich an Steine. Wenn Sie sich nicht sicher sind, ob der magische Ritus, den Sie gerade vollziehen wollen, sich für Ihr Ziel eignet, dann wenden Sie eine Form des Weissagens mit Steinen an, um den nötigen Scharfblick zu gewinnen.

Dies kann freilich leicht zu einer Abhängigkeit führen. Der Mensch, der nicht aus dem Haus geht, ohne ein Medium zu befragen, ist zwar ein Klischee, aber es trifft leider nur zu oft zu. Das Weissagen ist keine göttliche Führung oder unabdingbar für das tägliche Leben – es ist ein Instrument, das wir in die Hand nehmen und gebrauchen, wenn es erforderlich ist, und dann wieder beiseitelegen. Das Weissagen kann uns dabei helfen, Entscheidungen zu treffen, uns vor möglichen Gefahren oder Gesundheitsproblemen warnen und uns ein Problem aus einer anderen Perspektive sehen lassen.

Es mag aufregend sein, das Weissagen zu praktizieren, aber dies sollte nie »bloß zum Spaß« oder aus Langeweile geschehen. Wie die Magie sollte das Weissagen angewendet werden, wenn es erforderlich ist.

Die meisten Formen des Weissagens enthalten irgendein Element des »Zufalls«. Es entscheidet darüber, welche Instrumente – in diesem Fall welche Steine – uns dabei behilflich sind, die Geheimnisse des Morgen zu erschließen. Aus einem Beutel einen Stein auf gut Glück zu ziehen, Tarotkarten zu mischen oder I-Ging-Stäbchen oder Münzen zu werfen, führt den Zufall ins Weissagen ein. In gewisser Hinsicht lassen wir es zu, dass das Universum (die Natur, die Gottheit) bestimmt, welcher Stein oder welche Karte am besten geeignet ist, uns bei unserer Suche zu helfen.

Andere Formen des Weissagens basieren auf der eher direkten Kommunikation mit dem Unbewussten. Das Pendel beispielsweise ist ein Instrument, das durch winzige Bewegungen des Arms und der Hand, die es halten, in Gang gesetzt wird. Diese Bewegungen werden durch den übersinnlichen Geist verursacht und so interpretiert, dass wir eine Antwort auf unsere Fragen erhalten.

Einige Arten des Weissagens wenden beide Systeme an.

Wenn Sie bewusst nach Belieben über mediale Fähigkeiten gebieten können, brauchen Sie keine Wahrsagerei. Andernfalls sollten Sie damit beginnen, mit einem der Systeme zu arbeiten, die in diesem Kapitel dargestellt werden. Beachten Sie dabei stets Folgendes: Es kann ein paar Sitzungen dauern, bis Sie das Weissagen richtig praktizieren, mit der richtigen geistigen Einstellung daran herangehen und die sich Ihnen zeigenden Symbole so anwenden, dass sich Ihre übersinnliche Wahrnehmung entfaltet.

Die Zukunft ist nicht vorherbestimmt. Wenn Sie etwas sehen, das Ihnen Probleme bereitet, verändern Sie es durch Magie! Wenn sich Ihnen ein übertrieben rosiges Bild zeigt, könnten Sie sich fragen: Lese ich da meine Wünsche hinein? Wende ich das System auch richtig an? Ist dieses System für mich angemessen? (Mit anderen Worten: Spricht es meinen übersinnlichen Geist an?)

Das Weissagen wird nur dann ausgeübt, wenn es notwendig ist. Falls ein offenes Gespräch, ein paar Telefongespräche oder Briefe oder einige Augenblicke der Konzentration Ihre Fragen erfolgreich zu klären vermögen, dann sollten Sie zuerst auf diese Dinge zurückgreifen. Wenn nicht, arbeiten Sie mit Ihren Steinen.

Kristallsehen

Beim Kristallsehen betrachtet man eine glänzende, leuchtende oder reflektierende Oberfläche oder meditiert davor.

Das Kristallsehen mit Steinen ist vermutlich die bekannteste Form des Weissagens. Seit Jahrtausenden bedient man sich reflektierender, auf Hochglanz polierter Steine, um die übersinnliche Wahrnehmung zu entwickeln.

Die meisten Menschen haben schon einmal von der überall verbreiteten »Kristallkugel« gehört. Dieses magische Instrument ist eine Kugel aus Bergkristall. Große, klare Bergkristallkugeln können Tausende von Euros kosten, aber kleinere Kugeln mit einem Durchmesser von ein paar Zentimetern gibt es schon für etwa 10 Euro. Die rund 15 Zentimeter großen Kugeln bestehen aus Glas oder Kunststoff. Echte Bergkristallkugeln kosten in dieser Größe rund 200 Euro, aber zum Glück brauchen Sie die nicht.

Bergkristall, eine Form von Quarz, ist nicht der einzige Stein, der fürs Kristallsehen gewählt wird. So wurden im alten Mexiko flache, quadratische Stücke von Obsidian bevorzugt, in der Renaissance waren Beryllkugeln oder -eier beliebt, während die Kristallkugel schon vor langer Zeit die Menschen faszinierte.

Dies ist eine Anleitung für alle, die sich für das Kristallsehen mit Bergkristallkugeln interessieren. Wie gesagt – nur eine *Anleitung*. Wie bei allen magischen Dingen sollten Sie auch hier Ihrer Intuition folgen.

Nachdem Sie sich Ihre Kugel besorgt haben, sollten Sie sie in Wasser waschen. Dann trocknen Sie sie ab und wickeln sie in ein schwarzes, gelbes oder weißes Tuch ein.

Traditionell werden für das Kristallsehen verwendete Kugeln niemals dem Sonnenlicht ausgesetzt, weil man glaubt, dies behindere ihre Fähigkeit, mit dem übersinnlichen Geist Kontakt aufzunehmen.

Das Mondlicht hingegen dient dazu, Kristallkugeln zu reinigen. Vollmond ist ein idealer Zeitpunkt, einen Kristall zu reinigen und ihn mit Ihrer magischen Intention »aufzuladen« – in diesem Fall einem erfolgreichen Kristallsehen.

Bringen Sie die eingewickelte Kugel ins Mondlicht hinaus. Wickeln Sie sie aus und halten Sie sie mit beiden Händen zum Mond hoch.

Spüren Sie, wie sich sein kühles Licht über Sie ergießt. Sehen Sie durch Visualisierung, wie es den Kristall durchflutet, ihn auf Ihre Energie einstimmt. Visualisieren Sie dann, wie Sie erfolgreich mit der Kugel kristallsehen.

Nach ein paar Augenblicken wickeln Sie die Kugel wieder ein. Die Reinigung ist abgeschlossen.

Beachten Sie für das Kristallsehen folgende Hinweise:

Am besten geschieht es nachts, denn die Nacht regiert den übersinnlichen Geist. Wahrscheinlich besteht auch eine geringere Chance, gestört zu werden.

Suchen Sie sich einen ruhigen Ort aus. Setzen Sie sich bequem hin. Legen Sie den Kristall in einen Ständer auf einem Tisch oder halten Sie ihn in den Händen.

Kerzenlicht kann für das Kristallsehen von Nutzen sein. Zwar meinen manche Menschen, die Reflexionen der Flammen im Kristall würden sie stören. Andere wiederum erklären, genau das würde sie in den richtigen Zustand versetzen.

Experimentieren Sie, um herauszufinden, was für Sie am besten funktioniert. So könnten Sie anfangs weiße oder gelbe Kerzen hinter ihrem Rücken aufstellen, sie dann neben sich platzieren und schließlich den Kristall selbst mit den Kerzen umgeben.

Sobald Sie, der Kristall und die Kerzen in der richtigen Position sind, entspannen Sie sich. Atmen Sie ein paar Augenblicke lang mit geschlossenen Augen tief ein. Vergessen Sie die Sorgen des Tages, den Stress, die Probleme. Entspannen Sie Ihren Körper und Ihren Geist.

Öffnen Sie dann die Augen und halten Sie den Kristall so lange in Ihren Händen, bis er warm ist. Manche Magier meinen, dass Steine erst dann ihre magische Wirkung entfalten, nachdem dies geschehen ist. Während Ihre Hände den Stein erwärmen, gibt Ihr Körper seine Kraft in den Stein ab. Visualisieren Sie während dieses Vorgangs den Bereich, über den Sie etwas in Erfahrung bringen möchten.

Legen Sie nun den Stein auf seinen Ständer zurück oder halten Sie ihn weiter in Händen, je nachdem, was Ihnen angenehmer ist.

Fahren Sie fort, sich zu entspannen; schauen Sie in den Kristall. Starren Sie nicht unverwandt in seine Tiefen, sondern schauen Sie einfach nur. Zwinkern Sie mit den Augen, wenn Sie wollen. Sie müssen während des Kristallsehens ruhig und entspannt sein.

Der Kristall ist ein Symbol des Übersinnlichen, des Wassers (des übersinnlichen Elements), Ihres Bedürfnisses, in die Zukunft zu schauen. Denken Sie an diese Dinge, während Sie in die Kugel blicken.

Wenn dies gelingt, werden Sie in Kontakt mit Ihrem übersinnlichen Geist treten, und es findet eine Kommunikation zwischen ihm und Ihrer bewussten Wahrnehmung statt.

Werden Sie Bilder sehen? Wahrscheinlich nicht, denn der Kristall ist schließlich keine Filmleinwand. Vielleicht erblicken Sie Rauchfetzen, die in der Kugel herumwirbeln – das gibt es häufig. Aber nur wenige Menschen sehen darin Bilder.

Nein, Sie werden sie allenfalls in Ihrem Geist sehen. Bilder, die man während des Kristallsehens erblickt, sind oft symbolisch und keine übersinnlichen »Fernsehnachrichten« über zukünftige Ereignisse. Interpretieren Sie die Symbolik, so gut sie können.

Wenn Sie keine Bilder sehen, gehen Ihnen vielleicht stattdessen unerbetene Gedanken durch den Kopf. Wörter, Formulierungen oder ganze Sätze können aus Ihrem übersinnlichen Geist »herausspringen«.

Was auch immer Sie sehen oder denken – also Bilder innerhalb der Kugel oder in Ihrem Geist oder Wörter und Formulierungen –, versuchen Sie dies mit Ihrer Frage oder dem Bereich Ihrer Wissbegier in Verbindung zu bringen.

Wörter sind am einfachsten. Denken Sie über sie nach. Bedeuten sie Ihnen etwas? Sind sie zweideutig oder eindeutig?

Symbole sind schwieriger. Wenn Sie zum Beispiel wissen wollen, ob es eine positive Aktion wäre, in ein neues Haus zu ziehen, und Sie sehen Bilder von Fledermäusen, die über sich windenden Schlangen flattern, dann interpretieren Sie diese Symbole.

Für manche Menschen hängen Schlangen mit Weisheit und Fledermäuse mit Glück zusammen – ihnen erschiene der Umzug als günstig. Wenn Sie jedoch Angst vor Schlangen haben und Fledermäuse ekelhaft finden, deuten Ihre Symbole das Gegenteil an.

Verstehen Sie, wie es funktioniert? Symbole sind die Sprache des Unbewussten. Obwohl wir alle die gleiche Sprache sprechen, benutzen wir unterschiedliche Dialekte. Der übersinnliche Geist bedient sich somit einer persönlichen Sprache, die für andere vielleicht keinen Sinn ergibt.

Wenn Sie keine Kristallkugel bekommen, sich keine leisten können oder keine verwenden wollen, gibt es mehrere andere Methoden des Kristallsehens. Jeder natürlich reflektierende Stein, die meisten Kristalle und diejenigen, die eine innere Bewegung zu besitzen scheinen, eignen sich als »Spiegel des übersinnlichen Geistes«. Zu letzteren Steinen zählen zum Beispiel Katzenauge, Mondstein, Sonnenstein, Tigerauge, Sternrubin und Opal.

Nehmen Sie den Stein mit hinaus ans Sonnen- oder Mondlicht oder halten Sie ihn nahe an eine Kerze. Beruhigen Sie Ihren bewussten Verstand. Bewegen Sie den Stein langsam in Ihren Händen, während Sie Ihren Bereich, über den Sie etwas erfahren wollen, visualisieren.

Tun Sie dies mehrere Minuten lang. Versuchen Sie nicht zu wollen, dass irgendetwas geschieht. Warten Sie einfach darauf, dass die merkwürdigen Bewegungen im Stein und die hypnotischen Bewegungen Ihrer Hände den Zugriff Ihres bewussten Verstands auf die übersinnliche Eingebung brechen. Interpretieren Sie wieder alle Symbole, die Sie vielleicht erblicken.

Weissagen mit fünfzig Steinen

Obwohl ich gern fünfzig Smaragde hätte, um sie für das nun folgende Ritual zu verwenden, spielt die benutzte Steinart keine Rolle. Wenn es Ihnen finanziell möglich ist, wählen Sie Steine, die das Übersinnliche herbeiführen, wie Amethyst, Aquamarin, Zitrin, Bergkristall, Mondstein, und zwar in jeder Kombination. Oder nehmen Sie einfach Steine, die Sie haben. Da das Universum (der Zufall, die Göttin, das Höchste Wesen oder Gott) die Antwort auf Ihre Fragen liefert, gibt es hier keine Symbole zu interpretieren.

Diese Form des Weissagens hat einen begrenzten Wert und sollte nicht unbedingt ernst genommen werden, aber sie kann die Antworten liefern, die Sie benötigen.

Füllen Sie einen Beutel oder ein Kästchen mit fünfzig Steinen von annähernd gleicher Größe. Denken Sie an Ihre Frage, greifen Sie in den Beutel und nehmen Sie eine Handvoll Steine heraus. Legen Sie sie auf eine ebene Oberfläche vor Ihnen und zählen Sie, wie viele Steine Sie aufs Geratewohl gewählt haben.

Ungerade Zahlen deuten auf günstige Umstände hin, auf eine positive Antwort, Erfolg. Gerade Zahlen sagen das Gegenteil voraus.

Weissagen mit Regenbogensteinen

Diese Form des Weissagens nutzt die Farben von Steinen, um Hinweise auf die Zukunft zu liefern. Sie benötigen dafür sieben Steine, von jeder Farbe einen und alle etwa in der gleichen Größe und Form. Geben Sie sie in einen weichen Stoffbeutel. Wenn Sie eine Anleitung benötigen, nehmen Sie aufs Geratewohl einen Stein aus dem Beutel. Vielleicht beantwortet er Ihnen Ihre Frage. Wenn nicht, nehmen Sie noch einen anderen Stein und »lesen« oder interpretieren sie beide zusammen.

Hier folgt eine Liste von empfohlenen Steinen, zusammen mit ihren naheliegenden divinatorischen Bedeutungen. Aber denken Sie daran: Dies sind allgemein akzeptierte Assoziationen mit den Farben. Wenn sie Sie nicht ansprechen, finden Sie Ihre eigenen Assoziationen heraus oder korrigieren Sie die Liste.

ROT: *Rubin, roter Jaspis, roter Achat, Rhodonit, roter Turmalin, Granat.* Symbolisiert Zorn oder andere destruktive Gefühle, Geburt, Veränderung, Sex, Leidenschaft, Ende und Abschluss, Energie, Konfrontationen.

ROSA: *Rosafarbener Turmalin, Rosenquarz, rosafarbener Kalzit, Rhodochrosit, Kunzit.* Symbolisiert Liebe, Freundschaft, Frieden, Freude, Beziehungen, Familie, Austausch.

ORANGE: *Karneol, Bernstein, Zitrin, Tigerauge.* Symbolisiert Erleuchtung, persönliche Macht, Energie, Wachstum.

GELB: *Gelber Turmalin, Topas, gelber Fluorit.* Symbolisiert Schutz, Kommunikation, Reise, Bewegung, Austausch.

GRÜN: *Smaragd, Beryll, Chrysolith, Malachit, grüner Opal.* Symbolisiert Wachstum, Geld, Geerdetsein, Gesundheit, Fruchtbarkeit, geschäftliche Transaktionen.

BLAU: *Coelestin, Aquamarin, Sodalith, blauer Quarz, blauer Turmalin, Türkis, Saphir.* Symbolisiert Frieden, Schlaf, Heilung, Läuterung, Gefühle, Unbewusstes.

VIOLETT: *Sugilith, Lepidolith, Amethyst.* Symbolisiert Spiritualität, Evolution, Mystik, Expansion, Reinkarnation.

Wie interpretieren Sie diese Steine? Ich will Ihnen ein Beispiel geben. Nehmen wir an, ich frage mich, warum ich in letzter Zeit so deprimiert bin. Ich bin seit Wochen down und weiß einfach nicht wieso.

Ich bringe also meinen Geist zur Ruhe, nehme dann meinen Beutel mit Steinen und greife hinein. Ich hole einen grünen Stein heraus. Das Erste, was mir durch den Kopf schießt, ist Geld. Da ich mehr Eingebungen haben will, ziehe ich noch einen Stein – einen roten. »Energie« geht mir durch den Sinn, während ich ihn anschaue. Geld und Energie. Dann will ich etwas über Depression wissen.

Könnte ich die ganze Zeit deprimiert gewesen sein, weil ich nicht genug Geld verdiene? Nein, das ist es nicht. Könnte es sein, dass ich nicht genügend Energie (Arbeit) aufgewandt habe, um Geld zu verdienen? Das könnte es sein. Ich analysiere es, und es stimmt anscheinend.

Ich habe nun einen möglichen Grund für meine Depression gefunden. Was soll ich tun?

Magie anwenden, um meinen Zustand zu ändern? Etwas Negatives in etwas Positives umwandeln? Mehr zu arbeiten wird helfen, aber Magie anzuwenden wird noch mehr helfen. Ich könnte den grünen und den roten Stein bei mir haben oder tragen, damit ich noch weiter zu dem angetrieben werde, was ich tun soll. Verstehen Sie?

Es ist nicht immer so einfach, aber probieren Sie es aus. Arbeiten Sie mit diesem oder irgendeinem anderen System, um die Gaben zu empfangen.

KAPITEL 10

EIN STEIN-TAROT

Das Tarot – ein mystisches Buch, ein Päckchen Karten, ein Instrument des Weissagens. Heute ist das Tarot vielleicht beliebter, als es je war, denn ständig kommen neue Decks heraus. Sie zu sammeln ist ein schönes, wenn auch teures Hobby.

Das vorige Kapitel handelte von einigen Formen des Weissagens mithilfe von Steinen. Dieses Kapitel beschreibt eine komplexere Form – ein richtiges »Stein-Tarot«.

Es ähnelt der vertrauteren Form, außer dass es statt mit Symbolen bedeckte Karten, die auf die Zukunft verweisen, Steine verwendet, die an sich diese Symbole enthalten. Wir interpretieren also nicht die Situation, indem wir die Symbolik der Karten studieren, sondern wir studieren die Steine und rufen uns ihre Symbolik in Erinnerung.

Generell bezieht sich diese Art von Stein-Tarot auf die Hauptarkana der beliebtesten Decks, etwa des Rider-Waite-Decks. Ich habe versucht, die meisten christlichen Einflüsse auf dieses Deck zu eliminieren, und verwende für die Karten ältere Assoziationen und Namen.

Dieses System hängt symbolisch besonders mit Wicca zusammen. Die dritte Trumpfkarte, sonst »Die Herrscherin« oder »Die Kaiserin« genannt, heißt hier »Die Göttin«. Für diesen Trumpf wird ein Olivin, Peridot, Türkis oder einer ihrer magischen Ersatzsteine verwendet. Die Göttin steht für den feuchten, weiblichen, nährenden, kreativen Aspekt der universalen Kraft – die rezeptiven Energien. Die Göttin ist eine Hälfte der Gottheitsorientierung des Wicca, die andere ist der Gott, der hier durch einen Rubin dargestellt wird und mit der Karte »Der Herrscher« des Rider-Waite-Decks zusammenhängt.

Dieses Stein-Tarot besteht aus 22 Steinen. Am besten besorgen Sie sich Steine, die annähernd gleich groß sind. Sie müssen jedoch nicht gleich tief in die Tasche greifen, um sich einen Riesensmaragd zu leisten, der zu Ihrem zwei Zentimeter großen Rosenquarz passt. Am besten eignen sich geschliffene und polierte Steine, Kristalle sind aber genauso gut.

Wenn Sie mit einigen meiner Assoziationen zwischen den Steinen und den Karten nicht einverstanden sind, ist das kein Problem. Stellen Sie sich Ihr eigenes System zusammen.

Besorgen Sie sich alle 22 Steine (dieses magische Instrument funktioniert nur mit der vollen Anzahl) und reinigen Sie jeden einzelnen. Wenn Ihnen der eine oder andere Stein nicht vertraut ist, arbeiten Sie damit, wie es im Abschnitt »Das Reinigen der Steine« (s. S. 55–57) beschrieben ist, bis Sie die Symbolik und die magische Verwendung dieser Steine kennen.

Lesen Sie dann die divinatorischen Informationen für jeden Stein, die dieses Kapitel enthält. Stimmen Sie sich auf jeden Stein einzeln ein, indem Sie die Information auf den Stein selbst beziehen.

Am besten arbeiten Sie mit diesem Tarot erst dann, wenn Sie jeden Stein kennen. Natürlich können Sie die Bedeutungen nachschlagen, die ich in diesem Kapitel aufgeführt habe, aber solche Formen des Weissagens sind nicht optimal. Wenn Sie während einer Deutung auf das geschriebene Wort zurückgreifen, hat das nur einen begrenzten Wert. Bei der Betrachtung der

Steine sollte Ihnen vielmehr das Gesamtbild, das sie darstellen, blitzartig aufgehen.

Während Sie sich jeden Stein anschauen, erinnern Sie sich an seine divinatorische Bedeutung. Betrachten Sie seine Nähe zu anderen Steinen, seine relative Position. Gerade diese Information öffnet Ihre übersinnliche Wahrnehmung und ermöglicht es Ihnen, eine Antwort zu finden, eine Situation zu klären oder mögliche zukünftige Ereignisse zu bestimmen.

Wenn Sie nicht mit ihnen arbeiten, bewahren Sie die Steine in einem gelben Stoffbeutel oder einem anderen geeigneten Behältnis auf. Setzen Sie sie von Zeit zu Zeit dem Mondlicht aus.

Steine von übersinnlichem Einfluss wie Lapislazuli, Mondstein, Azurit oder andere zu tragen kann Ihnen dabei helfen, Kontakt zu Ihrer übersinnlichen Wahrnehmung aufzunehmen. Wenn Sie möchten, können Sie auch gelbe Kerzen und Sandelholzräucherstäbchen anzünden, während Sie die Steine werfen. Reiben Sie sich mit einem ähnlichen Öl ein, etwa Tuberose-, Muskat-, Zitronengras- oder Sandelholzöl.

Schließlich werden Ihnen Wesen und Wirken der Steine und ihre Botschaften leicht in den Sinn kommen und Sie werden die Deutung des Stein-Tarots mühelos praktizieren. Es kann funktionieren!

Zum raschen Nachschlagen folgt hier eine Liste der Hauptarkana und der mit ihnen assoziierten Steine. Denken Sie daran, dass ich die Namen einiger dieser Trümpfe zwar geändert habe, aber ihre Grundbedeutungen den Standardnamen gleichen. (Die gebräuchlicheren Namen stehen in Klammern.)

0 DER NARR
Achat

1 DER SCHAMANE (DER MAGIER)
Bergkristall

2 DIE HOHEPRIESTERIN
Smaragd, Perle

3 DIE GÖTTIN (DIE HERRSCHERIN)
Peridot, Olivin, Türkis

4 DER GOTT (DER HERRSCHER)
Rubin

5 DER HÄUPTLING (DER HIEROPHANT)
Topas

6 DIE LIEBENDEN
Rosenquarz

7 DIE ELEMENTE (DER WAGEN)
Staurolith, Kreuzstein, jeder Zwillingskristall

8 STÄRKE (KRAFT)
Diamant, Herkimer-Diamant, Granat

9 DER WEISE ÄLTESTE (DER EREMIT)
Saphir, blauer Turmalin

10 DIE SPIRALE (RAD DES SCHICKSALS)
Sardonyx, schwarzer Opal

11 GERECHTIGKEIT
Karneol

12 INITIATION (DER GEHÄNGTE)
Beryll, Aquamarin

13 VERÄNDERUNG (TOD)
Bernstein

14 MÄSSIGKEIT
Amethyst

15 TORHEIT (DER TEUFEL)
Schwarzer Diamant, schwarzer Turmalin, jeder quadratische schwarze Stein

16 KRAFT (DER TURM)
Magnetit, Lava

17 DER STERN
Meteorit, jeder Sternstein

18 DER MOND
Mondstein, Chalzedon

19 DIE SONNE
Tigerauge, Sonnenstein

20 WIEDERGEBURT (GERICHT)
Fossilien

21 DAS UNIVERSUM (DIE WELT)
Opal, Kunzit

Ich habe in dieser Liste jeweils einen oder mehrere Steine empfohlen.

Für die Steine, die Sie nicht bekommen, können Sie einen ihrer magischen Ersatzsteine verwenden, vorausgesetzt, sie dienen nicht dazu, eine andere Karte darzustellen. Zum Beispiel ist der Peridot zwar ein Ersatzstein für den Smaragd, doch Sie sollten ihn nicht für die Hohepriesterin verwenden, wenn Sie ihn bereits der Göttin zugeordnet haben.

Symbolik und divinatorische Bedeutungen des Stein-Tarots

0 DER NARR – *Achat.* Verstreute Energien, Extravaganz, Verschwendung, Geistesabwesenheit, Unausgeglichenheit, Stolz, Egoismus, Hybris, Eitelkeit.

1 DER SCHAMANE – *Bergkristall.* Magische Fertigkeit, Kontrolle, Macht, Gleichgewicht, Mitte, Vereinigung des Spirituellen und des Physischen, Selbsterkenntnis, Tiefe, Vertrauen.

2 DIE HOHEPRIESTERIN – *Smaragd, Perle.* Spiritualität, Geheimnisse, Macht, Erdreligion, das Unbekannte, weibliche Mysterien.

3 DIE GÖTTIN – *Peridot, Olivin, Türkis.* Rezeptive Energie, Frauen, Zyklen, Fruchtbarkeit, Kreativität, Überfluss, Wachstum, Liebe, weibliche Sexualität, Geld, Mutter.

4 DER GOTT – *Rubin.* Projektive Energie, Männer, Mitgefühl, Kraft, Bewegung, Aggression, männliche Sexualität, Vater.

5 DER HÄUPTLING – *Topas.* Autorität, Gefangenschaft, Gebundenheit, Verlassen, Rat, Arbeitgeber, Ehre, Technik.

6 DIE LIEBENDEN – *Rosenquarz.* Liebe, Sexualität, Beziehungen, Freundschaft, Dualität, Polarität, Symbiose, Gleichgewicht, Schönheit, Familie.

7 DIE ELEMENTE – *Staurolith, Kreuzstein, jeder Zwillingskristall.* Erdenergie, Natur, Selbstkontrolle, Triumph, Erfolg.

8 STÄRKE – *Diamant, Herkimer-Diamant, Granat.* Kraft, Mut, Willenskraft, Aktivität.

9 DER WEISE ÄLTESTE – *Saphir, blauer Turmalin.* Weisheit, Wissen, Mystik, Erleuchtung.

10 DIE SPIRALE – *Sardonyx, schwarzer Opal.* Verwandlung, Schicksal, Glück, äußere Energien, unbekannte Faktoren.

11 GERECHTIGKEIT – *Karneol.* Gesetz, rechtliche Angelegenheiten, Dominanz, Unterwerfung, äußere Autorität.

12 INITIATION – *Beryll, Aquamarin.* Innenschau, Prozesse, Tests, Opfer.

13 VERÄNDERUNG – *Bernstein.* Erneuerung, Anfänge, Schlüsse, gesundheitliche Angelegenheiten, Prozesse.

14 MÄSSIGKEIT – *Amethyst.* Mäßigung, verstreute Energien, unkonzentriert, abgeschlossen, Disziplin, Gleichgewicht.

15 TORHEIT – *schwarzer Diamant, schwarzer Turmalin, jeder quadratische schwarze Stein.* Sucht, Wahn, Mitleid, Depression, Gewalt, Kleinlichkeit, Mangel an Weitsicht, Kontrolle durch andere, Unterwerfung.

16 KRAFT – *Magnetit, Lava.* Missgeschick, Unfall, Herausforderung, Unterdrückung.

17 DER STERN – *Meteorit, jeder Sternstein.* Universale Energien, Astrologie, Finsternis, Reise, Hoffnung.

18 DER MOND – *Mondstein, Chalzedon.* Übersinnliches, Gefühle, Depression, Nacht, Winter, Schlaf, Träume, Gezeiten, Magnetismus, Wasser.

19 DIE SONNE – *Tigerauge, Sonnenstein.* Geistige Aktivität, übertriebener Intellektualismus, Denken, Visualisierung, Zufriedenheit, Beschäftigung, Tag, Sommer, die Jahreszeiten.

20 WIEDERGEBURT – *Fossilien.* Wende, Ergebnis, Evolution, Wachstum, Leben, Geburt, Lektionen.

21 DAS UNIVERSUM – *Opal, Kunzit.* Wechselwirkung, Erfolg, Bewegung, Ernte, Übersicht, Fähigkeit, Vollendung, höhere Kräfte.

Ich gebe zu, dass dies ziemlich kryptische Beschreibungen sind. Beim Praktizieren jeder Art von Weissagen muss der Weissagende die Symbole interpretieren, wie dies im vorigen Kapitel erklärt wurde. Dieses Stein-Tarot können Sie am einfachsten befragen, indem Sie Ihre Frage visualisieren oder den Bereich, bei dem Sie das Gefühl haben, Hilfe zu benötigen.

Während Sie visualisieren, greifen Sie in Ihren Steinbeutel und ziehen einen Stein heraus. Wenn Sie sich eingestimmt, mit den Steinen vertraut gemacht und sich ihre Bedeutungen gemerkt haben, müssen Sie nur noch den Stein betrachten und sagen: »Ja, natürlich.«

Nehmen wir einmal an, ich frage mich, ob ein Projekt, das ich plane – ein neues Buch zum Beispiel –, die Zeit und Energie wert wäre, die ich darauf verwenden würde. Ich rufe meinen Verleger an und spreche mit ihm darüber, ich löchere meine Freunde und will wissen, was sie davon halten – aber ich bin mir noch immer nicht sicher.

Dann greife ich in meinen Tarotbeutel und ziehe einen Stein heraus. Denken Sie daran, dass ich nicht bewusst versuche, irgendeinen bestimmten Stein auszuwählen. Selbst wenn ich zwischen den Steinen mit meinen Fingern unterscheiden kann, was oft der Fall ist, lasse ich den Stein einfach von meinem unbewussten Geist auswählen.

Während ich seine Energien in meiner Hand spüre, schaue ich ihn an und sehe, dass es ein Opal ist. Opal: das Universum, Erfolg, Bewegung und Vollendung. Das sind die Bedeutungen, die mir zuerst in den Sinn kommen. Ernte und Fähigkeit haben auch etwas damit zu tun. Anscheinend wird das Buch ein Erfolg werden.

Wenn Sie dabei das Gefühl haben, dass der erste Stein Ihnen nicht das ganze Bild vermittelt hat, suchen Sie noch einen anderen aus und interpretieren beide zusammen.

Es gibt noch kompliziertere Methoden, das Stein-Tarot zu befragen. Das sind die sogenannten »Legesysteme«. Hier werden mehrere Steine herausgeholt und auf eine ebene Fläche nach einem bestimmten Muster ausgelegt. Die Steine werden dann in Verbindung mit diesem Muster »gelesen«, und zwar in der richtigen Reihenfolge, wobei man auch die anderen benachbarten Steine berücksichtigt.

Sie können zahllose Varianten von Mustern verwenden. Im Folgenden werden zwei davon vorgestellt. Sie können sich natürlich auch Ihr eigenes Muster ausdenken.

Drei Steine

Dieses Legemuster ist ideal, um die wahre Beschaffenheit eines Problems zu erkennen oder um einen allgemeinen Blick auf Ihr Leben zu werfen.

Legen Sie einen Stein ein wenig links von Ihnen. Er stellt die jüngste Vergangenheit dar, die Ihre gegenwärtige Situation beeinflusst.

Legen Sie den zweiten Stein rechts neben den ersten. Er stellt Ihre gegenwärtige Situation dar.

Der dritte Stein wird rechts neben den zweiten gelegt und bedeutet die Zukunft.

Lesen Sie alle drei Steine zusammen.

Das Pentagramm

Die Steine werden etwa in Form eines Pentagramms oder Fünfecks ausgelegt. Zeichnen Sie einen Stern mit fünf Spitzen, wobei eine Spitze nach oben zeigt, und legen Sie die Steine auf diese Spitzen.

Legen Sie den ersten Stein auf den oberen rechten Punkt. Er steht für die Gefühle, die mit dem Problem verbunden sind – Ihre eigenen Gefühle wie die anderer Menschen.

Legen Sie den zweiten Stein auf den unteren rechten Punkt. Er stellt Konflikte, Bindungen und Illusionen dar, deren Sie sich vielleicht gar nicht bewusst sind. Er kann auch für die Hindernisse stehen, auf die Sie sich einstellen müssen.

Der dritte Stein wird auf den unteren linken Punkt gelegt. Er stellt den Grund des Problems dar, die Basis seiner Existenz, die Kräfte, die dahinter am Werk sind.

Legen Sie den vierten Stein auf den oberen linken Punkt. Er symbolisiert Ihre Gedanken über das Problem zum gegenwärtigen Zeitpunkt. Diese Gedanken mögen Sie behindern oder Ihnen helfen.

Der fünfte Stein schließlich wird auf den obersten Punkt gelegt und bedeutet das endgültige Ergebnis.

Lesen Sie nun die Steine in der Reihenfolge, in der Sie sie auf das Pentagramm gelegt haben. Sie können erst alle fünf Steine legen, bevor Sie damit anfangen, sie zu interpretieren, oder mit jedem Stein einzeln arbeiten.

Denken Sie daran, jeden Stein in Verbindung mit den anderen benachbarten Steinen zu beurteilen.

Das ist natürlich nur eine Einführung in das Weissagen mit dem Stein-Tarot. Auf diesem Gebiet kann jemand, der damit arbeitet, sein einzigartiges persönliches System entwickeln. Wenn es Sie anspricht, dann verwenden Sie es auch. Wenn Ihnen meine Version, bestimmte Steine mit dem Tarot in Verbindung zu bringen, nicht gefällt, dann ändern Sie sie ab. Arbeiten Sie damit jeden Tag, werden Sie entdecken, wie faszinierend und treffend das Stein-Tarot sein kann.

KAPITEL 11

DIE MAGIE DES SCHMUCKS

Die Ursprünge des Schmucks liegen in der Magie. Das dürfte uns nicht weiter überraschen, denn fast alle menschlichen Traditionen und Techniken, die aus diesen Bräuchen resultieren, gehen auf uralte magische Praktiken und Anschauungen zurück.

In frühester Zeit wurde Schmuck wahrscheinlich getragen, um Negatives abzuwehren, das man sich damals in Gestalt von »bösen Geistern« oder Dämonen vorstellte. Außerdem wurde Schmuck oft mit anderen Beigaben in Gräber gelegt, um die Toten zu bewachen.

Als man die Energien im Inneren von Objekten stärker wahrnahm, wurden bestimmte Steine und Metalle mit verschiedenen Organen und Regionen des Körpers assoziiert und getragen, um die Gesundheit zu schützen.

Später schmückte man sich mit Steinen, Metallen, Horn, Federn, Knochen und vielen anderen Materialien, weil ihnen die Kraft innewohnte, Liebe, Gesundheit, Geld und andere lebensnotwendige Dinge anzuziehen.

Zunächst erkannten die Menschen die Energien im Inneren natürlicher Produkte der Erde und nutzten sie in ihren Riten. Als der Bergbau, die Metallverarbeitung und die Steinschneidekunst immer raffinierter wurden, verwendete man in der Magie künstlich erschaffene Stücke.

Wo der Materialismus über den Naturalismus triumphiert, ist der Schmuck reiner Zierrat oder soll zuweilen auch die Klassenzugehörigkeit betonen. Gewiss spielt der Schmuck noch immer eine gewisse Rolle bei wenigen Zeremonien, etwa in Form von Verlobungs- und Hochzeitsringen, aber sogar sie haben ihre ursprüngliche magische Bedeutung verloren.

In diesem Kapitel werfen wir einen kurzen Blick auf die Kräfte und die Symbolik von Schmuck – in der Vergangenheit wie in der Gegenwart. Bis zum 19. Jahrhundert war die Geschichte des Schmucks in großen Teilen der westlichen Welt eine Geschichte der Magie. Darum enthalten alte Bücher reichlich Informationen über dieses faszinierende Thema. Wer sich noch mehr mit der Magie des Schmucks befassen möchte, findet in den Literaturhinweisen im Anhang die entsprechenden Bücher.

Ringe

Der Ring ist ein Kreis und damit ein Symbol von Ewigkeit, Einheit, Reinkarnation und des Universums. In früheren Zeiten wurde der Ring mit Sonne und Mond verbunden. Er war ein Schutzobjekt, ein magischer Wächter, der durch seine Kontinuität Negatives abwehrte.

Ringe sind wegen ihrer Verbindung mit der Ewigkeit immer noch ein akzeptiertes Symbol der Ehe und anderer Vereinigungen.

Alle Ringe waren einst magisch oder heilig. Sogar Göttinnen und Götter trugen Ringe. Die babylonische Mythologie ist voller Geschichten über die Ringe von Schamasch und Marduk. Ringe sind auch mit dem Tierkreis, mit Yin und Yang und dem »magischen Kreis« der Magier und Wiccaner verknüpft worden. Ihre magische Geschichte ist ebenso komplex wie faszinierend.

In einem magischen Sinn »bindet« Sie das Tragen eines Rings an Kraft und Energie. Über das Wesen dieser Energie entscheiden die Materialien, aus denen der Ring gefertigt ist, sowie Ihre Visualisierung.

Die Bindesymbolik des Rings war so allgegenwärtig und anerkannt, dass Ringe bald religiösen und magischen Beschränkungen unterworfen wurden. So legten Priester verschiedener Gottheiten im alten Griechenland und Rom ihre Ringe ab, bevor sie einen heiligen Raum betraten. Manchen war es auf ewig verboten, sie zu tragen. In der Antike wurde während einer Reise zu einem Orakel kein Fleisch gegessen und sexuelle Enthaltsamkeit geübt. Ringe wurden nicht getragen. Selbst heute entfernen manche Schamanen vor einem magischen Ritual alle Knoten und Ringe von ihrem Körper.

Weil Ringe Energien im Körper festhalten, glaubte man auch, sie würden das Freisetzen von Kraft verhindern. Bei jeder Art von magischer Operation, bei der die persönliche Kraft auf das magische Bedürfnis projiziert wird, waren Ringe tabu, weil man glaubte, sie würden die Wirkung der Magie beeinträchtigen.

Bei spirituellen Ritualen, bei denen wir uns höheren Wesen öffnen, glaubte man, Ringe würden diesen Prozess blockieren, und zwar ebenfalls wegen ihrer Eigenschaft, Energien einzuschränken.

Das Aussehen oder die Anziehungskraft eines Rings, von seinem materiellen Wert ganz zu schweigen, spielt in der Magie kaum eine Rolle. Die einzigen Faktoren, die für die Wahl von Ringen für die Magie ausschlaggebend sind, sind die Form des Rings und die dafür verwendeten Metalle und Steine.

Heute kann man magische Ringe in Esoterikläden kaufen oder sie zuweilen auch für spezielle rituelle Zwecke anfertigen lassen. Noch besser ist es, wenn man wie viele Praktizierende seinen eigenen Ring von einem Steinschleifer herstellen lässt.

Der Finger, an dem ein Ring getragen wird, hat eine magische Bedeutung. Einst galt der Zeigefinger als besonders kraftvoll. Kräutermedizin wurde auf den Körper mit dem Zeigefinger aufgetragen, um die Wirkung der Kur zu verstärken. Daher sollten Ringe mit Steinen, die die Heilung des Körpers beschleunigen, am besten an diesem Finger getragen werden.

Der zweite oder Mittelfinger, der hochgereckt in vielen Ländern als schlimmste Beleidigung gilt, wird seit Langem als ein Finger betrachtet, der Unglück bringt, wenn man Ringe daran trägt.

Früher wurden Ringe üblicherweise am dritten oder Ringfinger getragen, weil man glaubte, er enthalte einen Nerv, der direkt zum Herzen gehe. Verlobungs- und Eheringe werden noch heute traditionellerweise an diesem Finger getragen.

Halsketten

Die Halskette ist einfach ein großer Ring, der um den Hals getragen wird. Ihre Kräfte und Verwendungszwecke entsprechen großenteils denen von Ringen. Weil Halsketten oft nahe am Herzen getragen werden, kann man sie dazu benutzen, auf die Gefühle einzuwirken oder Liebe zu erwecken bzw. zu verstärken.

Wicca-Frauen tragen oft Halsketten aus Steinen, die für Reinkarnation und die Göttin stehen.

Wenn Sie eine Halskette aus Steinen tragen, verstärkt sie Ihre Energien, weil Sie sich mit ihren Kräften umgeben (sich daran binden). Die Halskette ist somit viel stärker, als wenn jeder ihrer Steine separat getragen oder verwendet würde.

Ohrringe

Früher glaubte man, Ohrringe würden die Ohren vor Negativem und vor Krankheiten schützen. Später wurden sie ein Symbol der Sklaverei, denn Sklaven trugen Ohrringe, die ihren Status kundtaten. Das Durchbohren der Ohrläppchen, um Ohrringe tragen zu können, ist eine uralte Praxis.

Die meisten Körperteile werden seit jeher aus verschiedenen magischen und religiösen Gründen gepierct. Möglicherweise gehörten die Ohren zu den ersten gepiercten Körperteilen, zusammen mit der Nase, die noch heute in Indien aus Schutzgründen wie aus kosmetischen Gründen gepierct wird.

Noch immer hat diese Praxis etwas mit Brauchtum zu tun. Gepiercte Ohrringe werden generell oft zur Stärkung schwacher Augen empfohlen. Wenn sie mit Smaragden besetzt sind, sind sie besonders wirkungsvoll. Goldene Ohrringe werden oft von Menschen getragen, die Kopfschmerzen heilen möchten, wobei manche meinen, am besten sei es, für diesen Zweck einen goldenen und einen silbernen Ohrring zu tragen.

KAPITEL 12

STEINZAUBER

Für eine Fülle magischer Zwecke werden nicht nur Halbedel- und Edelsteine verwendet, sondern ebenso auch einfache, gewöhnliche Steine. In der Natur hat eben alles einen magischen Nutzen.

In den vorangegangenen Kapiteln haben wir uns damit befasst, wie Farbe, Form, Aussehen, Klarheit und andere Faktoren uns dabei behilflich sind, die Kräfte im Inneren der Steine kennenzulernen. Im Abschnitt »Magie und Volksweisheit« (S. 97–222) gehen wir ausführlich auf die einzelnen wichtigen magischen Steine ein.

Dieser Abschnitt hingegen ist etwas anders. Er enthält kleinere Rituale, bei denen Sie jede Art von Stein nutzen können, den Sie hinterm Haus, am Strand, im Gebirge oder sonstwo in der Natur finden.

Bei diesen Formen des Zaubers leiten Sie mithilfe von Visualisierung und Konzentration die Energie durch die Steine. Hier sind die Steine gewöhnlich Brennpunkte oder Werkzeuge, die selbst nur wenig Kraft beisteuern. Bei manchen handelt es sich um Amulette und Talismane. Der Steinhaufen, der später ausführlich unter »Cairn der Kraft« dargestellt wird, sammelt Energien aus der Erde, aber die einzelnen Steine darin sind nicht unbedingt kraftvoll.

Damit soll nicht gesagt werden, dass ein Stück Granit, das aus Quarz, Hornblende und verschiedenen anderen Mineralien besteht, keine eigenen Kräfte enthält, aber solchen Steinen fehlt die gebündelte Energie. Da dies die Energie ist, die am meisten in der Magie benötigt wird, ist es schwieriger, mit diesen Steinen zu arbeiten als mit Amethyst und Karneol. Daher brauchen Sie sich bei den folgenden einfachen Zauberformen keine Gedanken darüber zu machen, welchen Stein Sie verwenden müssen. Nehmen Sie, was immer Sie gerade zur Hand haben.

Schutz

DIE FÜNF KIESEL

Gehen Sie zu einem fließenden Bach oder kleinen Fluss. Während Sie im Wasser stehen und stromabwärts schauen, holen Sie fünf kleine Kiesel aus dem Bachbett.

Während Sie dies tun, visualisieren Sie Ihr Bedürfnis nach Schutz.

Während Sie die Hand um die Kiesel schließen, sehen Sie, wie sie schützende Energien ausstrahlen. Da die Kiesel hart sind und Äonen überstanden haben, werden sie auch Ihren Schutzschild verstärken.

Tragen Sie sie von nun an stets zum Schutz bei sich. Wenn Sie wollen, können Sie sie in ein Beutelchen oder Täschchen geben oder sie zu einer Form von Schmuck verarbeiten.

EINEN FLUSS ÜBERQUEREN

Wenn Sie einen gefährlichen oder unbekannten Fluss überqueren müssen und sich zusätzliche Sicherheit wünschen, stellen Sie sich vor ihn hin.

Bücken Sie sich und heben Sie vom Boden drei trockene Kiesel auf.

Tragen Sie sie bei sich, während Sie den Fluss überqueren, und visualisieren Sie, wie Sie auf der anderen Seite stehen – nass, aber sicher.

Sobald Sie dort ohne einen Zwischenfall angekommen sind, legen Sie die Kiesel wieder auf den Boden.

SCHUTZ BEI NACHT

Wenn Sie das Gefühl haben, dass Ihnen Gefahr droht, während Sie nachts zwischen Bäumen dahingehen, stärken Sie sich, indem Sie einen kleinen Stein aufheben. Halten Sie ihn in Ihrer projektiven Hand und visualisieren Sie, dass Sie der Stein *sind* – stark, robust, geschützt.

Sobald Ihre Visualisierung abgeschlossen ist, werfen Sie den Stein vor einen Baum. Sie sind jetzt geschützt.

WEISSAGEN

DER BRUNNEN

In einer stillen Nacht nehmen Sie einen großen, runden Stein zu einem Brunnen mit. Beruhigen Sie Ihren Geist und konzentrieren Sie sich auf das Gebiet, über das Sie etwas in Erfahrung bringen möchten.

Lassen Sie dann den Stein ins Wasser fallen. Lauschen Sie auf das Geräusch, das das Wasser erzeugt, wenn der Stein auftrifft. In den Lauten des Wassers vernehmen Sie vielleicht die Antworten auf Ihre Fragen. Wenn nicht, vollziehen Sie dieses Ritual erneut und lassen Sie das Platschen zu Ihrem unbewussten Geist sprechen.

SCHWARZ UND WEISS

Sammeln Sie ein paar Minuten lang Steine. Sie sollten jeweils zur Hälfte dunkel und hell sein. Legen Sie sie vor sich auf den Boden.

Stellen Sie Ihre Frage oder denken Sie daran, ohne etwas zu sagen. Schließen Sie die Augen und mischen Sie die Steine ein paar Sekunden lang. Nehmen Sie dann mit Ihrer linken oder rezeptiven Hand einen Stein weg.

Wenn Sie einen dunklen Stein genommen haben, lautet die Antwort Ja bzw. die Aussichten sind günstig. Wenn es ein heller ist, lautet die Antwort Nein. Die Aussichten sind dann ungünstig.

Geld und Wohlstand

Neujahrsstein

Gehen Sie bei Sonnenaufgang am Neujahrsmorgen hinaus und suchen Sie den größten Stein, den Sie tragen können. Nehmen Sie ihn mit nach Hause und legen Sie ihn an einen besonderen Platz.

Wenn Sie den Stein ein Jahr lang im Haus behalten, wird dies ein Jahr des Wohlstands werden. Ersetzen Sie den Stein jedes Jahr.

Glück

Auf dem Zaun

Stehen Sie vor Sonnenaufgang am Morgen der Frühjahrs-Tagundnachtgleiche auf. Suchen Sie mehrere Steine und legen Sie sie auf die Zaunpfosten, die Ihr Grundstück umgeben, wobei Sie visualisieren, dass Sie selbst, Ihr Haus und Ihr Leben voller Glück sind. So wird es sein.

Liebe

Steinliebe

Gehen Sie an einen Ort, an dem es viele vom Wasser abgeschliffene Steine gibt. Halten Sie Ausschau nach einem großen, flachen Stein, während Sie visualisieren, dass Sie mit dem vollkommenen Partner zusammen sind.

Malen Sie auf diesen Stein mit roter Tinte zwei ineinander verschlungene Herzen. Während Sie dies tun, denken Sie an Ihre Visualisierung.

Wenn Sie fertig sind, vergraben Sie den Stein in der Erde an einem brachliegenden Ort.

Kraft

CAIRN DER KRAFT

Dieser Zauber eignet sich ideal für den Gebrauch bei Ritualen im Freien. Üben Sie ihn vor jeder anderen Form von Steinmagie aus. Für zusätzliche Kraft während eines Zaubers wählen Sie zehn oder zwanzig kleine runde Steine von annähernd gleicher Größe aus. Legen Sie in der Nähe des Ortes, wo Sie Ihren Zauber ausüben wollen, den ersten Stein auf den Boden. Sagen Sie zum Beispiel: *Ein Stein der Kraft.*

Wiederholen Sie dies bei den übrigen Steinen und bilden Sie damit nach und nach einen pyramidenförmigen Steinhaufen. Sie errichten gerade einen Cairn.

Wenn Sie den letzten Stein ganz oben auf den Haufen legen, sagen Sie: *Ein Cairn der Kraft.*

Nun können Sie jeden Zauber ausüben. Solche Cairns oder Steinhaufen sind anscheinend Kraftkollektoren oder -reservoire und können für Ihren Zauber hilfreich sein.

Sie können sie zum Schutz auch dauerhaft in Ihrem Haus errichten. Größere Cairns legen Sie draußen auf Ihrem Grundstück an.

Ein Stein-Anziehungszauber

Nehmen Sie irgendeinen Stein. Halten Sie ihn mehrere Minuten lang in Ihrer projektiven Hand, während Sie Ihr Bedürfnis visualisieren.

Durchströmen Sie den Stein mit Ihrem Bedürfnis und mit Ihrem emotionalen Engagement für Ihr Bedürfnis. Senden Sie aus Ihrem Körper Kraft an den Stein. Wenden Sie Ihre Visualisierung an, um zu sehen, wie sie in den Stein strömt.

Werfen Sie dann den Stein in fließendes Wasser.

Ein Stein-Bannzauber

Um Krankheiten, ungesunde Gewohnheiten, verletzte Gefühle und alle anderen störenden Manifestationen des Lebens loszuwerden, halten Sie irgendeinen Stein in Ihrer projektiven Hand und visualisieren Sie detailliert das Problem.

Visualisieren Sie den Teil von Ihnen, der in den Stein verbannt werden soll. Sehen Sie, wie das Problem und seine Ursachen Sie verlassen und in den Stein einziehen.

Wenn Sie keine Energien mehr in ihn hineinsenden können, werfen Sie den Stein in ein loderndes Feuer, wobei Sie mit ihm die Ursachen und Manifestationen Ihres Problems hineinwerfen. Treten Sie zurück – der Stein könnte explodieren.

Wenn Sie kein Feuer haben oder keine explodierenden Steine haben wollen, werfen Sie den Stein in die Luft oder ins Wasser. Dadurch setzen Sie die problemverursachende Energie aus Ihrem Körper frei.

TEIL ZWEI

Magie und Volksweisheit

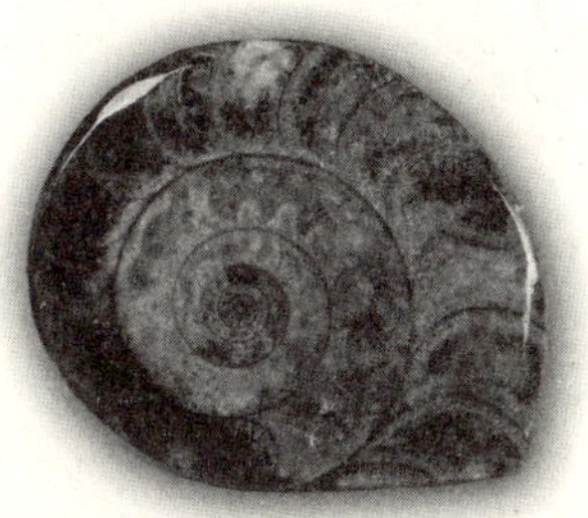

Kapitel 13

Die Steine

Dieser Hauptabschnitt des Buches besteht aus alphabetisch angeordneten Beschreibungen von über hundert Steinen und Mineralien für die magische Verwendung. Achtundsiebzig kompakte und praxisorientierte Beiträge befassen sich mit den Hauptsteinen und enthalten zum Teil kürzere Darstellungen von mehreren anderen Steinen.

Zuerst nenne ich den gebräuchlichen Namen des Steins. Falls Sie einen Stein unter einem anderen Namen kennen, suchen Sie im Register danach. Dort finden Sie einen Verweis auf den gewünschten Beitrag.

Anschließend werden andere gebräuchliche Namen für den betreffenden Stein erwähnt, hier als »volkstümliche Namen« bezeichnet. Dann wird der Grundenergietypus des Steins – projektiv oder rezeptiv – aufgeführt. Es folgen die Zuordnungen zu den Planeten und Elementen (mehr darüber im vierten Teil, in den Abschnitten über Beherrschende Planeten und Elemente, S. 264–270).

Als Nächstes werden alle mit dem Stein assoziierten Gottheiten genannt, gefolgt von Metallen und Kräutern, die in irgendeiner Weise damit verbunden sind. Abschließend werden die Grundkräfte des Steins, das magische/rituelle Wissen und der magische Gebrauch aufgeführt.

Nicht alle Beiträge enthalten sämtliche dieser Informationen und sie sind zum Teil subjektiv. Man könnte endlos darüber diskutieren, welches der »richtige« Planet ist, dem ein Quarzkristall zugeordnet werden sollte. Bei einigen Steinen, die erst seit Kurzem in der Magie verwendet werden, wie Lepidolith und Kunzit ist es gar nicht so einfach, sie den Elementen und Planeten zuzuordnen.

Die Assoziationen hierzu sind nur Vorschläge. Ich habe dieses Grundschema für die meisten Steine verwendet, aber es gibt Ausnahmen. Achat zum Beispiel kommt in zahlreichen Farben vor, die jeweils ihre eigenen traditionellen Energien haben. Darum sind diese Informationen auch in den Beitrag aufgenommen worden.

Sie können diesen zweiten Teil einfach durchlesen oder zum Nachschlagen benutzen, wenn Sie neue Steine entdecken.

Möge die Kraft der Steine Ihr Leben bereichern.

Achat

VOLKSTÜMLICHE NAMEN: Augenstein, Blutachat

ENERGIEN: verschiedene (siehe unten)

PLANET: Merkur (im Allgemeinen)

ELEMENTE: verschiedene (siehe unten)

GOTTHEIT: Äskulap

KRÄFTE: Stärke, Mut, Langlebigkeit, Gartenbau, Liebe, Heilung, Schutz

MAGISCHER GEBRAUCH: Im Allgemeinen wird der Achat bei Zauberformen und magischen Ritualen verwendet, bei denen es um Stärke, Tapferkeit, Langlebigkeit und Ähnliches geht.

Tragen Sie den Achat am Arm oder sonstwie bei sich. Während der Gartenarbeit erhöht er die Fruchtbarkeit Ihrer Pflanzen und sorgt für eine reiche Ernte oder gesunde Blüten. Moosachat (s. S. 103) galt einst als am besten dafür geeignet. Aufgeladene

Achate können in den Garten »eingepflanzt« werden, um die Wachstumsfülle zu fördern, und in Bäume gehängte Achate erhöhen ihren Ertrag.

Im alten Rom garantierte ein in einem Ring an der Hand getragener oder um den linken Arm gebundener Achat die Gunst vegetativer Gottheiten, die dafür sorgen würden, dass die Erde fruchtbar wäre.

Als ein oft beim Liebeszauber verwendeter Stein wird der Achat auch getragen, um neidische Gedanken zu meiden und Bosheit zu beseitigen – mit anderen Worten: um seinen Träger liebenswert und angenehm zu machen. Die Bosheit hat bei der Suche nach Liebe nichts verloren.

Er wird auch als Wahrheitsamulett getragen, um dafür zu sorgen, dass Ihre Worte rein sind, und auch, um Ihnen die Gunst mächtiger Personen zu verschaffen.

Achatschmuck wird von Kindern als Schutzamulett getragen. Der Achat gilt als besonders nützlich, um Kinder daran zu hindern hinzufallen; auch Erwachsene tragen ihn, um nicht zu stolpern.

Ein Achat im Mund lindert Durst. Früher benutzte man ihn dazu, Fieber zu senken, indem man ihn auf die Stirn legte. In der Hand gehalten beruhigt und erfrischt der Achat den Körper und hilft bei der Heilung kleinerer Gesundheitsprobleme.

Früher waren Achate beliebte Talismane im Nahen Osten, die dafür sorgten, dass das Blut gesund blieb. Im alten England wurden sie zum Schutz vor Hautkrankheiten getragen. Dreieckige Achate dienten in Syrien dazu, Verdauungsproblemen vorzubeugen.

In der zeremoniellen Magie wurden in Achate Schlangen oder auf Schlangen reitende Männer eingraviert. Als Amulett getragen schützte dieser magische Schmuck vor Schlangen-, Skorpion- und Insektenbissen und -stichen.

Manchmal wird der Achat in Schutzzaubern und -ritualen verwendet, und früher galt er als größter Schutz vor Hexerei, Dämonen und Besessenheit durch den Teufel.

In Asien wurden Achate früher etwa so wie Bergkristalle heute gebraucht. Um künftige Entwicklungen herbeizuführen, betrachtete der Kristallseher die Markierungen auf dem Stein, damit der Geist der Tiefe seine übersinnlichen Impulse auf den bewussten Geist projizierte.

Die zahlreichen Achatarten – die sich vage durch ihre Farbe oder Markierungen unterscheiden – sind bei verschiedenen Arten der Magie gebräuchlich. Zwar kann jede Achatart für die oben erwähnten Zwecke verwendet werden, doch bestimmte Arten haben traditionell zugeordnete Energien. Hier eine Liste der Hauptarten und ihrer magischen Attribute:

BLAU GEBÄNDERTER ACHAT (*Energie:* rezeptiv, *Element:* Wasser): Tragen Sie diesen Achat, um Frieden und Glück anzuziehen. Nehmen Sie ihn in die Hand, um Stress abzubauen. Legen Sie einen solchen Stein bei Stress auf Ihren Schreibtisch oder einen anderen Arbeitsplatz und schauen Sie ihn an. Ein von brennenden hellblauen Kerzen umgebener blau gebänderter Achat beruhigt zu Hause die übersinnliche Atmosphäre und schlichtet Streit in der Familie.

BRAUNER ODER DUNKELGELBER ACHAT (*Energie:* projektiv, *Element:* Feuer): Dieser Achat wurde einst von Kriegern getragen, um den Sieg in der Schlacht zu erringen. Heute soll er für Erfolg bei jedem Unternehmen sorgen. In Italien und Persien wurde er als Schutz gegen den bösen Blick geschätzt. Er ist auch ein Reichtumstalisman.

GEBÄNDERTER ACHAT (*Energie:* projektiv, *Element:* Feuer): Dieser Achat ist ein Schutzstein. Er stellt die körperliche Energie wieder her und hilft gegen Stress.

GRÜNER ACHAT (*Energie:* rezeptiv, *Element:* Erde): Er wird getragen, um die Gesundheit der Augen zu verbessern. Früher wurde eine Frau, die das Wasser trank, in dem ein grüner Achat gewaschen wurde, magisch vor Unfruchtbarkeit geschützt.

MOOSACHAT (*Energie:* rezeptiv, *Element:* Erde): Wegen seiner merkwürdigen Markierungen, die an Moos oder Bäume erinnern, gilt der Moosachat als spezieller Gärtnertalisman. Man trägt ihn zur Linderung bei einem steifen Hals, um bei Erschöpfung Energie zu gewinnen und zu verschiedenen Heilzwecken. Er wird auch bei Zaubern gebraucht, die auf Reichtum, Glück und langes Leben abzielen. Tragen Sie diesen Stein, um neue Freunde zu gewinnen und einen »Schatz« zu entdecken.

ROTER ACHAT (*Energie:* projektiv, *Element:* Feuer): Dieser Stein, auch »Blutachat« genannt, wurde im alten Rom zum Schutz gegen Insektenbisse getragen, um das Blut zu heilen und Ruhe und Frieden zu fördern.

SCHWARZER ACHAT (*Energie:* projektiv, *Element:* Feuer): Ein weiterer Schutzstein. Er wird für Mut und Erfolg bei Wettbewerben getragen.

SCHWARZWEISSER ACHAT (*Energie:* rezeptiv, *Element:* Erde): Als Amulett getragen schützt dieser Stein vor physischen Gefahren.

Alaun

ENERGIE: rezeptiv
PLANET: Saturn
ELEMENT: Erde
KRÄFTE: Schutz
MAGISCHER GEBRAUCH: Alaun wurde in Ägypten als Schutzamulett gegen das Böse getragen. Auch im übrigen Nordafrika dient Alaun diesem Zweck. Ein Stück Alaun im Haus beschützt

es. Wenn man kleine Mengen dieses Minerals in Kindermützen einnäht oder hineinlegt, schützen sie das Kind.

Alexandrit

KRÄFTE: Glück, Liebe

MAGISCHER GEBRAUCH: Dieser Edelstein ist selten und teuer. Wenn man ihn trägt, zieht er Glück und günstiges Schicksal an. Er wird auch für Liebeszauber verwendet.

Amazonit

VOLKSTÜMLICHER NAME: Amazonasstein

ENERGIE: rezeptiv

PLANET: Uranus

ELEMENT: Erde

KRÄFTE: Spiel, Erfolg

MAGISCHER GEBRAUCH: Dieser bläulich grüne Feldspat wird von Spielern getragen, um Geld beim Glücksspiel anzuziehen. Er wird auch von Menschen verwendet, die auf Erfolg setzen.

Amethyst

ENERGIE: rezeptiv

PLANETEN: Jupiter, Neptun

ELEMENT: Wasser

GOTTHEITEN: Bacchus, Dionysos, Diana

KRÄFTE: Träume, Überwinden von Alkoholismus, Heilung, übersinnliche Wahrnehmung, Frieden, Liebe, Schutz gegen Diebe, Mut, Glück

MAGISCHER GEBRAUCH: Amethyst, ein lilafarbener Quarz, ist ein Stein voller uralter Magie. Heutzutage ist er vielleicht genauso beliebt wie vor zweitausend Jahren. Legt man ihn unters Kopfkissen oder trägt ihn im Bett, vertreibt er Schlaflosigkeit und Albträume. Er erzeugt einen friedlichen Schlaf und bringt angenehme, heilende, ja prophetische Träume. Er sorgt aber auch dafür, dass sein Träger nicht verschläft.

Als spiritueller Stein hat der Amethyst absolut keine negativen Nebenwirkungen oder Assoziationen mit Gewalt, Zorn oder Leidenschaft. Damit ist er der Stein des Friedens. Wenn der Alltagsstress Sie überkommt, halten Sie einen Amethyst in Ihrer linken Hand (als Linkshänder in der rechten). Lassen Sie sich von seinen besänftigenden, Stress abbauenden, beruhigenden, friedlichen Schwingungen durchdringen. Oder tragen Sie noch besser einen Amethyst, sodass er ihre Haut berührt, und schon vermeiden Sie alle hocherregten Gemütszustände.

Der Amethyst besänftigt Ängste, weckt Hoffnungen, hebt die Stimmung und fördert Gedanken an die spirituelle Wirklichkeit hinter unserem Leben. Wird er getragen, wehrt er Schuldgefühle und Selbsttäuschung ab. Er hilft Ihnen, Suchtbeschwerden wie Alkoholismus zu überwinden, zügelt übermäßigen Genuss und verleiht ein gutes Urteilsvermögen. Der Amethyst beruhigt Gefühlsstürme. Sogar in Situationen von potenzieller Gefahr wird der Amethyst Ihnen beistehen..

Der Amethyst verleiht seinem Träger auch Mut und ist für Reisende ein mächtiges Amulett. Außerdem schützt er gegen Diebe, Schaden, Krankheit und Gefahr.

In der Renaissance-Magie wurden Amethyste, in die das Bild eines Bären graviert war, als Schutzamulette getragen. Zur Zeit der Griechen und Römer galten Bronzeringe mit Amethysten als Abwehrzauber gegen das Böse, und Zauberbecher, die aus Amethysten geschnitzt waren, verbannten Kummer und Böses von allen, die daraus tranken.

Weil der Amethyst ein so spiritueller Stein ist, wird er oft während der Kontemplation getragen oder auf einfache Meditationsaltäre gestellt. Ein Stück Amethyst, das vor eine weiße Kerze und ein Rauchgefäß gelegt wird, in dem ein besänftigendes, stark schwingendes Räucherstäbchen wie Sandelholz brennt, fördert meditative Praktiken.

Bäder vor der Meditation können stark darauf einstimmen. Lassen Sie eine hellviolette Kerze brennen, während Sie baden, und umgeben Sie die Kerze mit Amethysten, um den »sechsten Sinn« zu schärfen. Manche Menschen bewahren einen Amethyst zusammen mit ihren Tarotkarten, I-Ging-Stäbchen oder Runensteinen auf, um deren innere Energien zu verstärken. Natürlich werden Amethyste von Medien oder Wahrsagerinnen getragen.

Da der Amethyst auch ein Stein der Weisheit ist, sorgt er dafür, dass die durch den übersinnlichen Geist empfangenen Informationen angemessen genutzt werden.

Dieser wunderschöne Stein schärft auch den bewussten Verstand, verbessert die Schlagfertigkeit und verstärkt geistige Kräfte. Man kann damit das Gedächtnis verbessern, Kopfschmerzen lindern und seine Gedanken auf seine Lebensziele ausrichten.

Als Stein der reinen, wahren, gefühlvollen Liebe wird er oft zwischen Liebenden ausgetauscht, um ihre Verbundenheit zu verstärken. Ein in Form eines Herzens geschnitzter und in Silber gefasster Amethyst wurde einst von einer Frau einem Mann geschenkt, um ihre Liebe zu besiegeln.

Der Amethyst ist auch einer der wenigen Steine, die speziell Männern verschrieben werden, damit sie Frauen anziehen. Von einem Mann getragen zieht der Stein »gute Frauen« an, damit sie ihn lieben.

Er gilt zwar oft als Stein der Keuschheit, doch dieses Attribut stammt aus früheren Jahrhunderten, als die ideale Liebe noch »platonisch« war. Da heute immer mehr Menschen Sex als natürlichen Aspekt einer gesunden, monogamen Beziehung betrachten, schwindet diese Vorstellung allmählich.

Der Amethyst wird von Menschen benutzt, die vor Gericht stehen, um zu garantieren, dass dem Recht Genüge getan wird. Er wird auch in der Wohlstandsmagie eingesetzt und gilt seit Langem als Erfolgsbringer für Geschäfte, vielleicht weil er von Jupiter regiert wird.

Vor Jahrhunderten wurde der Amethyst mit Speichel befeuchtet. Dann rieb man damit das Gesicht ab, um Pickel und raue Haut zu vertreiben. Heute wird er in Zauberformen verwendet, die die Schönheit vergrößern sollen.

Hier ein Amethyst-Zauber: Wenn Sie emotional erregt sind, von einem Liebhaber oder einer Geliebten verschmäht wurden, eine Beziehung beenden, so stark gestresst sind, dass Sie ernste mentale Probleme haben, oder Ihr Gesundheitszustand in irgendeiner Weise labil ist, dann begeben Sie sich draußen an einen Ort, an dem Sie allein sind. Halten Sie einen Amethyst in der linken Hand (oder in der rechten, wenn Sie Linkshänder sind). Lassen Sie all Ihre Gefühle aus Ihrem Körper durch Ihren Arm und aus der Handfläche in den Stein *strömen.*

Spüren Sie jeden Schmerz, jedes Gefühlstief, jede Verletzung. Senden Sie dies alles mit der starken Kraft Ihrer angeborenen magischen Fähigkeiten in den Stein.

Wenn der Stein vor lauter Negativem beinahe zerspringt, werfen Sie ihn mit aller Kraft von sich. Schreien und heulen Sie, während Sie den Stein werfen. Sobald Ihre Hand den Amethyst loslässt, *lassen Sie auch den Schmerz los.* Sie *wissen*, dass er im Stein ist, dass er außerhalb von Ihnen ist, dass er Ihnen nun fremd ist.

Beruhigen Sie sich wieder, holen Sie tief Atem, meditieren Sie ein paar Augenblicke lang. Danken Sie der Erde für ihre Hilfe, dann drehen Sie sich um und lassen Ihre Probleme hinter sich.

Die Erde wird den Schmerz aufnehmen, sie wird diesen Stein frei lassen, aber nie wieder in Ihr Leben bringen.

Apachenträne

ENERGIE: projektiv
PLANET: Saturn
ELEMENT: Feuer
KRÄFTE: Schutz, Glück
MAGISCHER GEBRAUCH: Die Apachenträne, ein kugelförmiger, durchsichtiger Obsidian, wird als Glücksbringer getragen. Der Stein dient auch als Schutz und hat sämtliche Eigenschaften, die dem Obsidian zugeschrieben werden.

Aquamarin

ENERGIE: rezeptiv
PLANET: Mond
ELEMENT: Wasser
KRÄFTE: Übersinnliches, Frieden, Mut, Läuterung
MAGISCHES/RITUELLES WISSEN: Der Aquamarin ist der Stein der Meeresgöttinnen früherer Zeiten. Aquamarinperlen wurden in altägyptischen Mumiengräbern gefunden.
MAGISCHER GEBRAUCH: Der Aquamarin, eine Halbedelsteinvarietät von Beryll, ist hellblau bis hellgrün und wird daher seit Langem mit dem Meer und dem Element Wasser assoziiert. Meereshexen reinigen den Stein nachts im Schein des Vollmonds in Meerwasser. Sie können das Gleiche aber auch fern von der Küste tun: Füllen Sie ein blaues Gefäß mit Wasser, geben Sie Meersalz hinzu und lassen Sie den Stein über Nacht in diesem Gemisch ruhen.

In der Magie wird dieser wunderschöne Stein getragen oder mitgeführt, um den Gebrauch übersinnlicher Kräfte zu verbessern. Wenn wir einen Kristall halten oder einen geschliffenen Aquamarin um den Hals tragen, lässt der Zugriff unseres bewussten Verstands auf den übersinnlichen Geist nach. Damit werden die allgegenwärtigen übersinnlichen Impulse vernehmbar und können in unser Bewusstsein eindringen.

Da der Aquamarin ein reinigender und läuternder Stein ist, kann er als Teil einer Läuterung vor magischen Handlungen am Körper getragen oder daran gerieben werden. Ein großer Kristall kann auch getragen oder in die Badewanne gelegt werden, während Sie zum Reinigen eintauchen.

Eine sanfte Reinigungstinktur lässt sich herstellen, indem Sie einen Aquamarin in ein Glas frisches Wasser geben. Lassen Sie es drei Stunden lang im vollen Mondschein stehen, wenn möglich im Freien. Holen Sie den Stein dann heraus und trinken Sie die Flüssigkeit zur Läuterung und zur Erhöhung Ihrer übersinnlichen Wahrnehmung.

Der Aquamarin wird meist wie der Amethyst zur Besänftigung und Beruhigung emotionaler Probleme verwendet. Er ist ein Stein des Friedens, der Freude und des Glücks, insbesondere in Beziehungen.

Aquamarine, die von Partnern ausgetauscht werden, tragen dazu bei, den Weg ihres Miteinanders zu ebnen. In magischer Hinsicht ist dieser Stein ein höchst angemessenes Geschenk, das ein Bräutigam seiner Braut am Tag ihrer Verehelichung machen kann.

Der Aquamarin wird als Schutzamulett getragen oder mitgeführt, während man über Wasser fährt oder hinwegfliegt. Wenn Sie Ihren Koffer für eine Schiffsreise packen, zum Beispiel für eine Kreuzfahrt, geben Sie auch einen Aquamarin hinein, der Sie gegen Unwetter schützt. Für Fischer und Seeleute ist er seit Langem ein besonderes Amulett gegen Gefahren.

Aquamarine werden auch getragen, um Zahnschmerzen zu lindern und Magen-, Hals- und Kiefererkrankungen zu heilen.

Wird der Aquamarin als Talisman getragen, garantiert er gute Gesundheit, gebietet der Angst Einhalt, um den Mut zu stärken, der sich dahinter verbirgt, und regt die Wachsamkeit des Geistes an.

Asbest

VOLKSTÜMLICHE NAMEN: Amiant, Bergflachs

ENERGIE: projektiv

PLANET: Mars

ELEMENT: Feuer

KRAFT: Schutz

MAGISCHES/RITUELLES WISSEN: Einst galt der Asbest als magischer Stein, da er ununterbrochen brennen kann, ohne sich zu verzehren. Er wurde zu Dochten für die ewigen Feuer in altgriechischen Tempeln verarbeitet.

MAGISCHER GEBRAUCH: Überraschenderweise ist Asbest nichts anderes als eine Masse flexibler, vollkommen prismatischer Kristalle, meist als Varietät von Serpentin oder Krokydolith (Tigerauge).

Die unverantwortliche Verwendung von Asbest beim Hausbau hat zahllose Krankheiten ausgelöst. Früher jedoch, lange bevor er missbraucht wurde, trug man Asbest zum Schutz gegen negative Magie und den bösen Blick, den man für eine Form eines absichtlichen oder unabsichtlichen übersinnlichen Angriffs hielt. Heute wird Asbest nicht mehr für den magischen Gebrauch empfohlen.

Aventurin

ENERGIE: projektiv

PLANET: Merkur

ELEMENT: Luft

KRÄFTE: Mentale Kräfte, Sehvermögen, Spielen, Geld, Frieden, Heilung, Glück

MAGISCHER GEBRAUCH: Grüner Aventurin dient dazu, das Sehvermögen zu verbessern. Außerdem wird er getragen, mitgeführt oder verwendet bei Zauberformen, die die Wahrnehmung erhöhen, die Kreativität anregen und die Intelligenz verbessern sollen.

Dieser Stein wird in Spielen mit der Zufallsmagie verwendet und ist deshalb ein beliebter Talisman für Spieler. Aventurin wird auch magisch gebraucht, um Geld anzuziehen.

Seine grüne Farbe verrät uns, wie nützlich er ist, um beunruhigte Gefühle zu besänftigen und eine Heilung zu beschleunigen.

Aventurin ist ein »Allround«-Glücksstein.

Azurit

VOLKSTÜMLICHE NAMEN: *Lapis linguis, lapis lingua*

ENERGIE: rezeptiv

PLANET: Venus

ELEMENT: Wasser

KRÄFTE: Übersinnliches, Träume, Weissagen, Heilung

MAGISCHER GEBRAUCH: Azurit, ein wunderschöner dunkelblauer Stein, dient in der Magie seit Langem dazu, übersinnliche Kräfte zu verstärken. Legen Sie den Stein unter Ihr Kopfkissen für prophetische Träume. Halten oder tragen Sie einen Azurit, wenn Sie die Zukunft vorhersagen.

Hier ein einfacher divinatorischer Zauber: Legen Sie ein Stück Azurit zwischen zwei weiße Kerzen in einem abgedunkelten Raum. Zünden Sie die Kerzen an. Halten Sie den Azurit in der

Hand, bis er warm ist, während Sie Ihren Geist von allen Gedanken leeren.

Schließen Sie nun die Augen, bis sie die sanften, langsamen Energien des Azurits in ihrer Hand spüren. Öffnen Sie dann die Augen und blicken Sie den Stein an, bis sich Antworten oder Botschaften einstellen.

Azurit wird auch in der Heilmagie verwendet.

Bergkristall

VOLKSTÜMLICHE NAMEN: Kristall, Hexenspiegel, Sternstein, Iris (nach dem prismatischen Effekt von Bergkristallen), *Zaztun* (Maya)

ENERGIEN: projektiv, rezeptiv

PLANETEN: Sonne, Mond

ELEMENTE: Feuer, Wasser

GOTTHEIT: die Große Mutter

ASSOZIIERTE METALLE: Silber, Kupfer, Gold

ASSOZIIERTE KRÄUTER: Kopal, Beifuß, Zichorie, Salbei, Mariengras

KRÄFTE: Schutz, Heilung, übersinnliche Wahrnehmung, Macht, Laktation

MAGISCHES/RITUELLES WISSEN: Lange glaubte man in der Antike, Bergkristalle seien erstarrtes Wasser oder Eis. Seit Jahrtausenden werden sie in religiösen und schamanistischen Systemen verwendet. Wegen seiner Verbindung mit Wasser wird Bergkristall in vielen Teilen des Pazifiks, auch in Australien und Neuguinea, magisch eingesetzt, um Regen zu erzeugen.

Der Überlieferung nach diente dieser reine Quarz in den eleusinischen Mysterien dazu, das heilige Feuer zu entzünden, indem man die Strahlen der Sonne durch ihn konzentriert auf Holzspäne lenkte, um sie in Brand zu setzen.

Quarz war bei nordamerikanischen Indianern in Ritus und Zauber gebräuchlich, und in Südkalifornien hat man zeremonielle Zauberstäbe gefunden, die am oberen Ende einen Bergkristall trugen. Schamanen der Cherokee, die die Kraft des Kristalls kannten, bewahrten ihn in Wildleder eingewickelt auf, wenn sie ihn nicht verwendeten. Regelmäßig wurde er mit Wildblut »gefüttert«. In Kraftbeuteln oder Medizinbündeln der Schamanen ist er ein fester Bestandteil.

Heutige Wiccaner tragen bei Vollmondritualen Bergkristalle, oft in Kombination mit Silber. Weil Quarz auch ein Symbol der Göttin ist, werden Bergkristallkugeln oft während der Mondrituale auf den Altar gelegt. Seine eiskalte Temperatur steht für das Meer.

Auch zwei Bergkristalle können auf Wicca-Altäre gelegt werden und stellen dann den Gott und die Göttin dar, die beiden schöpferischen Urkräfte des Universums. Manche legen einen natürlichen Kristall hin, der den Gott darstellt, und eine Kugel für die Göttin.

Im schamanistischen Denken ist der Bergkristall der Schamane und der Schamane ist der Kristall. Zwischen beiden gibt es keinen Unterschied. Somit ist er das vollkommene Werkzeug des Schamanen und wird in Ritualen auf der ganzen Welt verwendet.

In der Mystik symbolisiert der Bergkristall den Geist und Intellekt des Menschen.

MAGISCHER GEBRAUCH: Bergkristalle sind ungeheuer beliebt. Wegen ihrer Verwendung zur Heilung, zur Veränderung des Bewusstseins und in der Magie hängen sie sehr eng mit dem Geist des New Age zusammen. Lange wurden Quarzkristalle fast überall auf der Welt vernachlässigt, außer dass sie in der Industrie eingesetzt wurden, doch heute ist der Handel mit Bergkristallen ein lohnendes Geschäft.

Das 7. Kapitel dieses Buches enthält zwar bereits allgemeine Anweisungen zum Reinigen von Steinen, doch es gibt ein paar Kräuter, die speziell für die Reinigung von Quarzkristallen geeignet sind.

Salbei (*Salvia officinalis*) und Mariengras (*Hierochloë odorata*), zwei Heilungs- und Läuterungskräuter, werden mit Bergkristallen assoziiert und sind im Schamanismus Kräuterentsprechungen des Steins. Bereiten Sie aus einem oder beiden dieser Kräuter einen Aufguss, indem sie zwei Esslöffel voll in fast kochendes Wasser geben. Lassen Sie ihn ziehen, bis er kalt ist, und fügen Sie dann die neu erworbenen oder negativ geladenen (d. h. zur Heilung einer Krankheit benutzten) Steine hinzu. Lassen Sie sie mindestens einen Tag im Aufguss liegen, trocknen Sie sie dann ab und halten Sie sie in Ihrer rezeptiven Hand. Wenn sich die Steine »geklärt« anfühlen, sind sie für die Magie bereit. Falls nicht, geben Sie sie wieder in den Aufguss zurück, bis er gewirkt hat.

Farbloser oder »weißer« Bergkristall ist vielleicht am bekanntesten dafür, dass er die übersinnliche Wahrnehmung anregt. Die meisten »Kristallkugeln«, die heute verkauft werden, sind zwar aus Plastik oder Glas, doch man bekommt auch echte Bergkristallkugeln, wenn auch zu exorbitanten Preisen. Wer sich diese Kristalle leisten kann, für den sind sie dies durchaus wert, aber Kristalle müssen nicht von menschlicher Hand bearbeitet werden, um magisch wirksam zu sein, und sie müssen auch nicht rein oder frei von Einschlüssen sein.

Ja, viele Kristallseher machen sich die Einschlüsse, Trübungen und winzigen Prismen im Innern von Kristallen sogar zunutze, um Zugang zum Übersinnlichen zu erhalten. Allein schon der Blick in einen natürlichen Kristall kann die übersinnliche Wahrnehmung auslösen.

In der Renaissance waren *Sehersteine* oder Kristallkugeln meist aus Beryll und nicht aus farblosem Bergkristall. Kristalle hingegen wurden für magische Operationen benutzt. Sie waren zum Teil halb mit purem Gold bedeckt und ruhten auf einem Ständer aus Elfenbein oder Ebenholz. Dies diente als ein Instrument der Kontemplation, um den übersinnlichen Geist zu wecken.

Im 19. Jahrhundert wurde die Kristallkugel in der europäischen Magie unter das Kopfkissen gelegt, um ein Einvernehmen mit dem Kristallseher herzustellen und damit ihre Wirksamkeit zu erhöhen.

Eine Kristallkugel kann dem Licht des Vollmonds ausgesetzt werden, um ihre Kräfte zu verstärken. Vor dem Kristallsehen wird zuweilen ein Tee aus Beifuß oder Zichorie getrunken und der Kristall wird mit frischem Beifuß eingerieben.

Wenn Sie einen Bergkristall mit der Spitze nach unten an eine Silberkette hängen, bekommen Sie ein schönes Pendel. Dieses Instrument verbindet den Arm, der es hält, mit dem intuitiven oder übersinnlichen Geist. Es gibt viele unerschiedliche Arten, die Schwingungen des Pendels zu deuten. Hier sind vier verbreitete Möglichkeiten: *Kreisen, entweder im Uhrzeigersinn oder gegen den Uhrzeigersinn,* bedeutet ja oder günstige Umstände; *hin und her schwingen:* nein oder ungünstig; *im Uhrzeigersinn kreisen:* ja oder günstig; *gegen den Uhrzeigersinn kreisen:* nein oder ungünstig; *hin und her:* keine Antwort.

Fragen Sie den Kristall, wie er auf Fragen reagieren wird, und arbeiten Sie damit. Er ist ein mächtiges Werkzeug des unbewussten Geistes.

In Yucatán benutzt eine besondere Gruppe von Wahrsagern Bergkristalle, wenn man sie konsultiert, um den »Willen der Götter« und die spirituelle Natur einer Krankheit zu erkunden.

Die Kugel wird zunächst gereinigt, indem sie durch die Rauchschwaden von glimmendem Kopal gezogen wird (ein Harz, das in Mexiko und Mittelamerika für magische und religiöse Zwecke gesammelt wird). Zusätzlich zu diesem Räuchern, manchmal auch an seiner Stelle, wird der Kristall in eine Schale mit Rum getaucht, um ihn zu reinigen und seine Kräfte zu wecken. Der Wahrsager studiert dann die im Kristall reflektierte Flamme einer Kerze, um die Natur der Krankheit oder des Problems zu bestimmen.

Trägt man eine Bergkristallspitze oder führt man sie mit, erhöht dies die übersinnliche Wahrnehmung. Unter das Kopfkissen gelegt gibt sie psychische Impulse in Form von Träumen ab, die ja die Sprache des tiefen bewussten Geistes sind. Außerdem sorgt sie für einen friedlichen Schlaf.

Geschliffene und polierte Bergkristalle werden mit Runen graviert oder bemalt und als Wahrsagesteine verwendet und divinatorische Gegenstände wie Tarotkarten werden oft zusammen mit Quarz aufbewahrt.

Bergkristalle nannte man in frühen Zeiten in England »Sternsteine« und benutzte sie in der Volksmagie. Hier ein altes Beispiel: Sammeln Sie neun Quarzkiesel aus einem Bach. Kochen Sie sie in einem Liter Wasser aus diesem Bach. Lassen Sie die Flüssigkeit natürlich abkühlen. Trinken Sie neun Tage lang jeden Morgen ein wenig von dieser Flüssigkeit. Dies trägt dazu bei, Krankheiten zu heilen.

Bei einer ähnlichen Technik wird ein Bergkristall in ein farbloses Glas mit frischem Quellwasser gelegt. Lassen Sie das Glas einen Tag lang in der Sonne stehen, dann trinken Sie das Wasser, um Ihre Gesundheit subtil zu verbessern.

Bergkristalle werden auch getragen, um Kopfschmerzen zu lindern, und wenn man einen kleinen Kristall ans Zahnfleisch legt, lindert dies Zahnschmerzen, bis man sich vom Zahnarzt behandeln lässt. Man hält Bergkristalle auch in der Hand, um Fieber zu senken.

Überall auf den britischen Inseln wurden Kristallkugeln mit einem Durchmesser von zwei bis drei Zentimetern in Silber gefasst und als Amulette gegen Krankheiten getragen. In schamanischen Heilungssitzungen ebenso wie bei häuslichen Behandlungen wird der betreffende Teil des Körpers mit Kristallen eingerieben, um die Krankheit zu vertreiben. Am Ende der Sitzung werden die Kristalle gereinigt, bevor sie erneut verwendet werden.

Der Kristall kann auf einen schmerzenden Körperteil gelegt oder dort gelassen werden, um das körperliche Gleichgewicht wiederherzustellen und Energieblockaden zu beseitigen, die nach Meinung vieler Menschen zu Krankheiten führen.

Becher aus Bergkristall sind zwar sehr kostspielig, galten aber als beste Trinkgefäße für Kräuterarzneien. Ein kleiner Bergkristall oder geschliffener Quarz lässt sich sicher zu jedem Aufguss oder jeder Tinktur geben, um deren Wirksamkeit zu erhöhen.

Auf der ganzen Welt galt der Quarzkristall als »Milchstein«. Er wurde entweder auf die Säuglinge gelegt oder von ihren Müttern getragen, um die Laktation zu verstärken und dafür zu sorgen, dass die Babys dieses Grundnahrungsmittel aufnahmen.

Zum Schutz wird dieser Stein getragen, mitgeführt oder ins Haus gelegt. Im 14. Jahrhundert ritzte man in Bergkristall das Bild eines Mannes in Rüstung, der Pfeil und Bogen hielt. Der Stein schützte seinen Träger und den Ort, an dem er sich befand.

Bergkristall wird in der Magie als Kraftverstärker verwendet. Zu diesem Zweck wird er getragen oder auf den Altar gelegt. Zauberstäbe aus Kristall oder mit einem Kristall besetzt waren im Mittelalter ebenfalls sehr beliebt.

Aus dreizehn Kristallen (die für das Mondjahr stehen) oder 21 Kristallen (den dreizehn Vollmonden plus den acht Wicca-Sabbats) lässt sich der magische Kreis errichten, in dem die Wicca-Rituale und magische Riten abgehalten werden. Für religiöse Rituale, die Meditation oder die allgemeine Magie ordnen Sie die Kristalle so an, dass die Spitzen nach innen zeigen, während sie bei der Abwehr- oder Schutzmagie nach außen zeigen sollen. Dafür können auch Quarzkiesel oder geschliffene und polierte Steine verwendet werden.

Wenn Sie mehrere Kristalle haben, können Sie sich auch leicht einen »Kristallgarten« anlegen. Füllen Sie eine große Schüssel aus Holz oder weißem Steingut mit weißem Sand. Setzen Sie dann die Kristalle so in den Sand, dass die Spitzen nach oben zeigen. Es gibt keine weiteren Anweisungen, wie die Kristalle zu platzieren sind. Lassen Sie Ihrer Fantasie freien Lauf.

Sie können auch ein Pentagramm (einen Stern mit fünf Spitzen) in den Sand mit einem Kristall zeichnen und dann an jede Spitze sowie in die Mitte je einen Kristall platzieren. Dies verleiht magischen Schutz.

Wer mit der Kraft der Elemente arbeitet, kann fünf Steine verwenden, indem er vier nach den Richtungen ausrichtet (die mit den Elementen zusammenhängen) und den fünften im Zentrum platziert, das Akasha oder das fünfte Element darstellt. Dies wird Ihrer Elementarmagie Kraft verleihen.

Kristalle können auch spiralförmig angeordnet werden und dienen dann als Brennpunkt bei der Meditation. Die Spirale ist ein Symbol der spirituellen Entwicklung und der Reinkarnation.

Der Kristallgarten ist ein Ort der Kraft, ein Altar der Steinmagie, ein Meditationsmittel und ein Schutzbezirk für das Haus.

In der Bildmagie, die in Salz, Erde oder feuchtem Sand am Strand ausgeübt wird, lassen sich Runen oder Bilder mit der Spitze eines Bergkristalls zeichnen. Während des Zeichnens senden Sie Energie durch den Kristall ins Bild.

Von den farbigen Quarzformen werden viele (Achat, Amethyst, Chalcedon, Citrin, Jaspis, Karneol, Onyx, Sardonyx und andere) in diesem Buch separat behandelt. Jetzt erhalten Sie einige Informationen zu den allgemein als Quarz bekannten Varietäten.

BLAUER QUARZ (*Energie:* rezeptiv): ein feiner Friedens- und Ruhestein.

GRÜNER QUARZ (*Energie:* rezeptiv): Er wird bei Wohlstandszaubern verwendet, um Geld zu mehren oder ein »leichtes Leben« zu verschaffen. Er wird auch getragen, um die Kreativität anzuregen.

HERKIMER-DIAMANTEN (*Energie:* projektiv): kleine Doppelender-Quarzkristalle. In der Magie sind sie ein schöner Ersatz für Diamanten.

ROSENQUARZ (*Energie:* rezeptiv): Er dient der Anregung von Liebe und dem »Öffnen des Herzchakras«. Um Liebe zu wecken, tragen Sie einen herzförmigen Rosenquarz. Zu seinen magischen Anwendungen zählen die Förderung von Frieden, Glück und Treue in festen Beziehungen.

RAUCHQUARZ (*Energie:* rezeptiv): ein weiterer Stimmungsaufheller, wird als Erdungsstein getragen. Er überwindet Depressionen und andere negative Gefühle.

RUTILQUARZ (*Energie:* projektiv): ein Energiestein. Tragen Sie ihn bei magischen Ritualen oder legen Sie ihn auf den Steinaltar, um die Wirkung Ihrer Magie zu verstärken.

TURMALINQUARZ (*Energie:* projektiv): ein Quarz mit Einschlüssen von schwarzen Turmalinkristallen; er wird oft getragen, um die Astral-Projektion anzuregen.

Bernstein

ENERGIE: projektiv

PLANET: Sonne

ELEMENTE: Feuer, Akasha (Bewusstseinsraum)

GOTTHEIT: Große Mutter

KRÄFTE: Glück, Heilung, Stärke, Schutz, Schönheit, Liebe

MAGISCHES/RITUELLES WISSEN: Bernstein ist vielleicht die älteste Substanz, die für menschlichen Schmuck verwendet wird. Perlen und Anhänger aus Bernstein wurden in nordeuropäischen Grabstätten aus dem 9. Jahrtausend v. Chr. gefunden.

Bernstein ist kein Stein, sondern fossiles Harz von Nadelbäumen aus dem Oligozän. Oft enthält er Fragmente oder komplette Exemplare von Insekten und Pflanzen, die zufällig vor Jahrmillionen in das klebrige Harz gerieten.

Weil sich Bernstein, anders als Edelsteine, warm anfühlt und oft Einschlüsse von Insekten aufweist, glaubte man einst, er besitze Leben. Die alten Chinesen stellten sich vor, die Seele des Tigers werde nach seinem irdischen Tod in Bernstein verwandelt. Für Anbeter der Muttergottheit war er heilig, weil man glaubte, er enthalte das wahre Wesen des Lebens – das Lebensprinzip.

Weil Bernstein ein Fossil ist, wird er mit Zeit, Zyklen und Langlebigkeit assoziiert. Da er einst eine lebende Substanz war, wird er mit Akasha in Verbindung gebracht. Dies ist das »fünfte Element«, das Erde, Luft, Feuer und Wasser beherrscht und zusammenhält und in gewisser Hinsicht ihr Ursprung ist. Akasha steht auch symbolisch für Leben und Lebewesen (Pflanzen, Tiere, Menschen).

In manchen heutigen Wicca-Zirkeln tragen Frauen – gewöhnlich Hohepriesterinnen – Halsketten, die abwechselnd aus Bernstein- und Jettperlen bestehen. Es gibt zwar unterschiedliche Gründe für die Verwendung dieser Materialien, doch allgemein heißt es, diese beiden Steine stellen die Göttin und den Gott, das weibliche und das männliche Prinzip, die projektive und die rezeptive Kraft der Natur dar. Sie verstärken auch magische Wirkungen.

Wird Bernstein an Wolle oder Seide gerieben, lädt er sich elektrisch auf. Die alten Griechen nannten ihn *Elektron* – daher unser heutiges Wort *Elektrizität.*

Dank all dieser geheimnisvollen Eigenschaften und Assoziationen ist Bernstein eine der zu allen Zeiten und an allen Orten der Erde am meisten verwendeten und am höchsten geschätzten magischen Substanzen.

MAGISCHER GEBRAUCH: Bernstein wird, gemeinsam mit ein paar anderen Steinen, für nahezu jeden Zweck in der Magie verwendet. Er taucht in unzähligen Zauberformen und magischen Ritualen auf.

Trotz seines hohen Preises ist Bernstein eine vernünftige magische Investition. Kaufen Sie ihn nur bei einem zuverlässigen Händler. Was als Bernstein verkauft wird, ist großenteils Glas, Kunststoff oder »Pressbernstein«. Verlangen Sie nur echten, unbearbeiteten Bernstein. Rechnen Sie damit, ziemlich viel dafür bezahlen zu müssen.

Bernsteinketten werden vielleicht am häufigsten in der Magie verwendet. Sie bieten Schutz, wenn sie getragen werden. Bernsteinamulette sind ein starkes Mittel gegen negative Magie und bieten Kindern einen besonders wirkungsvollen Schutz. Lassen Sie Ihre Kinder Bernsteinperlen tragen, um sie bei guter Gesundheit zu halten, wie dies in vielen Teilen der Welt geschieht. Oder legen Sie ein Stück Bernstein ins Kinderzimmer.

In alter Zeit, als Sex als völlig natürliche und doch heilige Aktivität galt, wurden Darstellungen der Zeugungsorgane in der Magie häufig verwendet. Aus Bernstein geschnitzte Phalli wurden als höchst potente magische Schutzmittel getragen. Auch wenn sich das wie eine patriarchalische Fantasie anhört, bin ich doch davon überzeugt, das Bernsteinnachbildungen der weiblichen Organe genauso effektiv waren und genauso häufig verwendet wurden.

Wenn Sie das Gefühl haben, einem starken negativen Einfluss ausgesetzt zu sein, zünden Sie eine weiße Kerze an und stellen Sie sie auf den Boden oder Fußboden. Setzen Sie sich mit einer Handvoll kleiner Bernsteinperlen davor und legen Sie damit um sich einen Kreis aus. Während Sie in diesem Kreis sitzen, wird Ihre Energie wiederhergestellt, und Sie selbst sind vor allen äußeren Einflüssen geschützt. Wiederholen Sie dies nötigenfalls.

Ein anderer schützender Gebrauch von Bernstein besteht darin, dass Sie neun kleine Perlen oder Stückchen in sehr warmes Badewasser geben. Legen Sie sich hinein, bis das Wasser abkühlt. Nehmen Sie dann den Bernstein heraus, trocknen Sie sich ab und tragen Sie bis zum nächsten Bad eine der Perlen bei sich.

Hexen, weise Frauen und Schamanen tragen Bernsteinperlen, um ihren Zauber zu verstärken – in Höhlen, verlassenen Tälern, an einsamen Stränden ebenso wie in magisch erschaffenen Kraftsphären in großstädtischen Schlafzimmern. Ein großes Stück Bernstein auf Ihrem Steinaltar erhöht die Wirksamkeit Ihrer Magie.

Bernstein wird getragen, um Schönheit und allgemeine Attraktivität zu verstärken. Er vergrößert anscheinend tatsächlich die natürliche Schönheit der Trägerin, Einsame ziehen damit Freunde und Gefährten an, und das Glücksgefühl wird angeregt.

Bernstein gilt seit Langem als überaus sinnlich und magnetisch. Er wird getragen, um Liebe anzuziehen und die eigene Lust an angenehmen Aktivitäten wie Sex zu erhöhen. Kleine Stücke Bernstein können zu liebeweckenden Kräutermixturen hinzugefügt oder am Herzen getragen werden, um einen Partner anzuziehen.

Die Fruchtbarkeit war in früheren Zeiten ein ständiges Anliegen. Für viele Menschen ist sie das heute noch. Frauen trugen aus Bernstein geschnitzte Fische, Frösche und Kaninchen, um eine Empfängnis herbeizuführen. Um Impotenz zu bekämpfen und ihre eigene Fruchtbarkeit zu garantieren, trugen Männer Bernsteinlöwen, -hunde und –drachen. Das mag sonderbar anmuten, aber solche Figuren können funktionieren, wenn sie mit magischer Energie aufgeladen und in ritueller Absicht getragen werden. In der Magie gibt es keine Grenzen – außer denen, die wir uns selbst auferlegen.

Bernstein spielt eine wichtige Rolle, wenn wir unseren Körper von Krankheiten befreien wollen. Bernsteinperlen werden als allgemeiner Gesundheitsschutz um den Hals getragen und um vorhandene Beschwerden zu lindern oder zu heilen. Man verhindert oder lindert damit Krämpfe, Taubheit, Wahnsinn, Halsschmerzen, Ohrenschmerzen, Kopfschmerzen, Zahnschmerzen, Asthma, Rheuma, Verdauungsbeschwerden und fast alle inneren Leiden. Eine Bernsteinkugel, die man in der Hand hält, senkt das Fieber.

Weil Bernstein oft durchscheinend oder gar durchsichtig ist, wird er getragen oder mitgeführt, um die Sehkraft zu stärken. Man glaubt, ein Blick durch ein Stück Bernstein bewirke das Gleiche.

Bernsteinpulver wurde während des Geburtsvorgangs verbrannt, um die Wehen zu unterstützen; man ließ es auch langsam glimmen und atmete den harzigen Rauch ein, um Nasenbluten zu stoppen.

Der magische Gebrauch von Bernstein geht weit über das bisher Mitgeteilte hinaus. So wird er getragen, um die eigene Kraft zu verstärken, um geschäftlich Erfolg zu haben oder den Fluss von Geld zum Magier anzuregen, und er spielt eine Rolle in Anziehungszauberritualen – um Liebe, Geld, Macht und Erfolg anzuziehen. Gibt man schließlich etwas pulverisierten Bernstein zu Weihrauch hinzu, erhöht dies dessen Wirkung.

Beryll

ENERGIE: rezeptiv
PLANET: Mond
ELEMENT: Wasser
GOTTHEITEN: Poseidon, Neptun, Tiamat, Mara
ASSOZIIERTE KRÄUTER: Seetang (jede Art)
KRÄFTE: Übersinnliches, Heilung, Liebe, Energie, gegen Klatsch
MAGISCHES/RITUELLES WISSEN: Im 15. Jahrhundert nannte man in Irland Kristallseher, die Beryllkugeln verwendeten, *specularii.* Dr. Dees berühmter Kristall, der sich inzwischen im British Museum in London befindet, ist aus Beryll und nicht aus farblosem Bergkristall, wie man oft meint.

In der Antike verwendeten die Menschen den Beryll bei Regenritualen.

MAGISCHER GEBRAUCH: Dieser wie Aquamarin mit dem Meer zusammenhängende Stein wird auf dem Wasser zum Schutz gegen Unwetter getragen. Der Beryll bewahrt seinen Träger vor dem Ertrinken und vor Seekrankheit.

Man trägt ihn, um die »Faszination« zu verhindern. Heute würde man von bewusster psychischer Manipulation oder Überredung sprechen, wie sie von Predigern und manchen Handelsvertretern und Politikern ausgeübt wird. In diesem Sinne wird er auch getragen, um unbesiegbar zu machen, Furcht zu beschwichtigen und Optimismus und Glücksgefühle zu verstärken.

Im 16. Jahrhundert verschrieben Magier das Tragen von Beryll, wenn man aus jeder Debatte oder jedem Streit als Sieger hervorgehen und dabei dennoch wohlerzogen und liebenswürdig bleiben und Verständnis finden wollte.

Beryll dient seit Langem dazu, die übersinnliche Wahrnehmung zu erhöhen. Insofern wurde er der Stein des Sehers genannt. Kugeln aus Beryll hielt man einst jenen aus Bergkristall für überlegen.

Für das Kristallsehen wurde er auch zu flachen, runden Spiegeln geschliffen. Diese wurden zuweilen wie die Kugeln in weißem Tuch gehalten und angeschaut, während der bewusste Verstand einschlummerte.

Uralten magischen Anweisungen zufolge sollte das Beryllsehen nur während des zunehmenden Monds praktiziert werden, um die stärksten Ergebnisse zu erzielen. Wegen seiner Assoziationen mit der Mondenergie kann der Beryll bei Vollmondritualen getragen oder auf den Altar gelegt werden.

Wenn Sie etwas verloren haben, halten Sie einen Beryll in der Hand und visualisieren Sie den Gegenstand. Dann beruhigen Sie Ihren Geist und lassen Ihre übersinnlichen Eindrücke offenbaren, wo er sich befindet.

Beryll ist einer jener Steine, die zwischen Liebenden ausgetauscht werden, um ihre Beziehung zu verstärken; außerdem wird er getragen oder mitgeführt, um Liebe zu wecken.

Mithilfe des Berylls wird außerdem Energie in den Körper gesandt sowie Klatsch Einhalt geboten. Wenn Sie studieren, tragen Sie einen Beryll, damit Ihr bewusster Verstand Informationen besser behält.

Im 13. Jahrhundert gravierte man in Beryll das Bild eines Frosches und trug den Stein bei sich, um Feinde zu versöhnen und Freunde zu gewinnen.

Als ausgezeichnetes Heilmittel galt der Beryll bei Leberbeschwerden, geschwollenen Drüsen und Augenkrankheiten.

Wenn Sie sich träge fühlen, halten oder tragen Sie einen Beryll und lassen Sie sich von seinen regelmäßigen, tiefen Schwingungen durchdringen.

Bimsstein

ENERGIE: projektiv

PLANET: Merkur

ELEMENT: Luft

KRÄFTE: Geburtserleichterung, Bannen, Schutz

MAGISCHER GEBRAUCH: Bimsstein, ein vulkanisches Produkt, ist eine merkwürdige Substanz. Er ist leicht und rau, wenn man ihn berührt (als Seife entfernt er auch groben Schmutz), und besitzt die einzigartige Eigenschaft, auf Wasser schwimmen zu können.

Einst drückte man Frauen während der Geburt Bimsstein in die Hände, oder sie trugen ihn, um den Weg des neuen Lebens in die Außenwelt zu erleichtern.

Hier ein Bannzauber: Nehmen Sie ein Stück Bimsstein und halten Sie es in Ihrer projektiven Hand. Visualisieren Sie das Problem, das Sie loswerden wollen – eine schädliche Gewohnheit, ein negatives Gefühl, körperliche Beschwerden oder eine unerwiderte Liebe.

Während Sie den Stein halten, senden Sie durch Ihre Visualisierung die Energie, die hinter dem Problem steckt, in den Bimsstein. Sie können sie sich als Schwaden von dichtem schwarzem Rauch vorstellen, die zäh wie Sirup in den leichten, porösen Stein fließen.

Werfen Sie dann den Bimsstein in einen See, einen Bach, ins Meer oder in irgendein anderes Gewässer.

Wenn er auf dem Wasser aufschlägt, gibt er das Problem und dessen tiefere Ursachen an dieses Element ab. Indem der Bimsstein auf der Oberfläche schwimmt, stärkt er Ihre Fähigkeit, sich über alle negativen Umstände »zu erheben«.

Wenn Sie keinen Zugang zu einem Gewässer haben, füllen Sie ein großes Becken oder einen Eimer mit Wasser und vollziehen Sie das Ritual; anschließend gießen Sie das Wasser mitsamt dem Stein und allem anderen auf die nackte Erde.

Bimsstein kann auch auf dem Altar bei einem Schutzzauber oder im Haus als Amulettschwamm platziert werden. Übertragen Sie auf ihn die Eigenschaft, Negatives zu absorbieren.

Blutstein

VOLKSTÜMLICHE NAMEN: Heliotrop, Hämatit (das ist aber ein anderer Stein)
ENERGIE: projektiv
PLANET: Mars
ELEMENT: Feuer
ASSOZIIERTE KRÄUTER: Heliotrop (*Heliotropum europaeum*)
KRÄFTE: Blutstillen, Heilen, Sieg, Mut, juristische Angelegenheiten, Reichtum, Stärke, Kraft, Geschäft, Unsichtbarkeit, Landwirtschaft.
MAGISCHES/RITUELLES WISSEN: Blutstein, ein grüner Chalcedon mit roten Flecken, wird seit mindestens dreitausend Jahren in der Magie verwendet. Im alten Babylon wurde der Stein mitgeführt, um Feinde zu überwinden; im alten Ägypten wurden damit Türen geöffnet, Fesseln gesprengt und sogar Steinmauern zum Einsturz gebracht.

Sein berühmtester Nutzen ist das Blutstillen. Häufig hatten ihn Soldaten bei sich, um entweder Wunden zu vermeiden oder eine magische Erste Hilfe zu haben. Drückte man den Stein auf Wunden, hörten sie auf zu bluten. Man hielt dies zwar für reine Magie, doch die Wirkung beruhte wahrscheinlich auf dem Druck und der kühlen Temperatur des Steins. Noch heute wird er getragen, um das Blut gesund zu halten und eine Heilung bei Blutkrankheiten herbeizuführen. Hält man einen Blutstein an die Nase, soll er sie »verschließen«, d. h. den Blutfluss stoppen.

Außerdem wurde er zur Heilung von Fieber und als allgemeiner Gesundheitstalisman getragen.

MAGISCHER GEBRAUCH: Wegen seiner Assoziationen mit Blut ist der Blutstein bei Sportlern beliebt. Sie tragen ihn, um ihre physische Kraft zu erhöhen und Wettbewerbe zu gewinnen. Er wird auch getragen, um die Lebenszeit zu verlängern.

Trägt man den Blutstein, verleiht er Mut, besänftigt Ängste und beseitigt Zorn. Er wird seit Langem bei Zauberformen verwendet, die zum Sieg vor Gericht und in juristischen Angelegenheiten verhelfen sollen.

Weil er grün ist, wird er bei Reichtums-, Geld- und Geschäftszaubern angewendet. Ein in der Registrierkasse aufbewahrter Blutstein zieht Geld an. In der Hosen- oder Handtasche mitgeführt oder im Ring oder als Halskette getragen, zieht er auch Reichtum an. Da Nahrung und Geld magisch miteinander verbunden sind, trug ein Bauer ihn im Mittelalter als Talisman während des Säens, um die Ernteerträge zu erhöhen.

Frauen tragen einen Blutstein am Arm, um eine Fehlgeburt zu verhindern, und später am Oberschenkel, um die Geburt zu erleichtern.

Um unsichtbar zu machen, wurde der Blutstein mit frischen Heliotropblüten eingerieben und getragen oder mitgeführt. Wie es hieß, blendete dies die Augen derer, die den Träger betrachteten. Heute kann dieses Ritual für eine »magische Unsichtbarkeit« angewandt werden – wenn Sie keine Aufmerksamkeit auf sich ziehen wollen.

Im 13. Jahrhundert gravierte man in Blutsteine die Figur einer Fledermaus. Diese Talismane wurden von Zauberern getragen, um die Wirksamkeit von Zaubern und magischen Riten zu erhöhen.

Calcit

VOLKSTÜMLICHER NAME: Islandspat
ENERGIEN: verschiedene (siehe unten)
PLANETEN: verschiedene (siehe unten)
ELEMENTE: verschiedene (siehe unten)
KRÄFTE: Spiritualität, Zentrieren, Frieden, Liebe, Heilung, Läuterung, Geld, Schutz, Energie
MAGISCHER GEBRAUCH: Calcit, ein durchsichtiger Kristall, kommt in vielen Farben vor wie farblos, grün, rosa, orange und blau.

Calcit weist die optische Eigenschaft der Doppelbrechung auf. Ziehen Sie mit einem Bleistift eine Linie auf ein Blatt Papier und legen Sie dann ein Stück Calcit auf die Linie. Wenn Sie durch den Stein schauen, erblicken Sie eine doppelte Linie.

Dieser Eigenschaft verdankt es Calcit, dass er in der Magie benutzt wird, um die »Kraft zu verdoppeln«. Zu diesem Zweck wird er während des magischen Ritus auf den Altar gelegt oder getragen.

BLAUER CALCIT (*Energie:* rezeptiv, *Planet:* Venus, *Element:* Wasser): Blauer Calcit ist ein heilender Stein, wenn er am Körper getragen oder zwischen brennende violette oder blaue Kerzen platziert wird. Tragen oder verwenden Sie blauen Calcit bei Läuterungszeremonien.

FARBLOSER CALCIT (*Energie:* rezeptiv, *Planet:* Mond, *Element:* Wasser): Dieser Stein wird bei spirituellen Ritualen verwendet. Er konzentriert perfekt die Kontemplation während der Meditation.

GRÜNER CALCIT (*Energie:* rezeptiv, *Planet:* Venus, *Element:* Erde): Dieser Stein zieht Geld und Wohlstand ins Haus, besonders wenn er jeden Morgen ein paar Minuten lang von brennenden grünen Kerzen umgeben wird.

ORANGEFARBENER CALCIT (*Energie:* projektiv, *Planet:* Sonne, *Element:* Feuer): Orangefarbener Calcit ist ein Schutzstein. Wenn man ihn hält, verleiht er dem Körper Energie.

ROSAFARBENER CALCIT (*Energie:* rezeptiv, *Planet:* Venus, *Element:* Wasser): Hält man rosafarbenen Calcit in der Hand, ist er beruhigend, zentrierend und erdend. Er wird auch in Liebesritualen verwendet.

Chalcedon

ENERGIE: rezeptiv

PLANET: Mond

ELEMENT: Wasser

KRÄFTE: Frieden, gegen Albträume, Reise, Schutz, Laktation, Glück

MAGISCHER GEBRAUCH: Der Chalcedon verbannt gemeinsam mit vielen anderen Steinen Angst, Hysterie, Depressionen, Geisteskrankheit und Traurigkeit. Er fördert auch ruhige und friedliche Gefühle, wenn er getragen oder in der Hand gehalten wird.

Im 16. Jahrhundert wurde er von Magiern verschrieben, um Illusionen und wilde Fantasien zu zerstreuen. Zu diesem Zweck wurde er durchbohrt und um den Hals getragen.

Trägt man den Chalcedon im Bett oder legt ihn unter das Kopfkissen, vertreibt er Albträume, nächtliche Visionen und Angst vor der Dunkelheit.

Als Schutzstein behütet der Chalcedon seinen Träger während politischer Unruhen und auf Reisen. Er wehrt auch übersinnliche Attacken und negative Magie ab und schützt vor Unfällen, wenn er getragen wird.

In der Magie der Renaissance wurde in Chalcedone die Figur eines Mannes mit erhobener rechter Hand eingeritzt. So garantierte er Erfolg vor Gericht ebenso wie Gesundheit und Sicherheit.

Der Stein dient der Schönheit, Stärke, Energie und dem Erfolg in allen Unternehmungen; in Italien tragen Mütter Perlen aus weißem Chalcedon, um die Laktation, also den Milchfluss, zu verstärken.

Eine aus Chalcedon geschnitzte Pfeilspitze gilt als Glücksbringer.

Chiastolith

VOLKSTÜMLICHE NAMEN: Kreuzstein, Feenkreuz, St. Peters- und St. Johannisstein

ENERGIEN: projektiv, rezeptiv

KRÄFTE: elementare Magie, Elementarkraft, Glück

MAGISCHES/RITUELLES WISSEN: Als eine Freundin von mir nach einem sechsmonatigen Aufenthalt in Nordkalifornien zurückkehrte, brachte sie neben vielen anderen wunderbaren Dingen auch ein Stück Kreuzstein mit. Sie nannte es zwar »Feenkreuz«, doch ich wusste, dass es ein Chiastolith war.

Schamanen geben oft ein Stück von diesem Stein in ihre Medizin- oder Kraftbeutel, und er ist sehr beliebt als Tauschstein.

MAGISCHER GEBRAUCH: Der Chiastolith oder Kreuzstein, eine Varietät von Andalusit, tritt in groben Kristallen auf. Beim Aufbrechen oder Zerschneiden weist er ein symmetrisches Kreuzmuster von wechselnden hellen und dunklen Farben auf.

Wegen seiner Form wird der Kreuzstein von denen getragen oder mitgeführt, die elementare Magie praktizieren oder in sich die vier Elemente ins Gleichgewicht bringen möchten.

Während magischer Rituale aller Art wird er mitgeführt, getragen oder auf den Altar gelegt, um Kraft zu erzeugen.

Wie alle Steine, die ungewöhnliche Formen oder Muster aufweisen, ist er auch ein Glücksbringer.

Chrysokoll

ENERGIE: rezeptiv
PLANET: Venus
ELEMENT: Wasser
KRÄFTE: Frieden, Weisheit, Liebe
MAGISCHER GEBRAUCH: Der Chrysokoll wurde einst in der Hand gehalten, um übertriebene Angst und Illusionen zu vertreiben. Er ist ein Stein des Friedens und besänftigt die Gefühle.

Wird der Stein getragen, gewährt er die Kraft zur Verschwiegenheit und erhöhten Weisheit.

Der grüne Chrysokoll wird auch getragen oder in Zaubern verwendet, um Liebe zu wecken.

Hier ein einfacher Liebesritus mithilfe dieses Steins: Legen Sie an Ihrem Steinaltar ein Stück Chrysokoll in Ihre Hand. Visualisieren Sie, wie er eine Liebe zu Ihnen zieht. Geben Sie den Stein in einen kleinen roten oder rosafarbenen Becher, der zur Hälfte mit Wasser gefüllt ist. Stellen Sie drei rote Rosen hinein. Wenn sie verblüht sind, ersetzen Sie sie durch frische Rosen. Die Liebe wird in Ihr Leben kommen.

Chrysopras

ENERGIE: rezeptiv
PLANET: Venus
ELEMENT: Erde
GOTTHEIT: Vesta

KRÄFTE: Seligkeit, Glück, Erfolg, Freundschaft, Schutz, Heilung, Geld

MAGISCHER GEBRAUCH: Chrysopras, eine apfelgrüne Form von Chalcedon, wird getragen, um die Gefühle zu erheben und Gier, Neid, Selbstsucht, Spannungen und Stress zu verbannen. Er ist ein aufmunternder Stein, wenn er getragen wird, und dient auch dazu, Albträume zu verhindern.

Als Glücksstein wird Chrysopras für Beredsamkeit und Erfolg in neuen Unternehmungen getragen, auch um Freunde zu gewinnen.

Als magisches Schutzamulett wurde der Chrysopras im 13. Jahrhundert getragen, wobei in ihn das Bild eines Stiers eingeritzt wurde. Heute dient er als allgemeiner Schutz gegen Negatives.

Zu den Heilkräften des Chrysopras zählen das Stärken der Augen, das Blutstillen und die Linderung rheumatischer Schmerzen.

Wenn Sie Geld anziehen wollen, tragen Sie jederzeit ein kleines Stück Chrysopras bei sich.

Citrin

ENERGIE: projektiv

PLANET: Sonne

ELEMENT: Feuer

KRÄFTE: gegen Albträume, Schutz, übersinnliche Wahrnehmung

MAGISCHER GEBRAUCH: Citrin wird nachts getragen, um Ängste zu vertreiben, Albträume zu verhindern und für einen guten nächtlichen Schlaf zu sorgen.

Citrin, eine Form von Quarz, wird auch getragen, um die übersinnliche Wahrnehmung zu ermöglichen.

Coelestin

ENERGIE: rezeptiv

PLANETEN: Venus, Neptun

ELEMENT: Wasser

KRÄFTE: Mitgefühl, Beredsamkeit, Heilung

MAGISCHER GEBRAUCH: Coelestin wird getragen oder mitgeführt, um Beredsamkeit zu erzeugen und das Mitgefühl für die Erde und unsere Mitgeschöpfe zu fördern.

Er lindert auch Kopfschmerzen und Spannungen im Körper, denn er entfernt Stress aus der physischen Form.

Diamant

ENERGIE: projektiv

PLANET: Sonne

ELEMENT: Feuer

ASSOZIIERTE METALLE: Platin, Silber, Stahl

KRÄFTE: Spiritualität, sexuelle Funktionsstörungen, Schutz, Mut, Frieden, Versöhnung, Heilung, Stärke

MAGISCHES/RITUELLES WISSEN: Der Legende nach haben Europäer erstmals afrikanische Diamanten im Lederbeutel eines Schamanen »entdeckt«. Die Berichte über diese Legende sind zwar vage, doch falls sie auf Tatsachen beruht, könnte der afrikanische Schamane seine Diamanten genauso verwendet haben, wie Schamanen in anderen Teilen der Welt Bergkristalle verwenden.

Seit alters werden Diamanten als geschliffene Steine getragen. Sie wurden zwar immer schon wegen ihrer Schönheit geschätzt, aber erst in neuerer Zeit wurde ihr strahlend schönes Aussehen geschaffen. Nachdem man entdeckt hatte, dass die Anwendung von geringem Druck am richtigen Punkt eines Diamanten eine Facette erzeugte, wurde der Stein wegen seines prismatischen Feuers geschätzt.

Heutzutage wird der weltweite Bestand an Diamanten sorgfältig kontrolliert, um den Preis künstlich hochzuhalten. Ein Überschuss an Diamanten auf dem Markt würde ihren Wert erheblich senken.

Derartige von Habgier diktierte Maßnahmen verringern indes nicht den magischen Wert des Diamanten. Weil der hohe Preis viele Menschen davon abhält, mit dem rituellen Gebrauch von Diamanten zu experimentieren, lassen sich die im vierten Teil aufgeführten magischen Ersatzsteine (s. S. 278–279) mit durchaus zufriedenstellenden Ergebnissen verwenden.

MAGISCHER GEBRAUCH: Für den Diamanten gibt es ein breit gefächertes und vielfältiges magisches Repertoire. Wird er getragen, fördert er die Spiritualität, sogar die Ekstase, also den rituellen Bewusstseinszustand des Schamanen. Oft wird er in der Meditation und zu spirituellen Zwecken verwendet.

Wenn der Diamant mitgeführt oder getragen wird, fördert er das Selbstvertrauen in Beziehungen zum anderen Geschlecht. Es heißt, er sei ein starkes Mittel zur Linderung oder Behebung der tieferen Ursachen sexueller Funktionsstörungen. Wird er zu diesem Zweck getragen, beseitigt er kulturelle (manche würden sagen: patriarchalische) Blockaden, die Generationen von Frauen daran gehindert haben, Orgasmen zu haben. Der Diamant ist ein reinigender, läuternder und befreiender Stein in sexuellen Dingen.

In Indien tragen (vermutlich reiche) Frauen einen makellosen weißen Diamanten mit einer leicht schwarzen Tönung, damit sie Knaben bekommen. Er wird auch getragen, um Unfruchtbarkeit zu überwinden.

Der Diamant ist zwar kein Stein der Liebe, doch er wird getragen, um Treue zu garantieren und streitende Liebende miteinander zu versöhnen. Heute ist er der beliebteste Stein für einen Trauring.

Wegen seiner Härte und der Assoziationen mit der Sonne wird der Diamant getragen oder in Zaubern verwendet, um die physische Stärke zu vergrößern. Im alten Rom wurde er in Stahlringe eingesetzt und so getragen, dass der Stein die Haut berührte. Dies führte Tapferkeit, Kühnheit und Sieg herbei. Noch heute wird er getragen, um Mut zu erlangen.

In der uralten Magie Indiens wurde ein in einem Platin- oder Silberring gefasster Stein getragen, damit man in Schlachten oder Konflikten siegte. Zu diesem Zweck wurde er auch am linken Arm befestigt.

Aufgrund seines Blitzens galt der Diamant lange als Schutzstein. Um die besten Ergebnisse zu erzielen und seinem Träger Glück zu bringen, sollte der Diamant sechseckig geschliffen werden.

Ziemlich überraschend ist es, wenn man an die genannten Assoziationen denkt, dass der Diamant ein Friedensstein ist, wenn er getragen wird. Er vertreibt Albträume und fördert den Schlaf.

Probieren Sie einmal das Kristallsehen mit einem geschliffenen Diamanten bei sanftem Kerzenlicht. Geblendet werden Sie ihm in seine innere Welt aus Farbe und Licht folgen.

Feuerstein

VOLKSTÜMLICHE NAMEN: Donnerstein, Elfenschuss, Feenschuss, Elfenpfeil, Viperstein

PLANET: Mars

ELEMENT: Feuer

ASSOZIIERTES METALL: Silber

KRÄFTE: Schutz, Heilung, Weissagen

MAGISCHES/RITUELLES WISSEN: Der Feuerstein, ein Begriff, der vage auf Varietäten von undurchsichtigem Quarz angewendet wird, wurde allgemein in religiösen oder magischen Ritualen von nordamerikanischen Indianern benutzt. Bei den Cherokee beispielsweise wurden Feuersteine vor medizinischen Behandlungen von Schamanen beschworen.

Als einer der ersten Handelsartikel in frühmenschlicher Zeit wurden Feuersteine ausgiebig für Messer- und Axtklingen verwendet. Uralte Feuersteinmesser, die man in ganz Europa gefunden hat, wurden und werden noch immer als Schutzamulette benutzt. Sie hießen »Donnersteine« oder »Elfenschuss«, was darauf hindeutet, dass ihre Herkunft lange Zeit unbekannt war.

Die Iren fassten Feuersteinmesser in Silber und trugen sie zum Schutz gegen böse »Feen« bei sich. In Skandinavien wurden Feuersteinmesser zuweilen als »Familiengötter« verehrt. Sie wurden mit Bier und geschmolzener Butter übergossen – etwa so wie im heutigen Indien heilige Statuen verehrt werden.

MAGISCHER GEBRAUCH: Wie erwähnt dienen gefasste alte Feuersteine als Schutzamulette. Man glaubt, sie seien besonders stark, wenn sie über der Tür platziert werden.

Wenn Sie ein altes Feuersteinmesser bekommen (oder eine moderne Nachbildung), legen Sie es auf den Steinaltar oder halten Sie es bei Schutzritualen.

Im heutigen Brasilien dient Feuerstein zum hellseherischen Aufspüren von Gold, Wasser, Edelsteinen und anderen Bodenschätzen.

Hier ein moderner amerikanischer Feuersteinzauber: Um Kopfschmerzen zu heilen, schlagen Sie einen Feuerstein mehrmals an. Wenn die Funken fliegen, visualisieren Sie, wie der Schmerz aus Ihrem Kopf in die Funken hineinwandert und mit ihnen vergeht.

Fluorit (Flussspat)

ENERGIE: projektiv

KRÄFTE: geistige Kräfte

MAGISCHER GEBRAUCH: Fluorit ist einer der New-Age-Steine. Man bekommt ihn immer häufiger in einschlägigen Läden.

Fluorit tritt in verschiedenen Farben und in Massen von ineinander verschränkten und einander durchdringenden Würfeln auf. Einzelne Kristalle, die zwei an den Basen miteinander verschmolzenen Pyramiden ähneln, gibt es ebenfalls zu kaufen.

Der magische Gebrauch dieses Steins ist noch nicht sehr alt. Seine Einflüsse werden gerade erst entdeckt.

Im Allgemeinen arbeitet Fluorit anscheinend mit dem bewussten Verstand. Darum ist er nützlich, um Ihre Gedanken zu ordnen und um gefühlsmäßig Abstand von einer Situation zu gewinnen, damit Sie sie klarer durchschauen.

Er verstärkt die analytischen Fähigkeiten seines Benutzers und ist nützlich beim Theoretisieren wie beim Verarbeiten von Informationen.

Weil Fluorit den bewussten (intellektuellen) Geist beeinflusst, dämpft er starke Emotionen und glättet die aufgewühlten Wogen der Verzweiflung, der Depression oder des Zorns.

Manche Magier verwenden Fluorit, um die Wirkungen anderer Steine zu verstärken.

Fossilien

VOLKSTÜMLICHE NAMEN: Schwamm, Hexenstein, Ammonit, Schlangenstein, Draconit

ENERGIE: rezeptiv

ELEMENT: Akasha

KRÄFTE: Elementarkräfte, Rückkehr ins frühere Leben, Schutz, Langlebigkeit

MAGISCHES/RITUELLES WISSEN: Fossilien sind die Überreste – oder die negativen Abdrücke – alter Lebewesen und Pflanzen, die vor Jahrmillionen umkamen. Über Äonen hinweg wurden sie in Stein verwandelt. Weil sie einst lebendig waren, werden Fossilien mit Akasha, dem fünften Element, verbunden.

In der mystischen Sprache des übersinnlichen Geistes stehen Fossilien für Zeit, Ewigkeit und Evolution. Sie sind ein greifbarer Beweis dafür, dass nichts in der Natur – nicht einmal ein prähistorisches Meereslebewesen – verschwendet wird. Energie kann man nicht vernichten, sondern nur Manifestationen von Energie. Die Materie ist verwandlungsfähig.

Uralt ist der rituelle Gebrauch von Fossilien. Sie wurden in neusteinzeitlichen Grabstätten in Europa gefunden. Warum wurden sie dort hineingelegt? Wir können darüber nur spekulieren. Zum Schutz? Als Führer in die jenseitige Welt? Als Zusicherung der Wiedergeburt?

Fossilien werden als Kraftwerkzeuge von Schamanen auf der ganzen Welt verwendet, um Energie zu verstärken. Viele heutige Wiccaner legen sie wegen ihrer mystischen Bedeutung auf ihre Altäre.

MAGISCHER GEBRAUCH: Fossilien sind bizarre, wunderschöne magische Instrumente. Sie sind zwar keine Steine im üblichen Wortsinn, doch die Mineralien, die die alten Lebewesen und Pflanzen ersetzen, erzeugen steinartige Substanzen. Somit gehören Fossilien eindeutig in ein Buch über Stein- und Kristallmagie.

Allgemein werden Fossilien als Schutzobjekte verwendet. Sie werden ins Haus gestellt oder zu Schmuck verarbeitet und getragen, um unsere natürlichen Abwehrkräfte zu verstärken. In Marokko werden Steine mit eingebetteten Fossilien zum Schutz getragen.

Aufgrund ihres ungeheuren Alters werden Fossilien aller Art auch als Amulette getragen, um die Lebensdauer zu verlängern.

Sie können sie auf Ihren Steinaltar als Symbole der Erde und der Doppeldeutigkeit der Zeit legen oder um die Kraft magischer Rituale zu verstärken.

Manche Fossilienarten haben einen speziellen magischen Verwendungszweck.

Ammoniten, die im Mittelalter auch Draconiten hießen, sind Fossilien von spiralförmigen Meerestieren. Aufgrund ihres bizarren Aussehens hielt man sie für Steine, die aus Drachenköpfen geholt worden waren, und band sie als magischen Schutz an den linken Arm. In England nennt man sie »Schlangensteine«.

Uralte Schwämme, die zuweilen in England gefunden werden, heißen auch »Hexensteine«. Sie sind rund und weisen ein natürliches Loch auf. Diese Fossilien werden aufgefädelt und wie Perlen getragen oder im Haus als Schutz aufgehängt.

Fossile Sanddollars, eine Seeigelart, die eine natürliche Form mit fünf Spitzen aufweist, trifft man oft auf Wicca-Altären an. Sie sind mit dem Pentagramm, einem alten Schutzsymbol, sowie den Elementen verbunden. Da sie und alle anderen Fossilien von Akasha, dem fünften Element, regiert werden, führt man diese uralten Sanddollars bei sich oder verwendet sie in der Magie, um Einblick in die Reiche der Erde, der Luft, des Feuers und des Wassers zu erlangen. Sobald dies vollzogen wurde, kann die Elementarmagie beginnen. (Mehr über die Elemente erfahren Sie im vierten Teil ab S. 268.)

Hier ein einfacher Elementarzauber: Legen Sie vor jedem Ritus einen fossilen Sanddollar in die Mitte Ihres Altars, wobei eine Spitze von Ihnen weg zeigt. Platzieren Sie ein Stück Türkis neben die rechte Spitze und stimmen Sie sich auf die Erde ein.

Dann platzieren Sie im Uhrzeigersinn jeweils einen Citrit, Achat und Aquamarin an die anderen Spitzen – sie stehen für Luft, Feuer und Wasser. Während Sie die Steine platzieren, stimmen Sie sich auf das jeweilige Element ein.

Schließlich platzieren Sie ein Stück Jett, Bernstein oder irgendein anderes Fossil oder einen Bergkristall neben die oberste Spitze – sie steht für Akasha. Rufen Sie die Elemente kollektiv an, Ihrem Zauber Kraft zu verleihen. Dann vollziehen Sie den magischen Ritus.

Falls Sie diese speziellen Steine nicht zur Hand haben, nehmen Sie irgendeinen Stein, der bei jedem einzelnen Element in den Tabellen im vierten Teil aufgeführt ist (s. S. 268–270).

Fossilien dienen auch dazu, ein früheres Leben zu beschwören. Vollziehen Sie dieses Ritual nachts, und tragen Sie einen Bergkristall, um sich davor zu schützen, zur Unzeit gestört zu werden oder magisch Schaden zu erleiden, während Sie in Ihrem übersinnlichen Zustand sind. Meditieren Sie über ein Fossil. Betrachten Sie es und denken Sie an sein unglaubliches Alter. Stimmen Sie sich auf es ein; spüren Sie seine vergangene Gegenwart.

Halten Sie dann in einem Raum, der nur von Kerzenlicht beleuchtet ist oder in den das Mondlicht durch die Fenster hereinströmt, ein Fossil in Ihrer rezeptiven Hand. Beruhigen Sie Ihren Geist, atmen Sie tief ein und aus und wecken Sie Ihre übersinnliche Wahrnehmung.

Spüren Sie, wie dieses Leben, dieser Körper, diese Persönlichkeit Ihnen entgleitet. Gleiten Sie auf der Energie Ihres Wesens (Ihrer Seele) über Geburt und Tod hinaus zu einem anderen Leben hin.

Wenn Sie ein Leben oder eine Erfahrung nacherleben, das oder die Sie beunruhigt, lassen Sie das Fossil fallen. Sie werden dann in die Gegenwart zurückkehren.

Ich stehe der Rückkehr in ein vergangenes Leben mit gemischten Gefühlen gegenüber. Darum habe ich gezögert, ob ich dieses Ritual – so einfach es auch ist – in dieses Buch aufnehmen soll. Dieses Gebiet steckt voller Selbstbetrug. Dennoch: Wenn Sie sich für diese Dinge interessieren, ist es immer noch besser, Sie wagen selbst einen Blick zurück, als dass Sie es jemand anderem überlassen. Fossilien können die Tür öffnen.

Bernstein und Jett, zwei weitere Fossilien, werden in diesem Buch als berühmte magische Instrumente separat behandelt.

Geode (Druse)

VOLKSTÜMLICHE NAMEN: *Aetites, Echites, Aquileus*, Adlerstein, Donnerei

ENERGIE: rezeptiv

ELEMENT: Wasser

GOTTHEIT: die Große Mutter

KRÄFTE: Meditation, Fruchtbarkeit, Geburt

MAGISCHES/RITUELLES WISSEN: Im Mittelalter glaubte man, Geoden seien bei Adlern beliebt, die sie in ihre Nester legten.

Weil sie rund sind und Kristalle enthalten, sind Geoden oder Drusen Eisymbole. Sie hängen auch mit der Großen Muttergöttin zusammen.

MAGISCHER GEBRAUCH: Geoden oder Drusen sind hohle Aggregate, die Kristalle enthalten. Alle Quarzkristalle beispielsweise bilden sich in Geoden, die einen halben Kilometer lang oder so klein sein können, dass sie in Ihre Handfläche passen. Andere Geoden enthalten keine separaten Kristalle, aber wenn man sie aufschneidet, treten komplizierte Mineralienmuster zutage.

Amethystgeoden zählen zu den schönsten Objekten auf Erden. Wenn man sie aufschneidet oder aufbricht, enthüllen sie eine Masse violetter Kristalle, die zum Zentrum hin wachsen.

Scheint das Sonnenlicht darauf, entwickeln sie einen blendenden Glanz. Längliche Geoden, die zuweilen »Amethystblöcke« heißen, sind oft erhältlich und ihren drei- bis vierstelligen Preis durchaus wert. Sie erinnern an Merlins Höhle, wie sie Mary Stewart in ihrem ausgezeichneten Artusroman *Flammender Kristall* beschrieben hat.

Eine Amethystgeode oder jede Geode, die isolierte Kristalle enthält, kann in der Meditation als kontemplatives Objekt gehalten und verwendet werden.

Legt man Geoden auf den Steinaltar oder hält man sie in der Hand, konzentrieren sie die Kräfte der speziellen Steinart, die in ihnen enthalten ist. Wenden Sie während der Magie Ihre Visualisierung an, um diese Kräfte auf das magische Ziel zu richten und freizusetzen.

Sie können ins Schlafzimmer gelegt und mit Energie geladen werden, um die Fruchtbarkeit zu erhöhen und die Empfängnis zu fördern.

Der Pseudo-Albertus-Magnus empfahl das Mitführen oder Tragen von Geoden, um Liebe zu wecken und vorzeitige Geburten (Frühgeburten) zu vermeiden.

Glimmer

ENERGIE: projektiv

PLANET: Merkur

ELEMENT: Luft

KRÄFTE: Weissagen, Schutz

MAGISCHER GEBRAUCH: Glimmer, eine allgemeine Bezeichnung für Mineralien, die papierdünne flexible Kristallschichten aufweisen, ist ein weitverbreitetes Gestein.

Nehmen Sie ein Stück Glimmer, das ein paar Zentimeter im Quadrat misst. Während Sie visualisieren, dass Sie Ihre übersinnlichen Kräfte völlig unter Kontrolle haben, halten Sie den Stein ins volle Mondlicht. Fangen Sie seinen Schimmer auf der glänzenden Oberfläche des Glimmers ein. Bewegen Sie den Stein sacht in Ihren Händen und lassen Sie Ihren bewussten Verstand von seinem Glanz einschläfern. Erweitern Sie Ihre übersinnliche Wahrnehmung und bestimmen Sie zukünftige Ereignisse. Glimmer wird auch für einen allgemeinen Schutz getragen.

Granat

ENERGIE: projektiv

PLANET: Mars

ELEMENT: Feuer

KRÄFTE: Heilung, Schutz, Stärke

MAGISCHES/RITUELLES WISSEN: Im 13. Jahrhundert wurde der Granat getragen, um Insekten zu vertreiben.

MAGISCHER GEBRAUCH: Der Granat, ein feuerroter Stein, wird getragen, um körperliche Stärke, Ausdauer und Tatkraft zu mehren. In der Magie wird er getragen oder verwendet, um für rituelle Zwecke zusätzliche Energie zu gewinnen. Tragen oder führen Sie einen Granat bei sich, wenn Sie sich anstrengen (beim Bergwandern, beim nächtlichen Studieren, bei schweren rituellen Tätigkeiten und so weiter).

Weil der Granat ein Schutzstein ist, wird er für viele entsprechende Zwecke getragen. Vor fünfhundert Jahren glaubte man, er vertreibe Dämonen und nächtliche Geister. Heute glaubt man, dass der Granat, gemeinsam mit vielen anderen Schutzsteinen, die Aura verstärkt und einen Schild aus hoch aufgeladenen positiven Schwingungen erzeugt, der negative Energien bei Kontakt abweist. Nehmen wir an, Sie tragen nachts einen Granat und haben visualisiert, dass er sie schützt. Ein potenzieller Räuber beispielsweise könnte sich dann plötzlich dafür entscheiden, Sie zie-

ACHAT, GEBÄNDERT
ACHAT, SCHWARZ
ACHAT, MIT KARNEOLEINSCHLUSS
AMAZONIT
BERNSTEIN
AMETHYST

APACHENTRÄNE
AQUAMARIN
AVENTURIN
AZURIT
BERYLL, HELIODOR
BLUTSTEIN

CALCIT
CALCIT, MIT KOBALTEINSCHLÜSSEN
CALCIT, MIT SAND
KARNEOL
KATZENAUGE, MIT TURMALINEINSCHLÜSSEN
COELESTIN

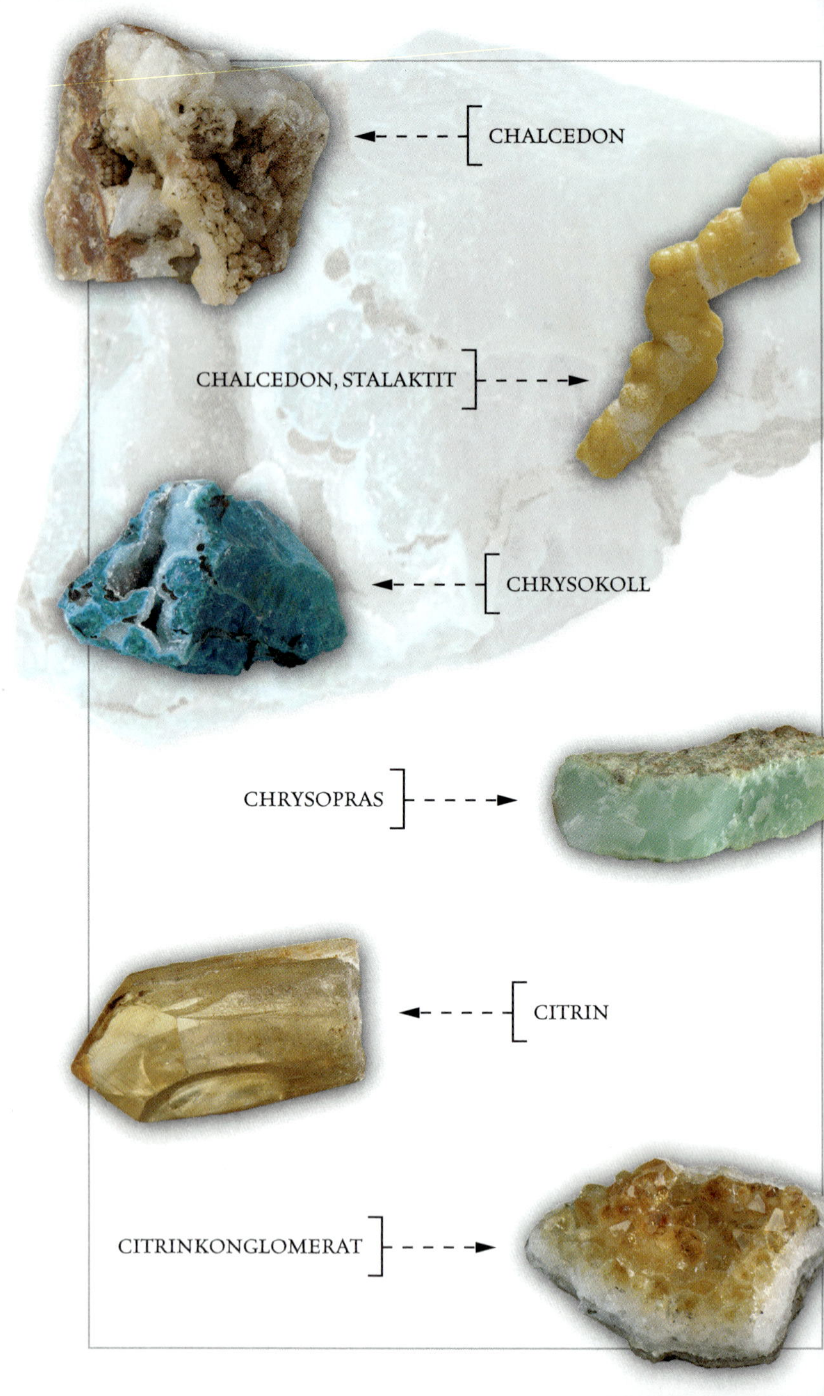
CHALCEDON
CHALCEDON, STALAKTIT
CHRYSOKOLL
CHRYSOPRAS
CITRIN
CITRINKONGLOMERAT

KUPFER
KUPFER, ROH
KORALLE
KREUZSTEIN
BERGKRISTALL, KONGLOMERAT
BERGKRISTALL, ROSA

BERGKRISTALL, RUTILQUARZ
BERGKRISTALL, RAUCHQUARZ
BERGKRISTALL, MIT TURMALINEINSCHLÜSSEN
DANBURIT
DIAMANT, HERKIMER
SMARAGD

FEUERSTEIN
FLUORIT
FLUORIT, CHINESISCHER
FLUORIT, GRÜNER
FLUORIT, OKTAEDRISCHER
FLUORIT, VIOLETTER

FOSSIL, AMMONIT
FOSSIL, FARN
FOSSIL,
GERADHORNSCHNECKE
GRANAT
GRANAT, ROT
GEODE

HÄMATIT
LOCHSTEIN, ACHAT
JADE
JASPIS
JASPIS, ROT
JETT

KUNZIT
KYANIT
LAPISLAZULI
LAPISLAZULI,
UNGESCHLIFFEN
MALACHIT
MARMOR
MARMOR, GRÜN

METEORIT
GLIMMER, BIOTIT
GLIMMER, LEPIDOLITH
MONDSTEIN
OBSIDIAN
ONYX

OPAL
OPAL, BOULDER
PERIDOT
VERSTEINERTES HOLZ
PFEIFENSTEIN
BIMSSTEIN
PYRIT

PYRIT, WÜRFEL
RHODOCHROSIT
RHODOCHROSIT, STALAKTIT
RHODONIT
RUBIN
RUBIN, ALS EINSCHLUSS
IN CALCIT

SALZ, HALIT
SAPHIR
SILBER
SODALITH
SPHEN
SPINELL
STALAKTIT, APOPHYLLIT

SUGILITH
SCHWEFEL
TIGERAUGE
TOPAS
TURMALIN, SCHWARZ
TURMALIN, INDIGOLITH

TURMALIN, ROSA
TURMALIN, RUBELLITH
TURMALIN, WASSERMELONE
TÜRKIS
ULEXIT
VANADINIT
ZIRKON

hen zu lassen, weil ihn die »schlechten Schwingungen« abschrecken, die Sie ausstrahlen. Deshalb eignet sich ein Granat besonders zum Schutz vor Dieben.

Im Mittelalter wurde die Figur eines Löwen in einen Granat eingraviert, der dann die Gesundheit seines Trägers schützte – vor allem auf Reisen.

Als Heilstein dient der Granat dazu, Hautbeschwerden, insbesondere Entzündungen, zu lindern. Er reguliert auch Herz und Blut.

Früher tauschten Freunde vor einer Trennung einen Granat aus, um ihre Zuneigung zu symbolisieren und magisch zu garantieren, dass sie sich wiedersehen würden.

Hämatit

VOLKSTÜMLICHER NAME: Vulkanspucke
ENERGIE: projektiv
PLANET: Saturn
ELEMENT: Feuer
KRÄFTE: Heilung, Erden, Weissagen
MAGISCHES/RITUELLES WISSEN: Hämatit ist ein seltsamer Stein. Er ist schwer, massiv und silbrig schwarz. Allein schon sein Name ist ein Rätsel. In der Antike galt Hämatit als Blutstein, sodass sich praktisch jede magische Information, die alte Bücher über »Hämatit« enthalten, auf den Blutstein bezieht. Wenn man diesen Hämatit allerdings auf einem Steinrad bearbeitet, »blutet« er und soll Flecken hinterlassen, die ganz wie Blut aussehen.

Hämatit ist ein feiner, auffälliger Stein. In Italien beispielsweise wird er zu Halsketten verarbeitet, die als »Vulkanspucke« verkauft werden.

Magische Informationen im Zusammenhang mit diesem Stein sind rar. Der Hämatit besitzt die merkwürdige Eigenschaft, dass er sich selbst »heilt«. Ritzen Sie die Oberfläche des Steins ein wenig ein und reiben Sie dann mit dem Finger darüber. Der Kratzer kann verschwinden.

MAGISCHER GEBRAUCH: Es heißt, dass Hämatit ein starkes Instrument ist, um Krankheiten aus dem Körper zu ziehen. Wie alle Steine wird er während des Visualisierens in den Händen gehalten, dann auf die Haut direkt über dem erkrankten Bereich gelegt. Zum Heilen kann auch eine Halskette aus kleinen Steinen getragen werden.

Hämatit trägt man zum Erden und Stabilisieren und um die Aufmerksamkeit auf die physische Ebene zu konzentrieren.

Eine Methode des Kristallsehens: Zünden Sie in einem abgedunkelten Raum eine rote Kerze an. Lassen Sie sich davor nieder und halten Sie ein großes Stück Hämatit so, dass die Kerzenflamme sich darauf widerspiegelt. Schauen Sie die Reflexion an und visualisieren Sie eine Frage. Die Antwort wird Ihnen zuteil werden.

Jade

VOLKSTÜMLICHER NAME: *Piedra de hijada* (spanisch »Stein der Hüfte«)

ENERGIE: rezeptiv

PLANET: Venus

ELEMENT: Wasser

GOTTHEITEN: Kwan Yin, Maat, Buddha

KRÄFTE: Liebe, Heilung, Langlebigkeit, Weisheit, Schutz, Gartenbau, Wohlstand, Geld

MAGISCHES/RITUELLES WISSEN: Aus Jade wurden Musikinstrumente wie Xylophon und Gong sowie Windspiele gefertigt. Wird der Stein angeschlagen, erzeugt er einen hallenden Ton. Solche Instrumente wurden in Ritualen in China, in ganz Afrika und von den Hopi-Indianern verwendet.

Jade war und ist ein heiliger Stein in China. Altäre des Mondes und der Erde wurden aus Jade gefertigt, ebenso wie Bildnisse von Buddha und verschiedenen Gottheiten. Der Stein zählte in China oft zu den Grabbeigaben, weil man glaubte, er verleihe den Verstorbenen Vitalität. Jade, in die das Bildnis zweier Männer eingraviert war, wurde zwischen Männern als Freundschaftszeichen ausgetauscht.

In Neuseeland schnitzen die Maori aus Nephrit (einem der Jade verwandten Stein) Bilder von Ahnenfiguren und besetzen sie meist mit Augen aus Perlmutt. Diese sogenannten *hei tiki* werden zu zeremoniellen Anlässen getragen. Der Stein an sich gilt als Glücksbringer.

Man glaubt, Jade habe Macht über das Wetter. So wurde er mit aller Kraft in Wasser geworfen, damit er Nebel, Regen oder Schnee bringe.

MAGISCHER GEBRAUCH: Jade ist ein uralter Stein, um Liebe zu wecken. Er wird in China in Form eines Schmetterlings getragen, um Liebe anzuziehen, oder er wird einem anderen Menschen in der Hoffnung gegeben, dass ihm Liebe zuteil wird. Häufig wurde er von einer Frau einem Mann zur Verlobung geschenkt. Auch Männer schenken ihrer Braut vor der Hochzeit Jade.

Die beruhigende grüne Farbe von Jade wirkt auch heilend. Trägt man den Stein, hilft dies dem Körper, sich selbst zu heilen, während man sich mit den nicht körperlichen Problemen befasst, die der Krankheit zugrunde liegen. Besonders hilfreich ist Jade bei Leber-, Herz- und Magenbeschwerden.

Jade kann dazu dienen, Krankheiten und Gesundheitsproblemen vorzubeugen. Die Mayas trugen Jadeamulette, um sich vor Nierenkrankheiten und Blasenproblemen zu schützen.

Die Chinesen spürten in Jade die Kraft, das Leben zu verlängern. Sie schnitzten daraus Figuren von Fledermäusen, Bären und Störchen, die sie zu diesem Zweck trugen. Auch Jadeschüsseln wurden bei Mahlzeiten verwendet, weil die Chinesen glaubten, die Energie des Steins durchdringe das Essen, bevor es verzehrt wird.

Bei der Gartenarbeit wird ein Stück Jade getragen, um die Gesundheit der Pflanzen zu verbessern. Diesem Zweck dient es auch, vier Stück Jade entlang der Grenze des Gartens zu vergraben.

Jade zu tragen kann Geld in Ihr Leben bringen. Laden Sie einen Jadeanhänger oder –ring mit Geld anziehenden Energien auf, tragen Sie ihn dann und lassen Sie bewusst zu, dass Sie Geld empfangen. Nehmen Sie eine positive Einstellung gegenüber Geld ein, und visualisieren Sie, wie Sie es produktiv und kreativ verwenden. Düstere Vorstellungen von den »Problemen«, die Geld mit sich bringe, werden den Geldzufluss zu Ihnen tatsächlich abschneiden.

Wenn Sie über einen Geschäftsabschluss nachdenken, halten Sie ein paar Momente lang ein Stück Jade in Ihrer rezeptiven Hand. Lassen Sie sich von seinen Erfolgsenergien durchdringen. Entscheiden Sie dann, welchen Kurs Sie einschlagen sollen.

Jade wird getragen, mitgeführt oder vor das dritte Auge gehalten, um Weisheit zu empfangen. Weisheit ist übrigens nicht Wissen. Sie ist angeeignetes Wissen, das richtig angewandt oder zurückgehalten wird. Jade stärkt die mentalen Fähigkeiten und hilft beim logischen Denken.

Dieser Stein schützt auch vor Unfällen und Unglücken, die man mit richtiger Aufmerksamkeit vermeiden kann. Er wird auch auf den Steinaltar mit violetten Kerzen gelegt oder während eines Abwehrzaubers getragen.

Hier ein alter Zauber (nur zum Spaß): Nehmen Sie ein vollkommen quadratisches Stück Jade. Ritzen Sie die Zahlen 1, 8, 1 und 1 in das Quadrat, und zwar in jede Ecke eine Zahl. Fassen Sie den Stein in reines Gold. Wenn die Sonne aufgeht, wenden Sie sich ihr entgegen und atmen dreimal auf das Amulett. Sagen Sie dann 500-mal »Thoth«. Warten Sie bis Sonnenuntergang, atmen Sie erneut dreimal auf den Stein und wiederholen Sie 500-mal »Thoth«. Sobald dies geschehen ist, ist das Amulett fertig. Binden Sie einen roten Faden darum, und tragen Sie es bei sich, um sich vor anderen zu schützen, die Ihnen ihren Willen aufdrängen wollen.

JASPIS

VOLKSTÜMLICHE NAMEN: *Gug* (altassyrisch), Regenbringer (amerikanische Indianer)

ENERGIEN: verschiedene (siehe unten)

PLANET: verschiedene (siehe unten)

ELEMENTE: verschiedene (siehe unten)

KRÄFTE: Heilung, Schutz, Gesundheit, Schönheit

MAGISCHES/RITUELLES WISSEN: Amerikanische Indianer benutzten den Jaspis bei Regenzeremonien – daher sein Name »Regenbringer«. Er wurde von den Ureinwohnern der USA auch zum Weissagen verwendet.

Ein grüner Jaspis, in den das Bild eines von Strahlen umgebenen Drachen eingraviert war, wurde vom altägyptischen König Nechepso getragen, damit er seinen Verdauungstrakt stärkte.

MAGISCHER GEBRAUCH: Jaspis ist ein häufig vorkommender Stein, eine undurchsichtige Varietät von Chalcedon, der wiederum eine Form von Quarz ist. Er kommt in vielen Farben vor – rot, braun und grün sind ziemlich häufig – und wird seit frühester Zeit in der Magie verwendet.

Im Allgemeinen wird Jaspis getragen oder mitgeführt, um geistige Prozesse zu fördern und gefährliche Begierden oder Launen zu zügeln, die zu riskanten Situationen führen könnten.

Ein während der Geburt in der Hand gehaltenes Stück Jaspis schützt die Mutter und ihr Kind. Er wird auch getragen, um Schmerzen zu lindern, besonders während der Geburt.

Perfekt geschnitzte Pfeilspitzen aus Jaspis werden getragen, um das Glück zu seinem Träger hinzuziehen.

Jede Farbe hat ihre entsprechende magische Natur und spezielle Gebrauchsformen.

ROTER JASPIS (*Energie:* projektiv, *Planet:* Mars, *Element:* Feuer): In roten Jaspis wurden Bilder von Löwen oder Bogenschützen eingraviert, dann wurde der Stein als Schutz vor Gift und zur Heilung von Fieber getragen. Dieser feine Schutzstein wird beim Abwehrzauber verwendet, denn er sendet alles Negative zum ursprünglichen Sender zurück. Er wird auch bei der Heilung und bei Gesundheitszaubern getragen oder verwendet. Junge Frauen tragen roten Jaspis, um schöner und anmutiger zu werden.

GRÜNER JASPIS (*Energie:* rezeptiv, *Planet:* Venus, *Element:* Erde): Dieser Stein dient als Heilamulett und Gesundheitstalisman. Umgeben Sie grüne Kerzen mit grünem Jaspis, um die Heilung des Körpers zu fördern oder Krankheiten abzuwehren. Tragen Sie ihn, um Halluzinationen Einhalt zu gebieten und einen ruhigen Schlaf zu fördern. Außerdem trägt man ihn, um für die emotionalen und mentalen Zustände anderer mehr Verständnis zu haben.

BRAUNER JASPIS (*Energie:* rezeptiv, *Planet:* Saturn, *Element:* Erde): Tragen Sie braunen Jaspis, um sich zu zentrieren und zu erden, besonders nach einem schweren magischen Ritual, nach übersinnlichem oder spirituellem Wirken. Falls Sie sorglos dahinleben und Ihr physisches Leben gefährden, tragen Sie einen braunen Jaspis.

GEFLECKTER JASPIS (*Energie:* projektiv, *Planet:* Merkur, *Element:* Luft): Tragen Sie gefleckten Jaspis zum Schutz gegen Ertrinken. Besonders stark soll er für diesen Zweck sein, wenn in ihn das Bild eines Kreuzes mit gleich langen Armen eingeritzt ist, das für die Kräfte der vier Elemente, des Fundaments und der Kontrolle steht.

Jett (Gagat)

VOLKSTÜMLICHE NAMEN: Hexenbernstein, schwarzer Bernstein

ENERGIE: rezeptiv

PLANET: Saturn

ELEMENTE: Erde, Akasha

GOTTHEIT: Cybele

ASSOZIIERTE KRÄUTER: Lavendel, Salbei

KRÄFTE: Schutz, gegen Albträume, Glück, Weissagen, Gesundheit

MAGISCHES/RITUELLES WISSEN: Jett oder Gagat ist ein Millionen von Jahren altes fossiles Holz (Braunkohle). Es ist ein schwarzer, glasartiger Stein.

Weil er schwarz ist, wird er mit dem Element Erde verbunden, aber aufgrund seines organischen Ursprungs hängt er auch mit Akasha zusammen.

Jett hat mit Bernstein die Eigenschaft gemein, sich elektrisch aufzuladen, wenn er gerieben wird. Aufgrund seines geheimnisvollen Wesens und seiner elektrischen Eigenschaften gilt Jett seit Langem als magischer Stein.

Wird Jett ständig am Körper getragen, soll er einen Teil der »Seele« des Trägers absorbieren. Während dies für viele Steine gilt, vermutete man, dass Jett doppelt so stark sei. Derartige Steine wurden sorgfältig gehütet, denn in den falschen Händen ließen sie sich dazu missbrauchen, ihren ursprünglichen Träger zu manipulieren.

Die alten Griechen, die Cybele, die Göttin des Wachstums und der Pflanzen, verehrten, trugen Jett, um sie günstig zu stimmen. Auch Gärtner tragen Jett, damit ihre Pflanzen gedeihen.

Zusammen mit Bernstein, mit dem er magisch »verheiratet« ist, wurde Jett in prähistorischen Grabstätten gefunden. Wahrscheinlich war er hineingelegt worden, um dem Verstorbenen Glück zu bringen oder die Knochen zu bewachen.

Heutige Wicca-Hohepriesterinnen, besonders wenn sie sich an die grundlegenden Ritualmuster halten, die Gerald Gardner so populär gemacht hat, tragen oft Halsketten, die abwechselnd aus Bernstein- und Jettperlen bestehen. Jett ist ein wunderbarer Stein. Aber Vorsicht: Was als Jett angeboten wird, ist größtenteils bloß schwarzes Glas. Kaufen Sie ihn also nur bei einer verlässlichen Quelle.

MAGISCHER GEBRAUCH: Jett ist rezeptiv und absorbiert daher Energien, besonders negative. Dies macht ihn zu einer schützenden Substanz. Er kann in Form von Perlen getragen, mitgeführt oder bei Schutzritualen neben weiße Kerzen gelegt werden. Er ist ein feiner Schutz, wenn er im Haus ausgelegt wird.

Meereshexen und Fischerfrauen im alten England schätzten Jett als starken magischen Schutzstein. Sie verbrannten ihn im häuslichen Herd als Räucherstoff, damit er ihre abwesenden Männer schützte.

Ein kleines Stück Jett wird zuweilen vorübergehend auf den Bauch eines Neugeborenen gelegt, um es zu schützen. Jett ist auch ein spezielles Reiseamulett, das getragen wird, um Gefahren auf der Straße oder in fremden Ländern abzuwehren. Im Mittelalter wurden Käfer aus Jett geschnitzt und zum Schutz getragen.

Um sich gegen Albträume zu schützen und für eine gute Nachtruhe zu sorgen, tragen Sie Jett im Bett, legen ein Stück unter Ihr Kopfkissen oder hängen es an den Bettpfosten.

Jett verstärkt auch die übersinnliche Wahrnehmung. Geben Sie kleine Späne von Jett in eine farblose Glasflasche. Füllen Sie sie mit Wasser und lassen Sie sie mehrere Stunden in der Sonne stehen, bis sich das Wasser erwärmt hat. Filtern Sie den Jett heraus und trinken Sie diese Flüssigkeit, kurz bevor Sie versuchen, Kontakt mit dem übersinnlichen Geist aufzunehmen.

Winzige Mengen von pulverisiertem Jett werden auch Räucherstoffen beigemischt, die das Übersinnliche anregen. Sie können pulverisierten Jett auch auf glühende Holzkohle geben, um ihren Geist zu beruhigen und im Rauch die Zukunft zu lesen.

Eine uralte Form des Weissagens mittels Jett ist ganz einfach – sofern Sie eine große Axt und eine Feuerstelle oder eine Grillgrube haben. Legen Sie das Eisen der Axt ins Feuer, bis es glühend rot ist. Behexen oder ermächtigen Sie den Jett. Formulieren Sie in Gedanken eine Frage oder visualisieren Sie ein mögliches künftiges Unternehmen, das Ihnen Probleme bereitet.

Wenn das Axteisen erhitzt ist, holen Sie es aus dem Feuer und werfen den Jett darauf. Falls er brennt, lautet die Antwort Ja, das heißt, die Aktion verläuft günstig. Falls nicht, haben die Axt und der Jett entschieden, dass das Gegenteil geschieht.

Jett wird auch bei Gesundheits- und Heilzaubern verwendet. Er wird getragen, um den richtigen Energiefluss im Körper aufrechtzuerhalten und damit Krankheiten zu vermeiden. Jett wird mit blauen Kerzen bei Heilfeuern kombiniert oder mit Lavendel und Salbei verbrannt, um die Gesundheit zu fördern.

KARNEOL

VOLKSTÜMLICHER NAME: Sarder

ENERGIE: projektiv

PLANET: Sonne

ELEMENT: Feuer

KRÄFTE: Schutz, Frieden, Beredsamkeit, Heilung, Mut, sexuelle Energie

MAGISCHER GEBRAUCH: Karneol, eine rötliche Varietät von Chalcedon, wurde im alten Ägypten an der Hand getragen, um Zorn, Eifersucht, Neid und Hass zu besänftigen. Noch heute benutzt man ihn, um Frieden und Harmonie zu fördern und Depressionen zu vertreiben.

Schüchterne und ängstliche Menschen tragen diesen Stein, um mutig zu werden. Er eignet sich ausgezeichnet dafür, bei öffentlichen Reden getragen oder mitgeführt zu werden, vor denen die meisten Menschen heute Angst haben. Der Karneol kräftigt die Stimme, vermittelt Selbstvertrauen und verleiht dem Redner Beredsamkeit. Gewöhnlich wird er für diese Zwecke um den Hals oder als Stein in einem Ring getragen.

Karneol wirkt auch Zweifeln und negativen Gedanken entgegen und lässt sich bei Zaubern verwenden, die sich mit diesen Problemen befassen. Er verleiht auch Geduld.

Tragen Sie den Karneol, um sich vor anderen zu schützen, die Ihre Gedanken lesen wollen. In der Magie der Renaissance wurde in den Karneol ein Schwert oder das Bild eines Kriegers eingraviert. Dann wurde dieses magische Amulett ins Haus gelegt, um es vor Blitzschlag und Unwettern zu beschützen, oder als Schutz gegen Verzauberung getragen.

Der Karneol sollte auch vor Hautkrankheiten, Wahnsinn, Nasenbluten und allen Blutkrankheiten schützen und diente als allgemeiner Gesundheitsbringer.

Er stärkt das astrale Sehen und wird im Bett getragen, um Albträumen Einhalt zu gebieten.

Dieser Stein wird auch getragen, um sexuelle Impulse anzuregen.

Katzenauge

ENERGIE: projektiv

PLANET: Venus

ELEMENT: Erde

KRÄFTE: Reichtum, Schönheit, Spiel, Schutz, Heilung

MAGISCHER GEBRAUCH: Katzenauge nennt man verschiedene Steine, meist einen Quarz, der olivgrünen Asbest enthält. Das alte asiatische Katzenauge war jedoch eine Form von Chrysoberyll.

Dieser Stein, der ein bewegtes Lichtspiel aufweist, dient der Schönheit. Er wird getragen oder mitgeführt, um die Schönheit zu erhöhen und die Jugendlichkeit zu bewahren. Sie können sich eine Schönheitstinktur herstellen, indem Sie ein grünes Glasgefäß mit frischem Brunnenwasser füllen, ein Katzenauge hineingeben und das Glas für drei bis sechs Stunden in der Sonne stehen lassen. Anschließend nehmen Sie den Stein wieder heraus. Waschen Sie jeden Tag Ihr Gesicht mit diesem Wasser, bis es verbraucht ist, und tragen Sie den Stein.

Katzenauge wird auch für einen Reichtums- und Geldzauber verwendet. Der Stein schützt den Reichtum des Besitzers und wird ihn mehren, solange er den Stein behält. Zu diesem Zweck wird er oft zusammen mit Geld aufbewahrt. Der Stein verhindert nicht nur den finanziellen Ruin, sondern bringt dem Besitzer auch Reichtum zurück, den er verlor, bevor er den Stein besaß. Das Katzenauge verschafft Reichtümer und ist ein ausgezeichneter Tasliman für Spieler.

Weil er einem Auge ähnelt, wird der Stein auch bei Augenkrankheiten getragen.

Hier ein Katzenaugen-Zauber: Nehmen Sie die Banknote mit dem höchsten Wert, die Sie haben. Reiben Sie sie vollständig mit dem Katzenauge ein und wickeln Sie dann den Stein in die Banknote ein. Binden Sie die Note fest mit grünem Faden zusammen und tragen Sie sie in der Tasche, um Ihr Geld zu mehren. Geben Sie die Banknote erst aus, wenn der Zauber funktioniert.

Die Assyrer glaubten, das Katzenauge mache unsichtbar, wahrscheinlich wegen seines blendenden Aussehens.

Kohle

ENERGIE: rezeptiv

PLANET: Saturn

ELEMENT: Erde

KRAFT: Geld

MAGISCHER GEBRAUCH: Kohle, dieser weitverbreitete Stoff, mit dem früher unzählige Häuser beheizt wurden, gilt vielen Menschen als ausgezeichneter Geldanzieher. Daher wird sie in der Tasche getragen und zu Geld gelegt.

Spekulanten an der Londoner Börse tragen oft etwas Kohle als Glücksbringer bei sich.

Koralle

ENERGIE: rezeptiv

PLANET: Venus

ELEMENTE: Wasser, Akasha

GOTTHEITEN: Isis, Venus, die Große Mutter

ASSOZIIERTE METALLE: Silber, Kupfer

KRÄFTE: Heilung, die Menstruation regulierend, Landwirtschaft, Schutz, Frieden, Weisheit

MAGISCHES/RITUELLES WISSEN: Die Koralle spielt eine wichtige Rolle in religiösen und magischen Riten auf allen pazifischen Inseln. Oft wird sie auf Gräber gelegt, um die Verstorbenen zu schützen, und Tempel wurden zuweilen aus Lavasteinen und Korallen erbaut.

Im Mittelmeerraum glaubte man, die Koralle enthalte wie Bernstein die »Lebensessenz« der Muttergöttin, die sich im Meer in einem »Baum« aus Korallen aufhielt.

Einem Hinduglauben zufolge ist der Ozean die Heimat der menschlichen Seelen nach dem Tod. Daher gilt die Koralle als starkes Amulett für die Lebenden. Sie wird außerdem auf die Leichen der Verstorbenen gelegt, um »böse Geister« daran zu hindern, sich ihrer zu bemächtigen. In der altnordischen Mythologie wird die Koralle ebenfalls mit einer Gottheit verbunden.

Da die Koralle weder ein Stein noch eine pflanzliche Substanz ist, sondern die Skelettüberreste eines Meereslebewesens, lehnen viele Menschen ihre Verwendung in der Magie ab. Wir würden nun einmal nicht in einer Zeit leben, so ihr Argument, in der wir Lebewesen opfern müssten (in diesem Fall eine Koralle), um Magie zu praktizieren.

Ich kann allerdings nicht erkennen, dass irgendein Schaden entsteht, wenn man ein Stück Koralle aufhebt, das in Florida, auf Hawaii oder in Italien an den Strand gespült wurde. Etwas anderes ist natürlich das kommerzielle Abernten lebender Korallen. Es liegt bei Ihnen, ob Sie in der Magie kommerziell gewonnene Korallen verwenden möchten.

MAGISCHER GEBRAUCH: An einem warmen, milden Tag auf Hawaii ging ich einen verlassenen Strand entlang. Das aquamarinfarbene Wasser glitzerte und schlug sanft auf den grobkörnigen Korallensand. Zu meiner Überraschung und zu meinem Entzücken wurde mir ein kleines Stück einer weißen Koralle fast vor die Füße gespült. Das Wasser hatte ein Loch hineingebohrt. Ich stattete meinen Dank ab und hob es auf, weil ich es als magisches Objekt erkannte.

In alten Zeiten war rote Koralle eine Gabe der Gottheiten. Sie wurde an allen Stränden der Welt gefunden, aber am häufigsten in Italien. Für eine starke Magie verwendeten die Menschen der Antike Korallen, die nicht von Menschenhand bearbeitet worden waren – also weder geschliffen, gemahlen, geschnitten oder geschnitzt waren. Weil die Menschen die Koralle für etwas Lebendiges hielten (was sie ja auch einmal war), glaubten sie, dass jede Bearbeitung die magischen Energien in ihr »töten« würde. Das trifft zwar heute so nicht mehr zu, aber eine Vorstellung existiert noch: Wenn ein in der Magie verwendetes Stück Koralle aus irgendeinem Grund zerbricht, verliert es seine Kraft. Sie müssen sich ein neues Stück besorgen. Geben Sie die zerbrochenen Teile dem Meer zurück.

Koralle kommt aus dem Griechischen und bedeutet »Tochter des Meeres«. Italienerinnen trugen sie früher in der Leistengegend, um den Menstruationsfluss zu regulieren. Sie kannten die Verbindung zwischen Korallen, dem Meer, dem Mond und ihrem Zyklus. Man glaubte, die normalerweise rote Koralle würde während der Periode blass und danach wieder rot werden. Damit könnten diese Frauen ihre Periode vorhergesagt haben. Eine für diesen Zweck verwendete Koralle wurde sorgfältig vor Männeraugen verborgen, denn wenn sie sie gesehen hätten, hätte sie ihre ganze magische Kraft verloren.

Noch heute wird die Koralle in der Magie verwendet. Wenn sie sichtbar getragen wird, ist sie ein Schutzamulett. Sie wird gegen den bösen Blick, Dämonen, Furien, Succubi, Incubi und Phantasmen und andere Übel eingesetzt. Sie schützt vor Unfällen, Gewalttaten, Gift, Diebstahl, Besessenheit und Sterilität – vor Letzterer vor allem Frauen.

Die Koralle wird auch getragen, um innere Veränderungen zu bewirken. Sie vertreibt Dummheit, Nervosität, Angst, Depressionen, Mordgedanken, Panik und Albträume. Ihrem Träger vermittelt sie Vernunft, Besonnenheit, Mut und Weisheit. Unter das

Kopfkissen gelegt sorgt sie für einen friedlichen Schlaf, indem sie beunruhigende Träume vertreibt.

Seit Jahrtausenden wird die Koralle auch in der Magie im Zusammenhang mit Kindern eingesetzt. Wird sie einem Kind geschenkt, garantiert sie ihm ein gesundes Leben.

Säuglinge tragen einen Korallenanhänger oder Perlen, damit sie weniger Schmerzen haben, wenn sie Zähne bekommen. Korallen wurden auch in Rasseln gegeben, um die Kinder zu schützen. Legen Sie ein Stück Koralle ins Kinderzimmer, um Ihr Kind magisch zu schützen.

Ein spezieller Gebrauch von Korallen war im alten Ägypten und Griechenland beliebt. Pulverisierte Korallen wurden mit Saatgut vermischt und auf neu angelegte Felder gesät oder verstreut. Dies schützte die wachsenden Feldfrüchte vor den Unbilden des Wetters wie vor Insekten. Korallen wurden auch an Obstbäume gehängt, um ihren Ertrag zu erhöhen.

Beim Heilen wurden Korallen gegen Verdauungsstörungen, alle Schmerzen im Verdauungstrakt, Augenbeschwerden und zum Blutstillen eingesetzt. Wurden rote Korallen getragen, hatten sie auch die Kraft, ihren Träger vor Krankheiten zu warnen, indem sie blass wurden.

Die Koralle dient auch als Glücksbringer für das Haus. Nehmen Sie ein Stück Koralle und berühren Sie damit jede Tür, jedes Fenster und jede Wand im Haus, während Sie sich im Uhrzeigersinn darin umherbewegen. Legen Sie das Korallenstück dann an einen bevorzugten Platz und lassen Sie seine Magie wirken.

Korallen werden auch mit Liebe assoziiert. Im alten Rom trugen Frauen Korallenohrringe, um Männer anzuziehen. Pulverisierte Koralle wurde im 16. Jahrhundert für aphrodisierende Räucherstäbchen verwendet, und mit Korallenstückchen umgebene rote oder rosafarbene Kerzen werden angezündet, um Liebe zu wecken.

Wegen ihrer Assoziationen mit dem Meer wird die Koralle auch als Schutz auf Seefahrten oder auf Reisen über Wasser getragen und sie schützt Wasserfahrzeuge vor Schiffbruch. Manchmal wird sie auch als Schutz gegen Haiangriffe getragen.

Kunzit

ENERGIE: rezeptiv

PLANETEN: Venus, Pluto

ELEMENT: Erde

KRÄFTE: Entspannung, Frieden, Erdung

MAGISCHER GEBRAUCH: Auf einer Schmuck- und Mineralienausstellung blieb ich an einem Stand stehen, an dem Dutzende von wunderschönen rosa- und lilafarbenen Exemplaren von Kunzit ausgestellt waren. Die Größe der Steine variierte zwischen ein paar Zentimetern und bis zu fünfzehn Zentimetern. Die Kunzite gaben eine friedvolle Schwingung ab, die bereits in ihrer Nähe spürbar war.

»Halte den mal. Beruhigt er dich?«, fragte eine Frau ihren Begleiter und drückte ihm einen kleinen Stein in die Hand. Er bestätigte es. Der Stein kostete stolze 95 Dollar.

Kunzit ist ein ziemlich »moderner« Stein, in antiken Quellen wird er nirgendwo erwähnt. Er hat aber rasch Anerkennung und ein paar magische Anwendungen bei denen gefunden, die mit ihm arbeiten.

Die beste Qualität scheinen lilafarbene Kunzite zu haben. Wie ich gehört habe, soll die Farbe verblassen, wenn der Stein zu lange dem Sonnenlicht ausgesetzt wird.

In seiner magischen Funktion wird Kunzit gehalten oder getragen, um Entspannung zu vermitteln. Er löst Spannungen, indem er die Muskeln beruhigt, in denen wir oft die Wirkungen von täglichem Stress mit uns herumschleppen. Wenn man den Stein *über* verspannten Körperteilen bewegt, entspannen sich die Muskeln.

Wenn Sie bei Ihrer Arbeit unter Druck stehen, legen Sie ein Stück Kunzit auf Ihren Schreibtisch oder neben Ihren Arbeitsplatz. Halten Sie es in ihrer rezeptiven Hand, um Stress abzubauen. Bewahren Sie Kunzit im Auto auf, kann er Ihnen dabei behilflich sein, sich im Verkehrschaos zu entspannen. Wenn Sie genug Geld haben, fügen Sie ein kleines Stück Kunzit in Autoschutzamulette ein. Sie sorgen dafür, dass Sie keinen Unfall verursachen, während Sie am Lenkrad sitzen.

Wie Amethyst ist auch Kunzit ein Friedensspender. Führen Sie ihn bei sich oder schauen Sie ihn an, um Zorn, Nervosität oder Angst zu besänftigen.

Er ist auch ein zentrierender, erdender Stein und wird daher getragen oder mitgeführt, damit man »mit beiden Beinen fest auf dem Boden steht«.

Kunzit kann auch nützlich sein, um Liebe zu wecken. Viele seiner Geheimnisse schlummern noch in ihm und harren ihrer Entdeckung.

Lapislazuli

ENERGIE: rezeptiv

PLANET: Venus

ELEMENT: Wasser

GOTTHEITEN: Isis, Venus, Nuit

ASSOZIIERTES METALL: Gold

KRÄFTE: Heilung, Lust, Liebe, Treue, übersinnliche Wahrnehmung, Schutz, Mut

MAGISCHES/RITUELLES WISSEN: Lapislazuli hat zeitlose Verbindungen mit Königen und Königinnen.

Bei den Sumerern war der Stein generell eng mit den Gottheiten verbunden. Wer ihn bei sich hatte, trug die starke magische Macht einer Gottheit in sich, denn der Stein enthielt die Kraft hinter jeder Göttlichkeit. Manche meinten, der Stein enthalte die Seele der Gottheit, die sich »in ihrem Besitzer freuen« würde.

Die Sumerer schätzten ihn auch als Substanz für Zylindersiegel, kleine, runde Steine, in die Bilder von Gottheiten sowie deren Symbole eingraviert waren. Zylindersiegel dienten als »Unterschrift« – man drückte den gravierten Stein auf feuchte Tontafeln – und wurden auch als Amulette und Talismane geschätzt.

Manche glauben, der Lapislazuli, ein wunderschöner königsblauer Stein mit Flecken von goldenem Pyrit, kombiniere die Einflüsse von Venus und Mars, da Pyrit von Mars regiert wird. Das überzeugt jedoch nicht, da der Pyritgehalt minimal ist und in manchen Stücken praktisch nicht existiert.

MAGISCHER GEBRAUCH: Lapislazuli, ein recht teurer Stein, ist heilend und besänftigend. Wenn sie mit diesem Stein Ihren Körper berühren, verbessert sich Ihr mentaler, physischer, spiritueller, übersinnlicher und emotionaler Zustand.

Er wird speziell dafür verwendet, Fieber und Krankheiten des Blutes zu lindern. Lapislazuli stärkt das Sehvermögen, wenn er ständig getragen wird. Wird der Stein bei irgendeinem Heilungsritual in der Hand gehalten oder um blaue oder violette Kerzen ausgelegt, hilft er dem Magier dabei, Energie auf das magische Ergebnis zu fokussieren.

Wenn Sie ein Heilungsritual für einen Freund vollziehen, halten Sie den Stein und visualisieren Sie den Kranken als geheilten, gesunden ganzen Menschen. Visualisieren Sie, wie die Energie in den Stein und damit verstärkt und individualisiert auch zu dem Kranken strömt.

Lapislazuli ist ein erhebender spiritueller Stein. Seine dunkelblaue Farbe spiegelt seine friedvollen Schwingungen wider. Er ist nützlich beim Lindern von Depressionen und fördert die Spiritualität. Er ist auch ein feiner Meditationsstein. Lapislazuli regt in seinem Träger die Sanftmut an.

Dieser Stein wird in Ritualen verwendet, die spirituelle Liebe wecken sollen. Nehmen Sie ein ungeschliffenes Stück Lapislazuli mit einer scharfen Kante. Versehen Sie den Stein und eine rosafarbene Kerze mit Ihrem Bedürfnis nach Liebe. Dann ritzen Sie mit dem Lapislazuli ein Herz in die Kerze. Legen Sie den Stein neben den Kerzenhalter und zünden Sie die Kerze an, während Sie visualisieren, wie eine Liebe in Ihr Leben kommt.

Lapislazuli gilt als starker Treuezauber und wird darum getragen, um die Bande zu stärken, die sich zwischen Liebenden entwickelt haben.

Am häufigsten wird er heutzutage vielleicht verwendet, um die übersinnliche Wahrnehmung zu verstärken. Er bricht den Zugriff des bewussten Verstands auf den unterbewussten (übersinnlichen) Geist und macht intuitive Impulse bewusst. Wenn Sie eine Halskette aus Lapislazuliperlen tragen oder ein Stück in der Hand halten, verbessert dies Ihre Wahrnehmung dieser oft schwer zu erkennenden Impulse.

Um Ihre übersinnliche Wahrnehmung generell zu erhöhen, tragen Sie einen Lapislazuli tagtäglich. Oder verwenden Sie ihn nur dann, wenn Sie kristallsehen, das Stein-Tarot konsultieren oder sonstwie Symbole anwenden, die den übersinnlichen Geist ansprechen. Denken Sie daran, dass divinatorische Handlungen und die mit ihnen verbundenen Rituale gewöhnlich »Tricks« sind, die den bewussten Verstand entspannen sollen.

Lapislazuli ist auch ein Schutzstein, speziell für Kinder. In Indien werden Lapislazuliperlen auf Golddraht aufgefädelt. Eine solche Halskette wird von Kindern getragen, um ihnen Gesundheit, Wachstum und Schutz zu garantieren. Einst legte man sie Kindern um den Hals, um Ängste und beunruhigende Fantasien zu vertreiben.

Dieser Mut vermittelnde Einfluss wird auch von Erwachsenen genutzt und beruht vielleicht auf den übersinnlichen und schützenden Eigenschaften des Lapislazuli.

Trotz seines hohen Preises ist Lapislazuli ein Stein, den jeder Steinmagier besitzen und nutzen sollte.

Lava

ENERGIE: projektiv

PLANET: Mars

ELEMENT: Feuer

GOTTHEIT: Pele

KRÄFTE: Schutz

MAGISCHES/RITUELLES WISSEN: Der Vulkan ist ein uraltes Schöpfungssymbol. Wenn er ausbricht, steht er für die vier wirkenden Elemente: Erde und Feuer mischen sich, um Lava zu erzeugen, die Flüssigkeit (Wasser) besitzt. Rauch (Luft) steigt aus dem Krater auf. Wenn die Lava mit Wasser Kontakt aufnimmt, erschafft sie beim Abkühlen neues Land und erweitert die Landmasse ins Meer. In vielen Teilen der Welt haben solche eindrucksvollen Attribute der Lava magische Eigenschaften vermittelt.

Bevor die Europäer Hawaii entdeckten, erbaute man dort aus Lavasteinen sogenannte *heaiu*, Zentren für religiöse und magische Handlungen. Heaiu hatten verschiedene Funktionen. Manche waren Heilzentren mit eigenen Kräutergärten; andere waren Fischergottheiten geweiht oder die Domäne des Kriegsgottes Kukailimoku, der berühmten Schutzgottheit von Kamehameha.

Hawaiianer, die noch die alten Bräuche praktizieren, begeben sich in Heilungsheaiu und suchen nach bläulichen Lavasteinen. Sie wickeln sie in ein *ki*-Blatt ein und legen es auf die Erde, während sie um Heilung bitten. Diese Praxis ist noch immer extrem weit verbreitet. Wenn Sie einmal ein Heaiu besuchen, besonders wenn es der Heilung geweiht ist wie Keaiwa Heaiu auf den Hügeln oberhalb von Honolulu, werden Sie jede Menge in Blätter eingewickelte Lavasteine erblicken.

Jeden Tag werden Päckchen, die von unsensiblen Touristen aufgehobene Lavasteine enthalten, an das Besucherzentrum im Hawaii Volcanoes National Park zurückgeschickt. Oft sind Briefe dabei, die auf die Beschwernisse eingehen, die die Schreiber erleiden mussten, seit sie die Steine mitgenommen hatten.

Pele, die alte hawaiische Göttin der Vulkane, der Zerstörung und der Schöpfung, wacht eifersüchtig über ihre Steine. Sie einfach mitzunehmen, ohne ihr zuerst ein Opfer darzubringen (etwa *ohelo*-Beeren, *ohia-lehua*-Blüten, Taro- oder *kalo*-Wurzeln oder eine Flasche Gin) und dann um Erlaubnis zu bitten, gilt noch immer als unweigerliches Heraufbeschwören metaphysischer Probleme.

MAGISCHER GEBRAUCH: Zwei Arten von Lava tragen auf der ganzen Welt hawaiische Namen. *A'a* – grobe Lavabrocken – gilt als projektiv oder maskulin. *Pahoe hoe* – glatte Lava – ist rezeptiv oder feminin. A'a-Lava ist zwar beim magischen Schutz die stärkere Sorte, aber beide Arten funktionieren gut. Wegen ihres vulkanischen Ursprungs habe ich ihnen projektive Energien zugeschrieben.

Ein kleines Stück Lava auf dem Steinaltar oder in der Tasche ist ein starkes Schutzamulett. Für den Schutz des Hauses umgeben Sie eine weiße Kerze mit Lava und zünden sie jeden Tag für jeweils fünfzehn Minuten an.

Um sich gegen einen mutmaßlichen übersinnlichen Angriff zu schützen, baden Sie in Salzwasser. Nehmen Sie dann neun oder dreizehn kleine Stücke Lava und setzen Sie sich auf den Boden in Richtung Osten. Beginnen Sie im Osten und legen Sie die Steine im Abstand von knapp einem Meter zu einem Kreis um Ihren Körper herum aus.

Spüren Sie, wie die schützenden Schwingungen der Lava Spritzer oder Fontänen von glühender flüssiger Lava auslösen, die bewusst oder unbewusst auf Sie gerichtetes Negatives abwehren und zu seinem Absender zurückschicken. Wiederholen Sie dies nötigenfalls.

Lepidolith

VOLKSTÜMLICHE NAMEN: Friedensstein, Stein des Friedens
ENERGIE: rezeptiv
PLANETEN: Jupiter, Neptun
ELEMENTE: Wasser
KRÄFTE: Frieden, Spiritualität, Glück, Schutz, gegen Albträume, Übersinnliches, Liebe
MAGISCHER GEBRAUCH: In den Bergen des Reservats der Pala-Indianer, etwa eine Autostunde nördlich von San Diego, liegen reiche Pegmatit-Vorkommen. Hier findet man rosafarbenen, grünen und mehrfarbigen Turmalin, Gneis, Beryll, Morganit, Hiddenit (grüner Spodumen), Kunzit – und Tonnen von Lepidolith.

Massen des 60 bis 90 Zentimeter großen glänzenden lilafarbenen Gesteins liegen schimmernd in der Sonne. Sie werden von Trauben rosafarbener Turmaline durchdrungen – ein atemberaubender, Ehrfurcht gebietender Effekt.

Lepidolith ist eine violette Glimmerart, die reich an Lithium ist. Er ist ein wunderschönes, doch zerbrechliches Mineral. Es gibt zwar Formen, die hart genug sind, dass man sie zu Eiern oder Kugeln verarbeiten kann, doch meist zerbröckelt er leicht. Teilweise ist er von rosafarbenen Turmalinkristallen durchdrungen.

Weil er kein Edelstein ist, findet man ihn in Schmuckläden nur selten. Doch wenn einmal mehr Menschen die Steinmagie praktizieren und seine Eigenschaften kennen, wird er zunehmend leichter zu bekommen sein.

Lepidolith ist ein beruhigender Stein, der sich zur Linderung von Stress im Alltagsleben eignet. Da er selten zu Schmuck verarbeitet wird, führt man ihn gewöhnlich zu diesem Zweck mit.

Lepidolith besänftigt Zorn, Hass oder andere negative Gefühle. Halten Sie den Stein einfach ein paar Augenblicke lang in Ihrer rezeptiven Hand und atmen Sie tief ein und aus. Wenn Sie das ganze Haus beruhigen wollen, legen Sie Lepidolithsteine in einem Kreis um eine rosafarbene Kerze herum.

Aufgrund seiner beruhigenden Wirkung und seiner zuweilen lebhaft violetten Farbe kann Lepidolith in Ritualen verwendet oder mitgeführt werden, um die Spiritualität zu fördern.

Dieses Mineral zieht das Glück zu seinem Träger hin. Es vertreibt auch Negatives, obwohl seine schützenden Eigenschaften nicht übermäßig stark sind.

Um einen friedlichen Schlaf ohne Albträume zu haben, legen Sie etwas Lepidolith neben das Kopfende des Bettes.

Manche Steinmagier verwenden inzwischen Lepidolith, um die übersinnliche Wahrnehmung zu erhöhen. Legen Sie einfach ein großes Stück des Minerals auf Ihren Altar zwischen gelbe oder blaue Kerzen. Lassen Sie sich davor nieder und schalten Sie Ihren bewussten Verstand aus.

Stücke von rosafarbenem Turmalin, die in Lepidolith eingebettet sind, erweisen sich als nützlich zur Förderung von Liebe oder zur Beruhigung der negativen Gefühle, die oft Beziehungen zerstören. Lepidolith ist ein Stein der Versöhnung.

Lochsteine

VOLKSTÜMLICHE NAMEN: Löchersteine, heilige Steine, Odinsteine

ENERGIE: rezeptiv

ELEMENT: Wasser

GOTTHEITEN: Odin, die Große Mutter

KRÄFTE: Schutz, gegen Albträume, Gesundheit, übersinnliche Wahrnehmung, Sehkraft

MAGISCHES/RITUELLES WISSEN: In der Edda verwandelte Odin sich in einen Wurm und schlüpfte durch ein Loch in einem Stein, um die »Aue der Dichtkunst« zu stehlen. Vielleicht werden wegen dieses Mythos löchrige Steine auch »Odinsteine« genannt.

MAGISCHER GEBRAUCH: An einem windigen Tag unternahm ich eine lange Fahrt hinaus aus der Stadt bis zu einer Landspitze, die in den Pazifik ragt. Ich kroch über zerklüftete Felsen, die vom schäumenden Meerwasser umspült wurden, bis ich einen abgelegenen Strand erreichte. Keuchend richtete ich mich auf und schaute nach unten.

Ich erblickte, deutlich abgehoben vom leuchtend weißen Sand, Dutzende von Lochsteinen. Ich hob einen auf, dankte der Göttin für dieses Geschenk und nahm ihn mit nach Hause, um ihn auf meinen Altar zu legen, wo er »Sie, die die Mutter der ganzen Schöpfung ist« darstellen sollte.

Steine mit natürlich vorkommenden Löchern, die durch Erosion, Wind oder Wellen, Meereslebewesen und andere Phänomene entstanden sind, werden seit Langem als Schutzobjekte geschätzt.

Für diese Steine sind zahlreiche Gebrauchsmöglichkeiten bekannt. Sie wurden an den Bettpfosten gehängt, um Albträume zu verhindern. In England wurden in den letzten Jahren Lochsteine auf ein rotes Band aufgefädelt und zum selben Zweck über das Bett gehängt. Darin scheint ein uralter Zauber weiterzuleben.

Als magisches Schutzmittel wurden Lochsteine um den Hals getragen, ins Haus gelegt oder an der Haustür aufgehängt. Hängt man einen Lochstein in der Nähe der Schlafstelle eines Haustiers auf, wird es behütet.

Um die Heilungsprozesse des Körpers zu fördern, laden Sie einen Lochstein auf, damit er die Krankheit absorbiert. Legen Sie diesen Stein in eine Wanne mit warmem, gesalzenem Wasser und legen Sie sich für eine Weile hinein. Wiederholen Sie das einmal am Tag eine Woche lang. Reinigen Sie anschließend den Stein und wiederholen Sie nötigenfalls das Ganze.

In England verwendeten weise Frauen Lochsteine in Heilungsritualen für Kinder. Sie rieben den Körper des kranken Kindes mit dem Stein ein und beseitigten auf magische Weise die Krankheit, da der Stein sie absorbierte. Dieser merkwürdige Ritus wurde auch an Erwachsenen vollzogen, um ihnen ihre Gesundheit zu erhalten.

Lochsteinen ist eine weitere Kraft eigen: die Verbesserung der übersinnlichen Wahrnehmung. Halten Sie an einem einsamen Ort in der Natur, vorzugsweise bei Mondschein, einen Lochstein vor ein Auge. Schließen Sie das andere Auge und schauen Sie durch den Stein. Vielleicht erblicken Sie Visionen, Geister oder nicht körperliche Wesen.

Wenn man durch Lochsteine schaut – bei Tageslicht, sogar zu Hause –, soll dies das Sehvermögen verbessern.

MALACHIT

VOLKSTÜMLICHE NAMEN: *Malaku* (griechisch für »Malve«), Berggrün

ENERGIE: rezeptiv

PLANET: Venus

ELEMENT: Erde

ASSOZIIERTES KRAUT: Malve

KRÄFTE: Energie, Schutz, Liebe, Frieden, geschäftlicher Erfolg

MAGISCHES/RITUELLES WISSEN: Man trägt ein Stück Malachit, um sich vor drohender Gefahr zu schützen. Der Legende nach soll dieser Stein, gemeinsam mit vielen anderen Steinen, in Stücke zerbrechen, um seinen Träger vor der bevorstehenden Gefahr zu warnen.

MAGISCHER GEBRAUCH: Dieser wunderschöne grüne Stein, der auch vielfarbig gebändert ist, dient seit Langem dazu, bei magischen Riten zusätzliche Energie zu vermitteln. Tragen Sie ihn, halten Sie ihn oder legen Sie ihn auf Ihren Altar, um Ihre Fähigkeit zu erhöhen, Energie zu Ihrem magischen Ziel zu senden. In alter Zeit glaubte man, er sei am wirkungsvollsten, wenn in ihn das Symbol einer Sonne mit Strahlen eingraviert sei.

Trotz seiner beruhigenden grünblauen Farbe wird der Stein in der Schutzmagie verwendet, besonders im Zusammenhang mit Kindern. Malachitperlen oder -anhänger werden getragen, um gegen Negatives und physische Gefahren zu schützen. Malachit ist der Hüterstein der Reisenden und soll besonders stark im Verhindern von Stürzen sein.

Wenn Sie eine Malachithalskette tragen, die Ihre Haut nahe Ihrem Herzen berührt, wird Ihre Liebesfähigkeit größer, und damit ziehen Sie eine Liebe an. Sie können den Stein auch beim Liebeszauber verwenden. Legen Sie ihn auf ein Stück Kupfer, in das das Symbol des Planeten Venus (♀) eingeritzt ist – ein Kreis über einem gleicharmigen Kreuz. Stellen Sie hinter dem Stein eine grüne Kerze auf. Lassen Sie sie täglich fünfzehn Minuten lang brennen, während Sie visualisieren, dass Sie eine Liebesbeziehung haben.

Seine dunkelgrüne Farbe ist besänftigend. Wenn Sie einen Malachit anschauen oder in Ihrer rezeptiven Hand halten, entspannt sich Ihr Nervensystem, und stürmische Gefühle legen sich. Malachit fördert die Ruhe und sorgt für einen guten Schlaf, wenn er im Bett getragen wird. Wird er gehalten, vertreibt er Depressionen.

Werden kleine Stücke Malachit in jede Ecke eines Geschäftshauses oder in die Registrierkasse gelegt, werden Kunden angezogen. Wenn Sie einen Malachit während einer geschäftlichen Besprechung oder auf Messen tragen, erhöht er Ihre Fähigkeit, gute Abschlüsse und Verkäufe zu tätigen. Er ist der Stein des Handelsvertreters.

Marmor

VOLKSTÜMLICHER NAME: *Nicomar*

ENERGIE: rezeptiv

PLANET: Mond

ELEMENT: Wasser

KRÄFTE: Schutz, Erfolg

MAGISCHER GEBRAUCH: Marmor ist eine Kohlenstoffverbindung von Kalk. Aus Kalk sind auch Korallen, Calcit, Kalkstein, Stalagmiten, Kreide, Schalentiere und Knochen, doch ihr magischer Gebrauch ist ganz unterschiedlich.

Marmor wird speziell beim Schutzzauber verwendet. Ein ganz oder teilweise aus Marmor gefertigter Altar ist ein ideales Zentrum für Schutzzauber. (Manche Magier benutzen eine Marmorplatte als Auflage für ihren Altar.) Marmortische und andere Einrichtungsgegenstände aus Marmor schützen das Haus. Marmor kann zum persönlichen Schutz getragen oder mitgeführt werden. Er wird auch in Zauberformen verwendet, bei denen es im allgemeinen Sinn um persönlichen Erfolg geht.

Mondstein

ENERGIE: rezeptiv

PLANET: Mond

ELEMENT: Wasser

GOTTHEITEN: Diana, Selene, Isis, alle Mondgöttinnen

ASSOZIIERTER STEIN: Bergkristall

ASSOZIIERTES METALL: Silber

KRÄFTE: Liebe, Weissagen, Übersinnliches, Schlaf, Gartenbau, Schutz, Jugend, Ernährung

MAGISCHES/RITUELLES WISSEN: Der Mondstein, ein blauer, weißer oder rosafarbener opalisierender Feldspat, ist im magischen Wissen sehr eng mit dem Mond verbunden – und zwar so sehr, dass viele ihn in Übereinstimmung mit den Mondphasen benutzen. Manche meinen, er sei in magischer Hinsicht stärker bei zunehmendem Mond und schwächer bei abnehmendem Mond. Andere Magier hingegen verwenden diesen Stein während des scheinbaren Abnehmens des Mondes für divinatorische Rituale wie das unten beschriebene.

Der Mondstein ist seit Langem den Mondgöttinnen geweiht. Der im Wicca-Ritual verwendete Schmuck ist oft aus Silber und Mondsteinen gefertigt. Ein Mondzauberstab kann aus einem Silberrohr mit einem großen Mondstein am oberen Ende hergestellt werden. Er wird für magische Rituale verwendet.

MAGISCHER GEBRAUCH: Dieser Stein ist rezeptiv und weckt Liebe. Tragen Sie einen Mondstein oder führen Sie einen mit sich, um eine Liebe in Ihr Leben zu bringen. Umgeben Sie in der

Vollmondnacht und im Schein des Vollmonds eine rosafarbene Kerze mit Mondstein-Cabochons (gewölbt geschliffenen Steinen). Zünden Sie die Kerze an und visualisieren Sie, dass Sie eine Liebesbeziehung haben.

Der Mondstein wird auch wegen seiner Fähigkeit geschätzt, Probleme zwischen Liebenden zu lösen, besonders wenn sie erbittert miteinander gestritten haben. Halten Sie einen Mondstein, vermitteln Sie ihm liebevolle Schwingungen und geben Sie ihn Ihrem besorgten Partner. Am besten ist es, wenn Sie dieses Ritual mit ihm (oder ihr) teilen, indem Sie Steine miteinander austauschen.

Wegen seiner Assoziationen mit dem Mond, der den Schlaf bringt, wird der Stein oft unter das Kopfkissen gelegt, oder im Bett werden Mondsteinperlen getragen, um für einen geruhsamen Schlaf zu sorgen.

Wie Malachit und Jade ist auch der Mondstein mit dem Gartenbau verbunden. Tragen Sie einen kleinen Mondstein beim Pflanzen oder Wässern oder vergraben Sie ihn, während Sie visualisieren, wie Ihr Garten vor Fruchtbarkeit geradezu platzt. Um einen Baum dazu zu bringen, üppig Früchte zu tragen, binden oder befestigen Sie einen Mondstein an einen seiner Zweige.

Der Mondstein gewährt auch einen sanften Schutz. Weil der Mond durch den Tierkreis zu wandern scheint, ist sein Stein ein Schutzzauber für Reisende. Führen Sie ihn mit oder tragen Sie ihn, während Sie von zu Hause fort sind, besonders während einer Reise über oder auf dem Wasser. Dieser Stein ist das perfekte Geschenk für Seeleute und für Freunde, die auf eine Kreuzfahrt gehen. Verleihen Sie dem Stein Schutzenergien, bevor Sie ihn verschenken. Mondsteinringe kann man auch zum Schutz beim Schwimmen tragen.

Ein altes Ritual, um künftige Ereignisse vorherzusagen, lässt sich auch mindestens drei Tage nach Vollmond vollziehen. Halten Sie einen Mondstein in Ihren Händen, während Sie den möglichen künftigen Verlauf einer Handlung visualisieren, etwa den Verkauf eines Hauses oder die Übernahme eines neuen Jobs.

Legen Sie dann den Mondstein unter die Zunge und fahren Sie mit dem Visualisieren fort. Nach ein paar Augenblicken entfernen Sie den Stein und beenden Ihre bewussten Bemühungen, das Bild festzuhalten. Wenn es verharrt oder wenn sich Ihre Gedanken weiterhin um die mögliche Handlung drehen, ist das eine günstige Antwort. Wendet sich Ihr Geist aber anderen Dingen zu, ist es besser, einen anderen Weg einzuschlagen. Falls Sie Zweifel haben, vollziehen Sie diesen Ritus noch einmal.

Mondsteinperlen oder -anhänger werden während divinatorischer Handlungen getragen und erzeugen ganz allgemein eine übersinnliche Wahrnehmung. Wahrsager bewahren Mondsteine mit ihren Tarotkarten oder Runensteinen auf, um ihre Fähigkeiten im Gebrauch solcher Instrumente zu verbessern. Auch eine Bergkristallkugel wird vor dem Kristallsehen mit einem Kreis aus Mondsteinen umgeben.

Dieser Stein wird in Ritualen getragen oder verwendet, mit denen ein jugendliches Aussehen und eine jugendliche Haltung (die überzeugender sein kann als das Aussehen) erneuert oder aufrechterhalten werden soll.

Wenn Sie abnehmen wollen, können Ihnen vielleicht Mondsteine behilflich sein. Machen Sie keine Diät – programmieren Sie vielmehr Ihre Essgewohnheiten um. Essen Sie leichte Mahlzeiten in regelmäßigen Abständen, vermeiden Sie Zucker und Fette, essen Sie weniger rotes Fleisch sowie viel rohes oder gedünstetes Gemüse und frisches Obst – und tragen Sie einen aufgeladenen Mondstein.

Stellen Sie sich drei Tage nach Vollmond nackt vor einen großen Spiegel ins helle Licht. Studieren Sie Ihren Körper genau, nötigenfalls mithilfe eines zweiten Spiegels. Um diesen Zauber erfolgreich zu vollziehen, müssen Sie sich selbst kennen, Ihre Fehler akzeptieren und dann zulassen, dass Sie sich ändern.

Seien Sie unbarmherzig bei Ihrer optischen Selbstanalyse. Erkennen Sie die Bereiche, wo Sie abnehmen wollen. Visualisieren Sie ein neues Selbst, das schlanker ist, die Nahrungsaufnahme im Griff hat, bewusst lebt.

Halten Sie dann einen Mondstein in Ihrer projektiven Hand, während Sie weiterhin den Körper und die Disziplin visualisieren, die Sie haben möchten.

Reiben Sie mit dem Mondstein über die Problembereiche Ihres Körpers, über das überschüssige Fett, und visualisieren Sie, wie es dahinschmilzt. Ziehen Sie den Stein über den Kopf, damit er Ihnen hilft, Ihren Drang, ungesunde und dick machende Nahrung zu verzehren, in den Griff zu bekommen.

Tragen oder führen Sie schließlich den Stein ständig mit sich. Wenn Sie den Drang haben, Käsekuchen zu essen, nehmen Sie den Stein in Ihre rezeptive Hand, atmen zehn Sekunden lang tief ein und aus und schieben Sie das Bild des Kuchens aus Ihrem Geist. Greifen Sie dann nach einem saftigen Pfirsich oder einer knackigen Möhre.

Obsidian

ENERGIE: projektiv
PLANET: Saturn
ELEMENT: Feuer
GOTTHEIT: *Tezcatlipoca* (aztekisch für »rauchender Spiegel« oder »glänzender Spiegel«)
KRÄFTE: Schutz, Erdung, Weissagen, Frieden

MAGISCHES/RITUELLES WISSEN: Obsidian ist einfach Lava, die sich so schnell abgekühlt hat, dass die darin enthaltenen Mineralien sich nicht bilden konnten. Es ist ein natürlich vorkommendes Glas.

Die alten Azteken stellten flache, quadratische Spiegel aus diesem schwarzen Glas für den Gebrauch beim Weissagen her. Der Legende nach soll der berühmte Dr. Dee, ein von der englischen Königin Elisabeth I. beschäftigter Magier und Alchimist, einen dieser Spiegel in seinen Wahrsagesitzungen verwendet haben.

Einst war es ein beliebtes Material für Steinmesser, Speer- und Pfeilspitzen. Wenn es für diese Zwecke verwendet wird, nennt man es oft »Feuerstein«. Derartige Pfeilspitzen haben magische Eigenschaften (siehe auch Feuerstein S. 136–137).

MAGISCHER GEBRAUCH: Obsidian ist ein erdender, zentrierender Stein. Halten Sie ihn in Ihren Händen oder stellen Sie Ihre bloßen Füße auf zwei kleine, polierte Stücke, wenn Sie fahrig sind oder anscheinend Ihr physisches Leben nicht ordnen können. Denken Sie daran: Das Physische ist der Weg zum Spirituellen. Das eine spiegelt das andere wider.

Der Obsidian ist wirksam, wenn er mitgeführt oder in Schutzritualen verwendet wird. Umgeben Sie zum Beispiel eine weiße Kerze mit vier Pfeilspitzen aus Obsidian, die jeweils in eine der vier Himmelsrichtungen zeigen. Dies löst aggressive Energien aus, die den Ort beschützen, an dem dieser Ritus vollzogen wird.

Kugeln aus Obsidian, wie sie noch heute in Mexiko hergestellt werden, sind schöne Instrumente zum Kristallsehen. Falls Sie keine guten Ergebnisse beim Sehen mit Bergkristall haben, versuchen Sie es doch einmal mit einem Stück Obsidian oder einer Obsidiankugel. Für manche Menschen ermöglicht die Schwärze des Steins einen leichteren Zugang zum unterbewussten Geist.

Olivin

VOLKSTÜMLICHE NAMEN: Chrysolith, *chrysolithus*, *lumahai* (Hawaii)

ENERGIE: rezeptiv

PLANET: Venus

ELEMENT: Erde

ASSOZIIERTE METALLE: Gold, Magnetit

KRÄFTE: Geld, Schutz, Liebe, Glück

MAGISCHES/RITUELLES WISSEN: Ein heftiges Unwetter suchte die kleine Insel Kauai heim. Ich stemmte mich gegen den beißenden Wind. Nachdem ich die Eisenholzbäume passiert hatte, begab ich mich auf den Lumahai Beach hinaus. *Lumahai* bedeutet auf Hawaiianisch »Olivin«. Während gewaltige Wellen ein paar Meter von mir entfernt aufschlugen, kniete ich mich in den Sand und erblickte unzählige Millionen kleiner grüner Kristalle zwischen Fragmenten von Korallen, Lava und Muscheln. Ein Jahr später kniete ich am Ka Lae Beach auf Hawaii und sammelte größere Olivinkristalle aus dem roten Sand. In der Nähe befanden sich Strände, die ausschließlich aus Olivin bestanden.

Ich habe mit mehreren Gesteinsexperten gesprochen. Ich wollte von ihnen wissen, wie sich Olivin und Peridot unterscheiden. Sie waren sich nicht einig. Beide Steine, sagten die einen, seien identisch; andere meinten, Olivin sei eher olivfarben, Peridot hingegen grüner.

Beide Steine, egal aus welcher Quelle sie stammen, scheinen nahezu die gleiche Farbe zu haben. Für manche allerdings ist Olivin etwas dunkler.

Da diese Frage für mich bislang noch nicht zufriedenstellend beantwortet wurde, habe ich beide Steine in separaten Beiträgen aufgenommen.

Olivin ist ein grüner, durchsichtiger Stein. Er ist vulkanischen Ursprungs und auf der ganzen Welt zu finden und wurde auch in Meteoriten nachgewiesen.

MAGISCHER GEBRAUCH: Olivin ist ein Stein, der Geld anzieht. Umgeben Sie grüne Kerzen mit dem Stein oder tragen Sie ihn, um Geld in Ihr Leben zu bringen.

Olivinsand gibt es in Geschenkeläden auf Hawaii zu kaufen. Wenn Sie zufällig etwas Sand bekommen, geben Sie eine Prise in ein Geldsäckchen oder in Ihre Tasche, während Sie visualisieren. Geschäftsleute können eine kleine Menge Olivin in ihren Schreibtisch oder in die Registrierkasse geben. Oder Sie legen Ihre Visitenkarte auf einen grünen Teller und bedecken sie völlig mit Olivinsand. All diese Rituale lassen sich auch mit Olivinsteinen vollziehen.

Olivin dient zum Schutz, da er vulkanischen Ursprungs ist. Er lenkt Negatives ab, das gegen seinen Besitzer gerichtet ist. Daher wird er oft als Amulett getragen. Kleine, geschliffene Olivinsteine, die in Goldringen gefasst sind, sind ideale Schutzamulette.

Der Stein wird in Gold gefasst auch zum Schutz gegen Diebe getragen und erzeugt eine positive Einstellung zum Leben. Olivin ist auch ein Stein, der Liebe weckt. Wie alle grünen Steine wird er mitgeführt oder in Zauberformen verwendet, die Glück bringen sollen.

ONYX

ENERGIE: projektiv

PLANETEN: Mars, Saturn

ELEMENT: Feuer

GOTTHEIT: Mars

ASSOZIIERTER STEIN: Diamant

KRÄFTE: Schutz, Abwehrzauber, Mäßigung sexueller Begierden

MAGISCHES/RITUELLES WISSEN: In früheren Zeiten galt Onyx als Manifestation eines Dämons, der im Stein gefangen war. Dieser Dämon erwachte regelmäßig nachts und brachte allen Menschen in seinem Einflussbereich Schrecken, Angstzustände und Albträume.

Dieser Dämon, glaubte man, rufe auch Zwietracht zwischen Liebenden hervor.

MAGISCHER GEBRAUCH: Onyx ist ein Schutzstein, der getragen wird, wenn man Feinden in der Schlacht gegenübersteht oder Konflikte jeder Art erlebt – oder um Mitternacht eine dunkle Straße entlangeilt. (Ist es nicht toll, dass Magie so praktisch ist?)

In der klassischen zeremoniellen Magie wurde der Kopf des Gottes Mars oder der Held Herkules in Onyx eingraviert. Solche Steine wurden getragen, um Mut zu gewinnen.

Onyx dient dem Schutz ebenso wie der Abwehr gegen Negatives, das bewusst gegen Sie gerichtet wird. Während Phänomene wie »übersinnliche Angriffe« oder »Hexerei« selten sind und oft nur im Geist des »Opfers« existieren, kann das Vollziehen von Abwehrritualen psychisch reinigend sein.

Hier ein Abwehrzauber: Stellen Sie einen quadratischen Spiegel auf Ihren Steinaltar. Stellen Sie eine violette Kerze davor, sodass die Flamme gespiegelt wird.

Laden Sie neun Onyxsteine mit reflexiver oder defensiver Energie auf. Legen Sie einen Stein etwa zehn Zentimeter rechts neben die Kerze. Platzieren Sie dann die anderen acht Steine im Halbkreis um die Kerze, von rechts nach links, bis die Kerze zur Hälfte vor Ihnen von Onyxsteinen umringt ist, während sie frei vor dem Spiegel steht.

Zünden Sie die Kerze an. Visualisieren Sie, wie der Onyx das Negative sammelt und in die Kerzenflamme sendet. Sehen Sie dann, wie die Flamme als Linse fungiert, die das Negative bündelt und in den Spiegel sendet.

Der Spiegel ist ein Zugang zur spirituellen Ebene. Die negative Energie wird durch ihn zum ursprünglichen Absender zurückgeschickt.

Jetzt sind Sie geschützt.

Onyx wird auch verwendet, um sexuelle Impulse zu reduzieren. Dies ist gefährlich, denn die sexuelle Erleichterung ist ein natürlicher Teil des Lebens. Wird sie unterdrückt, kann es zu Geisteskrankheit, physischer Krankheit, unsozialem Verhalten, religiösen Wahnvorstellungen, ja sogar mörderischen Neigungen kommen.

Natürliche sexuelle Impulse sind dazu da, Freude zu bereiten, sich mit anderen Menschen und dem Göttlichen zu vereinen und den Fortbestand des menschlichen Lebens zu sichern. Ihre Unterdrückung führt zu Hass, Isolation und einem geringeren Respekt vor allen Lebensformen.

Allerdings lässt sich der Onyx in Zeiten von HIV und Aids vielleicht dazu verwenden, einen unkontrollierbaren sexuellen Drang in den Griff zu bekommen. Sex, besonders wenn er häufig mit wechselnden Partnern vollzogen wird (One-Night-Stands), kann zur psychischen Sucht werden. Dies kann zur Vernachlässigung nicht sexueller Angelegenheiten, zu sexuellen Funktionsstörungen (Impotenz oder Frigidität) und zu Krankheiten führen.

Wenn eine unkontrollierbare Begierde für Sie ein Problem ist, legen Sie sich voll bekleidet hin. Halten Sie ein Stück Onyx etwa fünf Zentimeter über ihrem Unterleib. Lassen Sie sich von seinen besänftigenden, spirituellen Schwingungen durchdringen. Visualisieren Sie, dass Sie weniger Sex wünschen, und denken Sie daran, dass es auf Qualität und nicht auf Quantität ankommt. Tun

Sie dies einmal täglich ein paar Minuten lang, aber nicht länger als eine Woche. Warten Sie eine Woche, bis Sie dieses Ritual wiederholen.

Dann lässt sich der Onyx auch dazu benutzen, das sexuelle Verlangen zu zügeln, wenn keine Gelegenheit besteht, es mit Ihrem Sexualpartner zu befriedigen – zum Beispiel bei langer physischer Trennung oder Krankheit.

Zwar kann und sollte die Selbststimulierung (Masturbation) eine natürliche, befriedigende Erleichterung sein, doch viele Menschen brauchen den Energieaustausch mit einem anderen Menschen für einen erfüllten Sex. Außerdem vermittelt eine falsche Erziehung die irrige Vorstellung, Masturbation sei schmutzig, unnatürlich und die Ursache von Krankheiten.

Falls Sie keine sexuelle Beziehung zu einem anderen Menschen haben, erwecken Sie entweder Ihre eigene Sexualität oder, falls das misslingt, ermächtigen Sie ein Stück Onyx und halten Sie es ein paar Zentimeter über ihrem Unterleib, während Sie visualisieren, wie Ihr sexuelles Verlangen nachlässt.

Wenn Ihr Partner wieder für Sie bereit ist, regen Sie Ihr sexuelles Verlangen mit einem Diamanten oder Karneol an, damit Sie den Kontakt voll genießen können.

Beide oben erwähnten Techniken können gefährlich sein. Sie sollten erst nach sorgfältiger Überlegung angewandt werden. Verwenden Sie niemals den Onyx, um Ihr sexuelles Verlangen länger als einen bis zwei Monate zu unterdrücken, und öffnen Sie danach wieder das sexuelle Zentrum.

Lassen Sie sich dadurch jedoch auch nicht vom Onyx abschrecken. Wenn er zum Beispiel für Schutzzwecke befähigt ist, beeinflusst er das sexuelle Zentrum auf unterschiedliche Weise.. Sex ist untrennbar mit dem Überleben unserer Art verbunden. Daher »schützt« er das Leben. Wenn Sie einen Onyx tragen oder in Schutzritualen nutzen, leitet dies sexuelle Energie in den Stein, der daraufhin Schutz gewährt.

Eine sichere, aber kostspielige Alternative zu den erwähnten Ritualen ist der Besitz eines Diamanten – seine Größe spielt dabei keine Rolle –, der mit Onyx besetzt ist. Ist der Diamant (der ja sexuell erregend ist) vom sexuell zügelnden Onyx umgeben, symbolisiert dies die Kontrolle über unsere sexuelle Natur.

OPAL

ENERGIEN: projektiv, rezeptiv

PLANETEN: alle Planeten

ELEMENTE: alle Elemente

GOTTHEIT: Cupido

ASSOZIIERTES KRAUT: Lorbeer

KRÄFTE: Astral-Projektion, übersinnliche Wahrnehmung, Schönheit, Geld, Glück, Macht

MAGISCHES/RITUELLES WISSEN: Für viele Menschen ist der Opal ein Stein des Unglücks, Kummers und Pechs. Diese Einschätzung stimmt jedoch nicht. Sie geht auf Sir Walter Scott zurück, der in seinem Roman *Anna von Geierstein* behauptet hatte, ein Opal sei mit Unglück verbunden.

MAGISCHER GEBRAUCH: Der Opal enthält die Farben und Eigenschaften aller anderen Steine. Somit lässt er sich praktisch mit jeder Energieart »programmieren« oder laden und in Zauberritualen verwenden, bei denen es um alle magischen Bedürfnisse geht.

Früher dienten Opale dazu, unsichtbar zu machen. Der Edelstein wurde in ein frisches Lorbeerblatt eingewickelt und zu diesem Zweck getragen.

Normalerweise wurden Steine (und Kräuter), die mit Unsichtbarkeit verbunden werden, dazu verwendet, die Astralprojektion zu fördern, und der Opal eignet sich ideal für diesen Zweck. Es würde den Rahmen dieses Buches sprengen, die verschiedenen Techniken zu beschreiben, die bewusst angewendet werden, um den Astralleib vom physischen Körper zu trennen. Sie sollten daher ein Standardwerk konsultieren wie zum Beispiel Dennings und Phillips *Practical Guide to Astral Projection.*

Opale werden während der Astralprojektion zum Schutz getragen, aber auch um das Verfahren zu erleichtern.

Man verwendet sie auch, um frühere Inkarnationen zu beschwören. Halten Sie den Opal in Ihren Händen und schauen Sie ihn an. Richten Sie Ihre Aufmerksamkeit von einer Farbe auf die andere im Inneren des Opals, bis der Kontakt zum übersinnlichen Geist erfolgt. Sobald dies geschieht, gehen Sie in die Vergangenheit zurück.

Der Stein wird von vielen Menschen bevorzugt, die übersinnliche Kräfte entwickeln wollen. Daher wird er oft für diesen Zweck als Schmuck getragen. Ideal sind Ohrringe.

Opale werden auch getragen, um die innere Schönheit herauszustellen.

Hier ein Schönheitszauber: Platzieren Sie auf den Steinaltar oder dahinter einen runden Spiegel, sodass Sie Ihr Gesicht darin sehen können, während Sie knien. Stellen Sie auf beiden Seiten des Spiegels zwei grüne Kerzen auf. Zünden Sie sie an. Übertragen Sie auf den Opal Ihr Bedürfnis nach Schönheit. Während Sie den Stein halten, schauen Sie in Ihr Spiegelbild. Formen Sie mit dem Skalpell Ihrer Visualisierung Ihr Gesicht (und Ihren Körper) wunschgemäß um.

Dann tragen Sie den Opal oder führen ihn mit sich und widmen sich der Aufgabe, Ihr Aussehen zu verbessern.

Feueropale werden oft dazu verwendet, Geld anzuziehen. Sie können mitgeführt oder neben grüne Kerzen platziert werden, die während der Visualisierung brennen. Wenn Sie eine Firma besitzen, platzieren Sie einen Feueropal im Firmengebäude, nachdem Sie ihn dazu ermächtigt haben, ein Magnet zu sein, der Kunden anzieht.

Schwarze Opale werden von Magiern und Wiccanern als Kraftsteine geschätzt. Oft werden sie in Ritualschmuck getragen, der die Menge der Kraft erhöhen soll, die während des Zaubers erweckt und vom Körper freigesetzt wird.

Schließlich ist der Opal wegen seiner schillernden Farben und seines wunderschönen, einzigartigen Aussehens auch noch ein Glücksbringer.

Peridot

VOLKSTÜMLICHE NAMEN: Chrysolith, Peridote, Peridoto

ENERGIE: rezeptiv

PLANET: Venus

ELEMENT: Erde

ASSOZIIERTES METALL: Gold

KRÄFTE: Schutz, Gesundheit, Reichtum, Schlaf

MAGISCHER GEBRAUCH: Wie im Artikel über Olivin erwähnt sind beide Steine nahezu identisch. Ein Fachmann erklärte mir, der einzige Unterschied zwischen Peridot und Olivin bestehe darin, dass Letzterer aus Hawaii komme.

Damit er seine größte magische Wirkung entfaltete, wurde der Peridot früher in Gold gefasst. Dies ergibt ein schönes, wenn auch kostspieliges Schutzamulett, dass in der Antike gegen Verzauberungen, nächtliche Schrecken und Wahnvorstellungen sowie gegen den überall gefürchteten bösen Blick schützen sollte.

Letzteres Phänomen wird meist als Neid oder unbewusster übersinnlicher Angriff definiert.

Lange Zeit wurde der Peridot zwar mit der Sonne assoziiert, doch ich habe ihn hier mit der Venus verbunden, weil er anscheinend mehr zu diesem Planeten passt.

Peridot wird für allgemeine Heilzwecke getragen oder mitgeführt. Mehrere Quellen besagen, dass Becher oder andere Gefäße aus Peridot zur Heilung verwendet wurden, weil aus ihnen getrunkene medizinische Flüssigkeiten besser wirkten.

Es heißt, Peridot fördere die Heilung bei Insektenstichen und helfe bei Leberbeschwerden.

Der Stein wird auch eingesetzt, um Liebe zu wecken sowie übermäßigen Zorn zu besänftigen. Er ist auch nützlich zur Beruhigung bei Nervosität und zur Vertreibung negativer Gefühle. Weil er auf das Nervensystem beruhigend wirkt, fördert er auch den Schlaf, wenn er im Bett getragen wird. Ein derartiger Gebrauch reicht mindestens bis in die Römerzeit zurück, als Peridotringe getragen wurden, um Depressionen zu lindern.

Seine grüne Farbe deutet auf die Verwendung des Peridots in Zauberritualen zur Anziehung von Reichtum hin. Jeder magische Gebrauch, der mit Olivin verbunden ist, lässt sich auch auf Peridot übertragen.

Perle

VOLKSTÜMLICHE NAMEN: *Margan* (altpersisch), *Neamhnuid* (gälisch)

ENERGIE: rezeptiv

PLANET: Mond

ELEMENTE: Wasser, Akasha

GOTTHEITEN: Isis, Aphrodite, Freyja, Venus, Lakshmi, Diana, Neptun, Poseidon, alle Meeresgottheiten, obwohl die Perle eher an Göttinnen orientiert ist; auch mit Himmelsgöttinnen assoziiert

ASSOZIIERTES METALL: Silber
ASSOZIIERTER STEIN: Rubin
KRÄFTE: Liebe, Geld, Schutz, Glück
MAGISCHES/RITUELLES WISSEN: Die Perle ist wie Bernstein, Jett, Fossilien, Perlmutt und andere in der Magie verwendete Substanzen das Produkt eines Lebewesens. Da die Auster erst getötet werden muss, um die Perle zu gewinnen, glauben manche, wer mit Perlen handle oder sie trage und verwende, lade eine schwere Schuld auf sich.

Es liegt deshalb ganz bei Ihnen, ob Sie Perlen in der Magie verwenden, wenn Sie es sich leisten können. Wenn ich diese traditionellen magischen Informationen aus der ganzen Welt wiedergebe, empfehle ich natürlich keineswegs schon ihre Verwendung.

Wenn Perlen volkstümlich als Unglücksbringer bezeichnet werden, ist das vielleicht mit ihrer gewaltsamen Gewinnung verknüpft. Sie werden intuitiv wissen, ob Sie sie verwenden dürfen oder nicht. Ich verwende sie jedenfalls nicht, und zwar nicht nur deshalb, weil ich sie mir nicht leisten kann.

Das dramatische, unerwartete Auftauchen der Perle in einer Auster regt seit Langem das religiöse und magische Wissen an; allerdings galten Perlen in manchen Teilen der Welt Austernessern als lästig.

In der Mystik stehen Perlen symbolisch für den Mond, das Wasser, das Zentrum der Schöpfung und das Universum.

Praktisch alle Perlen, die einst unglaublich teuer waren, werden inzwischen von den Japanern »gezüchtet« und sind darum einigermaßen erschwinglich. Natürlich gewachsene Perlen gibt es nicht mehr, nur noch solche, die 100 Jahre alt oder älter sind. Leider bestehen Zuchtperlen, die durch Einführen eines Stückchens runder Muschelschale in eine lebende Auster hergestellt werden, überwiegend aus Muschelschalen und sind daher magisch nicht so stark wie natürlich gewachsene Perlen. Dennoch werden sie weiterhin in der Magie verwendet.

Süßwasserperlen, wie sie in Japan und in den USA erzeugt werden, haben grundsätzlich die gleichen Eigenschaften wie Meeresperlen.

In mythologischer Hinsicht wurden Perlen von den Römern der Isis geweiht, nachdem man ihre Verehrung aus Ägypten importiert hatte. Man trug sie, um sie günstig zu stimmen.

In der altsächsischen Religion hielt man sie für die erstarrten Tränen von Freyja, und im alten Syrien wurde die Göttin Herrin der Perlen genannt. Im ganzen Mittelmeerraum wurden Perlen mit verschiedenen Manifestationen der Göttin verbunden, der Summe alles Weiblichen, Kreativen und Nährenden – also des weiblichen Aspekts der Gottheit.

Man glaubte auch, Perlen seien Regentropfen, die von Austern verschluckt wurden. Nach der Vorstellung der alten Chinesen fielen Perlen vom Himmel, wenn Drachen miteinander in den Wolken kämpften (d. h. bei Unwettern). Das hängt mit dem Gedanken an Regentropfen zusammen. Drachen und Perlen sind im chinesischen Denken eng miteinander verknüpft.

MAGISCHER GEBRAUCH: Perlen sind sehr eng mit dem Mond verbunden, und zwar so sehr, dass manche Menschen sie nur in der Nacht, dem Reich des Mondes, tragen oder in der Magie verwenden. Wegen dieser Verbindung mit der Mondenergie werden sie normalerweise von Frauen und nur selten von Männern getragen.

Seit Langem werden sie in der Liebesmagie verwendet, indem sie entweder getragen oder mitgeführt werden, um liebevolle Schwingungen zu verbreiten. In Indien tragen Frauen Perlen, um sich magisch eine glückliche Ehe zu sichern.

Kaufen Sie sich für einen einfachen Geldzauber eine billige Perle – die billigste, die Sie auftreiben können.

Nachdem Sie sich auf die Perle eingestimmt und sich für das Opfer der Auster bedankt haben, halten Sie sie fest in Ihrer rezeptiven Hand und visualisieren, wie Geld in Ihr Leben strömt. Sehen Sie, wie Sie es weise verwenden. Geld ist Energie. Für verschwendete Energie bekommen Sie kaum eine Gegenleistung.

Während Sie noch visualisieren, werfen Sie die Perle in einen Bach, ins Meer oder in sonst ein bewegtes Wasser. Wenn die Perle Kontakt mit dem Element aufnimmt, leitet sie den Prozess ein, Ihr Bedürfnis zu verwirklichen.

Dieser uralte Zauber wurde einst auf eine etwas andere Weise vollzogen: Die Perle wurde auf einen Müllhaufen geworfen, in einem Akt der sympathetischen Magie. Offenbar ist jeder, der eine Perle wegwerfen kann, reich. Diese Handlung führte auf magische Weise den erwünschten Zustand herbei.

Überall im südpazifischen Raum werden Perlen von Schwimmern und Tauchern als magischer Schutz vor Haien verwendet. Sie sind auch ein starker Hüter des Hauses gegen Brände.

Für einen allgemeinen Glücksbringer fassen Sie Perlen um einen Rubin und tragen Sie dieses Schmuckstück.

Zu unterschiedlichen Zeiten und in verschiedenen Teilen der Welt werden Perlen auch getragen, um das Leben zu verlängern, die Fruchtbarkeit zu fördern, Dämonen zu vertreiben, die Gesundheit zu erhalten, Mut einzuflößen und physische Stärke zu verleihen.

Perlen kommen in verschiedenen Farben vor. Für jede Farbe gibt es natürlich einen speziellen magischen Gebrauch: Schwarze ebenso wie bläuliche Perlen sollen dem Träger Glück bringen. Rosafarbene Perlen werden getragen, um ein leichtes, bequemes

Leben zu verwirklichen. Gelbe Perlen bedeuten für die Hindus Reichtum, rote Perlen fördern die Intelligenz.

Perlmutt

ENERGIE: rezeptiv

PLANETEN: Mond, Neptun

ELEMENTE: Wasser, Akasha

ASSOZIIERTES METALL: Silber

KRÄFTE: Schutz, Gesundheit

MAGISCHES/RITUELLES WISSEN: Perlmutt ist das schimmernde, schillernde Innere verschiedener Meeresweichtiere. Es ist zwar kein Stein, wird aber wegen seines langen Gebrauchs in der Magie hier aufgenommen. Perlmutt wird zu allen Zeiten für rituellen Schmuck verwendet. Muscheln waren das Tauschmedium (Geld) in vielen Teilen der Welt, wo Metalle knapp oder gar nicht vorhanden waren, etwa in Polynesien.

Da diese Substanz das Produkt eines Lebewesens ist – sein Außenskelett oder seine Schale –, hängt es mit Akasha, dem fünften Element, zusammen. Sammeln Sie Perlmutt selbst in Bachbetten oder im Ozean.

Da kommerzielles Perlmutt durch Töten des Tieres gewonnen wird, das es geschaffen hat, ist es daher ziemlich riskant, es in der Magie zu verwenden.

Mystisch hängt es mit dem Ozean, der Tiefe und der Bewegung zusammen.

MAGISCHER GEBRAUCH: Perlmutt wird auf neugeborene Babys gelegt, um sie vor den Gefahren ihrer neuen Existenz zu schützen.

Es ist auch eine gute Substanz für Reichtums- und Geldzauber. Vermitteln Sie einem Stück Perlmutt Ihr magisches Bedürfnis nach Geld. Salben Sie es mit Meerwasser (das Gold enthält) oder einem Geld anziehenden Öl ein, etwa Patschuli- oder Zedernöl. Legen Sie eine Silbermünze oder irgendwelche Silberstücke neben die Muschel. Wickeln Sie das Perlmutt und das Silberobjekt fest in eine Banknote oder in grünes Papier ein und binden Sie eine grüne Schnur darum.

Legen Sie diesen Talisman auf Ihren Steinaltar zwischen zwei grüne Kerzen. Lassen Sie sie zehn bis fünfzehn Minuten lang brennen, während Sie visualisieren. Tragen Sie dann den Talisman bei sich.

Pfeifenstein

VOLKSTÜMLICHE NAMEN: *Inyan-sha* (Sioux: *Inyan* für »Stein«, *sha* für »rot«).

ENERGIE: projektiv

PLANETEN: Mars, Saturn

ELEMENT: Feuer

ASSOZIIERTES KRAUT: *Kinnickkinnick* (Rotweidenrinde)

MAGISCHES/RITUELLES WISSEN: Pfeifenstein, ein roter Tonstein, wird seit Jahrhunderten von den Sioux- und Omaha-Indianern in Riten und in der Magie verwendet.

Dies ist ein merkwürdiger kreisrunder Stein, ziegelrot und mit einem natürlichen Loch. Wegen seiner Farbe ist er heilig. (Rot ist die Farbe des Blutes und somit des Lebens.)

Für die Sioux hängt der Pfeifenstein mit dem Norden zusammen. Rot ist die Farbe dieser Richtung. Beide symbolisieren die Erde und das Blut ihrer Kinder – der Menschen.

Hier eine Sioux-Legende: Eine gewaltige Flut ertränkte die Prärien. Ein paar Menschen entkamen zunächst, indem sie einen Berg bestiegen, aber die Flut ertränkte sie dann doch. Der Berg brach unter den Menschen zusammen, erdrückte sie und bildete eine Blutlache.

Der Pfeifenstein ist der erstarrte Überrest dieser Lache. Er wird nur an einem einzigen Ort auf der Welt gefunden: in Minnesota. Diese Substanz symbolisiert nicht nur das Volk der Sioux, sie ist es. Pfeifenstein wird noch heute zur Herstellung heiliger Pfeifen verwendet, in denen bei Ritualen Kinnickkinnick (Rotweidenrinde) geraucht wird.

MAGISCHER GEBRAUCH: Wenn Sie Glück haben und einen Pfeifenstein bekommen, betrachten Sie ihn als heiliges Objekt und respektieren Sie die Bräuche der Sioux und Omaha. Ein Stück Pfeifenstein kann in Medizin- oder Kraftbeutel getan oder auf dem Steinaltar bei Ritualen platziert werden.

Auch bei Friedensritualen können Sie den Stein auf den Altar legen.

Ich würde es nie wagen, den heiligen Pfeifenstein zu tragen.

Rhodochrosit

ENERGIE: projektiv

PLANET: Mars

ELEMENT: Feuer

KRÄFTE: Energie, Frieden, Liebe

MAGISCHER GEBRAUCH: Dieser wunderschöne rosafarbene Stein wird mitgeführt oder getragen, um zusätzliche Energie in Zeiten extremer physischer Aktivität zu verleihen.

Er besänftigt auch die Gefühle und den Körper, indem er Stress abbaut. Für ein beruhigendes Bad geben Sie ein Stück Rhodochrosit in die Wanne oder tragen Sie den Stein während des Badens.

Während dies scheinbar im Widerspruch zum erstgenannten magischen Gebrauch steht, denken Sie daran, dass das, was Sie auf den Stein übertragen, ihn auf Ihr magisches Bedürfnis einstimmt.

Rhodochrosit wird auch getragen, um Liebe zu wecken.

Rhodonit

ENERGIE: projektiv

PLANET: Mars

ELEMENT: Feuer

KRÄFTE: Frieden, gegen Verwirrung

MAGISCHER GEBRAUCH: Tragen Sie Rhodonit, um ruhig zu werden und alle Verwirrung und Zweifel loszuwerden.

Rhodonit ist auch ein guter Stein, den Sie tragen oder mitführen sollten, um die übersinnlichen Zentren zu sperren.

Dieser rötliche, gewöhnlich schwarz geäderte Stein kann auch getragen werden, um das Gleichgewicht im Steinmagier, Schamanen oder Wiccaner zu fördern.

Rubin

VOLKSTÜMLICHER NAME: Karbunkel

ENERGIE: projektiv

PLANET: Mars

ELEMENT: Feuer

GOTTHEITEN: Buddha, Krishna

KRÄFTE: Reichtum, Schutz, Macht, Freude, gegen Albträume

MAGISCHES/RITUELLES WISSEN: Der zu einem speziell geformten Cabochon geschliffene Rubin wurde vor Jahrhunderten auch »Karbunkel« genannt. Es gibt zwar keinen Stein dieses Namens, doch viele Bücher führen den Karbunkel als eigenen Stein auf.

Dieser wunderschöne Stein galt als vollkommenste Opfergabe für Buddha in China und für Krishna in Indien.

Hier ein weitverbreiteter Glaube: Wenn man von Rubinen träumt, deutet dies auf einen bevorstehenden Erfolg in geschäftlichen oder finanziellen Angelegenheiten hin. Träumt ein Gärtner oder Bauer davon, signalisiert der Rubin eine gute Ernte.

Dieser Stein zählt zu den vielen Steinen, die dunkel werden sollen, wenn seinem Besitzer Gefahr oder Negatives bevorsteht oder wenn er zu erkranken droht. Es lässt sich nicht sagen, ob dies psychisch oder symbolisch gemeint war oder ob sich die Farbe oder Klarheit des Steins tatsächlich änderte, aber wahrscheinlich handelte es sich um ein übersinnliches Phänomen. In diesem Sinne kann der Rubin als ein Instrument für das Kristallsehen verwendet werden, genau wie die meisten durchsichtigen Steine.

MAGISCHER GEBRAUCH: Rubine sind wahrhaft kostbare Steine. Perfekte Exemplare von tiefblutroter Farbe sind sehr teuer.

Rubine von geringer Qualität sind für wenig Geld erhältlich und lassen sich in der Magie nutzen, genauso wie die im Abschnitt »Zusätzliche Informationen« erwähnten Ersatzsteine (s. S. 278).

Im 13. Jahrhundert galten Rubine allgemein als Steine, die den Reichtum vermehrten. Sie waren besonders effektiv, wenn in sie vor Gebrauch das Bild eines Drachens oder einer Schlange eingraviert wurde.

Eine uralte Magie aus Indien behauptet, der Besitz von Rubinen helfe ihrem Eigentümer, andere Edelsteine anzuhäufen, vielleicht wegen der Reichtum vermittelnden Eigenschaften des Steins.

Getragen sollte der Rubin Unverwundbarkeit oder Schutz gegen alle Feinde und bösen Geister, gegen Negatives, Pest, magische Manipulation und Hunger verleihen. Er war auch ein spezieller Talisman von Soldaten und schützte sie gegen Verwundungen in der Schlacht. Grundsätzlich stärkt der Rubin das körpereigene übersinnliche Abwehrsystem, wenn er getragen wird.

Ein Rubin im Haus schützt es gegen Unwetter und Negatives, besonders wenn man damit zuvor die vier äußeren Hausecken berührt hat.

Ebenfalls schützt das Berühren von Bäumen oder der Umzäunung eines Gartens diese magisch vor Blitzschlag und den Unbilden schwerer Unwetter.

Der von Mars regierte Rubin wird bei magischen Ritualen getragen, um die dem Magier zu Gebote stehenden Energien zu verstärken, oder auf dem Altar neben eine rote Kerze gelegt, um Ihnen Energie zu verleihen, wenn Sie sich ausgelaugt oder erschöpft fühlen.

Ein ähnlicher magischer Einfluss liegt vor, wenn es heißt, einen Rubin zu tragen erhöhe die Körperwärme.

Mit Rubinen besetzter Schmuck wird getragen, um Traurigkeit und negative Gedankenmuster zu verbannen. Ein solcher Schmuck erzeugt auch Freude, stärkt Willenskraft und Selbstvertrauen und vertreibt Angst.

Unter das Kopfkissen gelegt oder im Bett getragen sorgt der Rubin für einen erholsamen, von keinerlei Albträumen gestörten Schlaf.

Sternrubine, seltene Steine mit der natürlichen Zeichnung eines sechszackigen Sterns, gelten als besonders stark in der Schutzmagie und anderen Zauberformen, da man früher glaubte, ein Geist wohne darin.

Sternrubine können auch als divinatorische Instrumente verwendet werden, indem man die gekreuzten Lichtlinien betrachtet.

Salz

ENERGIE: rezeptiv

ELEMENT: Erde

GOTTHEIT: Aphrodite

ASSOZIIERTES KRAUT: Ki- oder Ti-Wurzel (*Cordyline terminalis*)

KRÄFTE: Läuterung, Schutz, Erdung, Geld

MAGISCHES/RITUELLES WISSEN: Salz ist seit Langem eine heilige Substanz. Es wird aus der Erde abgebaut oder durch Verdunstung von Meerwasser in flachen Becken gewonnen und ist damit sehr eng mit Leben und Tod, Schöpfung und Vernichtung sowie dem weiblichen Aspekt von Erdenergien verbunden.

Salz ist ein Mineral von kristalliner Struktur und gehört daher in dieses Buch. Betrachten Sie einmal Salz durch ein Mikroskop. Es besteht aus regelmäßigen sechsseitigen Würfeln. Wegen dieser Struktur hängt Salz mit der Erde zusammen.

Sein Gebrauch in der Religion ist jahrtausendealt. Häufig wurde Gottheiten Salz geopfert, das wegen seiner Seltenheit und Reinheit als akzeptabel galt. In manchen Teilen der Welt, etwa im alten Rom und in Abessinien, diente Salz als Währung.

Salz ist zwar lebensnotwendig, doch zu viel Salz ist tödlich. Streut man daher Salz auf Felder, vernichtet es deren Fruchtbarkeit. Es sterilisiert, läutert und reinigt.

In Verbindung mit dem Element Erde (wie mit Meerwasser, das eine Kombination zweier Elemente ist) ist Salz ein mächtiges magisches Instrument. Salzwasser wird zuweilen als magischer Ersatz für Blut verwendet, wo dieses in alten Ritualen verlangt wird. (Anmerkung: Jeder Blutersatz wie Apfelwein oder frisch gelegte befruchtete Eier kann in derartigen Ritualen verwendet werden. Venen zu öffnen ist eine unnötige, riskante magische Praxis, und irgendwelche Lebensformen zu opfern ist sinnlos und schlecht für Ihr Karma. Möchten Sie vielleicht für das magische Ritual eines anderen Menschen geopfert werden? Die einzige Ausnahme stellt das Menstruationsblut dar, das wie einst auch in der heutigen weiblichen Magie und in weiblichen Mysterien benutzt wird.)

Auf Hawaii halten sich heutzutage noch viele Menschen an das alte Ritual, *Alae*-Salz (ein mit eisenhaltiger roter Erde bedecktes Steinsalz) mit Wasser zu mischen. Diese Mischung wird mit einem Ti-Blatt auf Menschen, Gebäude und Baustellen zur Läuterung verspritzt.

Mexikaner, die sich noch heute nach der Magie richten, hängen in ihre Häuser und Firmen oft einen großen Kranz aus Knoblauch oder Aloe vera, an dem kleine Päckchen Salz befestigt werden, um Schutz zu verbreiten und Geld anzuziehen.

MAGISCHER GEBRAUCH: Salz ist ein gutes Erdungs- und Reinigungsmaterial. Um Edelsteine zu läutern, legen Sie sie in eine Schüssel mit Salz und lassen sie etwa eine Woche darin (siehe auch »Das Reinigen der Steine«, S. 55–57).

Geben Sie etwas Salz in Ihr Badewasser. Dies erzeugt eine alchemistische Verwandlung – Sie haben einen Feststoff (das Salz) in eine Flüssigkeit umgewandelt. Baden Sie in dieser Mischung, um eine solche Verwandlung auch in sich selbst zu bewirken. Visualisieren Sie, wie Ihre Zweifel, Sorgen, Krankheiten (falls Sie welche haben) und alle negativen Energien, die Sie heimsuchen, Ihren Körper verlassen und ins Wasser eingehen, wo sie neutralisiert werden.

Wenn Sie lieber duschen, geben Sie etwas Steinsalz und eine halbe Handvoll Ysop (*Hyssopus officinalis*) in einen Waschlappen und schrubben Sie Ihren Körper damit ab.

Um Ihr Haus zu schützen, streuen Sie in die Ecken jedes Zimmers aufgeladenes Salz und visualisieren Sie, wie es alles Negative sterilisiert und verbrennt.

Schütten Sie Salz in einem Kreis um sich auf den Fußboden und visualisieren Sie, wie sich die Energien des Salzes in die Erde hinein und nach oben über Sie ausbreiten und eine schützende Sphäre aus strahlendem weißem Licht bilden. Das Innere dieses Kreises ist ein vollkommenes Milieu, um einen Schutz- oder Abwehrzauber auszuüben.

Salz zu kosten lässt Sie mit beiden Beinen fest auf der Erde stehen. Es schließt Ihre übersinnlichen Zentren ab. Wenn Sie Ihren übersinnlichen Geist wecken wollen, meiden Sie Salz in Ihrer Ernährung. Das ist auch eine schützende und läuternde Handlung.

Wenn Sie das Bedürfnis verspüren, Ihre Energien und Ihre Aufmerksamkeit zu konzentrieren, eine Zeit lang einen »Tunnelblick« auf das Leben zu haben, führen Sie etwas Salz in einem grünen Beutelchen mit. Dies ist besonders wichtig für alle, die dazu neigen, sich ausschließlich auf das Spirituelle zu konzentrieren und physische Erfordernisse zu vernachlässigen.

Steinsalz wird auch zu Geld anziehenden Talismanen hinzugefügt und in den entsprechenden Zauberritualen verwendet.

Hier ein Reichtumszauber mit Salz: Streuen Sie vorsichtig Salz auf Ihren Steinaltar oder auf einen großen Teller in Form eines Pentagramms (eines fünfzackigen Sterns).

Laden Sie eine grüne Kerze mit Geld anziehenden Schwingungen auf und stellen Sie sie in einem kleinen Halter in die Mitte des Pentagramms. Zünden Sie die Kerze an.

Nun laden Sie Geld anziehende Steine auf. Legen Sie je einen davon auf die Spitzen des Pentagramms. Verwenden Sie Steine wie Tigerauge, Peridot/Olivin, Jade, Magnetit, Opal, Pyrit oder irgendeinen der im Abschnitt »Zusätzliche Informationen« aufgeführten Geld anziehenden Steine (s. S. 272).

Sie können fünf gleiche Steine oder eine Kombination aus mehreren Steinarten verwenden. Wenn Sie jeden einzelnen Stein platzieren, beginnen Sie an der obersten Spitze des Pentagramms und sagen dabei etwas wie *Ich platziere diesen Stein, um Geld anzuziehen.*

Lassen Sie die Kerze zehn bis dreizehn Minuten lang brennen, während Sie sich davor niederlassen und visualisieren.

Wiederholen Sie dies eine Woche lang jeden Tag. Geben Sie dann das Salz in ein grünes Beutelchen, fügen Sie die Steine und das abgetropfte Wachs der Kerzen hinzu und führen Sie es bei sich, um weiterhin Geld anzuziehen. Wenn Sie das Gefühl haben, dass sich der Zauber erfüllt hat, schütten Sie das Salz in fließendes Wasser (ein Wasserhahn genügt, wenn Sie nichts anderes zur Verfügung haben), vergraben das Wachs und reinigen die Steine.

Saphir

VOLKSTÜMLICHE NAMEN: Heiliger Stein, Sternsaphir: *Astrae*
ENERGIE: rezeptiv
PLANET: Mond
ELEMENT: Wasser
GOTTHEIT: Apoll
KRÄFTE: übersinnliche Wahrnehmung, Liebe, Meditation, Frieden, Abwehrzauber, Heilung, Macht, Geld
MAGISCHES/RITUELLES WISSEN: Die Griechen setzten den Saphir mit Apoll gleich. Der Stein wurde getragen, wenn man Orakel befragte wie das berühmte Orakel von Delphi.
MAGISCHER GEBRAUCH: Dieser Stein wird getragen, um das dritte Auge anzuregen und damit die übersinnliche Wahrnehmung zu erweitern. Die oben erwähnte Praxis der alten Griechen scheint darauf hinzudeuten, dass sie bereits um die Fähigkeit des Saphirs wussten, Zugang zum unterbewussten Geist zu erlangen.

Der Saphir ist ein Hüter der Liebe. Das heißt, er fördert die Treue und harmonisiert die Gefühle zwischen Liebenden. In alter Zeit wurde er auch getragen, um Neid zu verbannen, den positiven gesellschaftlichen Umgang zu fördern und eine Versöhnung mit Feinden herbeizuführen. Für all diese Zwecke lässt sich der Saphir verwenden, und zwar in jeder Art von Beziehung, also nicht nur in kriegerischen Auseinandersetzungen.

Damit hängt wohl auch sein einstiger Gebrauch zur Förderung der Keuschheit zusammen: sie kann als Fehlen von sexueller Aktivität außerhalb einer festen Beziehung gelten. Sternsaphire sollen besonders wirksam sein, wenn man Liebe anziehen oder wecken will.

Der Saphir hat eine beruhigende dunkelblaue Farbe. Er wird während der Meditation getragen, um die Weisheit zu erweitern. Wenn Sie ihn tragen, fördert der Stein den Frieden. Der Autor der Manuskripte des Pseudo-Albertus-Magnus behauptete Ende des 14. Jahrhunderts, dieser Stein kühle die »inwendige Hitze« oder den Zorn ab.

Sein Gebrauch für den Abwehrzauber reicht bis in die Antike zurück. Während man einst glaubte, er »schreckt Teufel und das Böse ab«, wird er heute als schützender Schmuck und bei Ritualen getragen, die Negatives an seinen Absender zurückschicken sollen.

Eine damit verwandte Kraft, die dem Saphir zugeschrieben wird, ist seine legendäre Fähigkeit, seinen Besitzer vor Gefangenschaft zu schützen. Er ist bei Menschen beliebt, die in Prozesse und andere juristische Angelegenheiten verstrickt sind, möglicherweise weil er Betrug bannt. Der Stein wirkt allerdings nur, wenn sein Träger im Recht ist.

Der Saphir wird auch zur Heilung des Körpers verwendet, insbesondere der Augen, die durch seine Anwesenheit gestärkt werden. Außerdem senkt er Fieber. Wenn man ihn an die Stirn drückt, stoppt er Nasenbluten.

Saphire werden auch als allgemeiner Gesundheitsschutz getragen, denn – so Budge in *Amulets and Talismans* – je stärker und gesünder ein Körper ist, desto geringer ist die Chance »böser Geister« (d. h. von Krankheiten, Infektionen), Schaden anzurichten.

In einem alten Werk von Bartholomaeus heißt es: »Auch Hexen lieben diesen Stein sehr, wähnen sie doch, sie können kraft dieses Steins gewisse Wunder wirken.« Daher wird er getragen und in Ritualen verwendet, um die Fähigkeit des Magiers zu verstärken, Energie anzuzapfen und auszustrahlen.

Generell werden als Schmuck getragene Saphire auch in Ritualen genutzt, um Geld und Reichtum anzuziehen. In der frühen zeremoniellen Magie wurde in den Edelstein das Bild eines Astrolabiums eingraviert, um Reichtum zu mehren.

Sternsaphire gelten in magischer Hinsicht für alle Anwendungen als stärker.

Sarder

ENERGIE: projektiv

PLANET: Mars

ELEMENT: Feuer

KRÄFTE: Liebe, Schutz, Mut, unkomplizierte Geburt

MAGISCHER GEBRAUCH: Sarder ist eine rötlich-gelbe oder -braune Varietät von Chalcedon (mit dem Karneol verwandt). Man glaubt, er sei in magischer Hinsicht bei Frauen wirkungsvoller als bei Männern.

Im 14. Jahrhundert gravierte man in Sarder das Bild eines Rebstocks (einem Symbol für männliche Energie) und des Efeus (weibliche Energie). Solche Steine wurden von Frauen als Glücksbringer getragen und um Liebe zu wecken.

Der von Mars regierte rötliche Sarder wird auch in Schutzritualen und zur Abwehr negativer Zauber (Hexerei) sowie zur Förderung von Mut getragen. Mut, also das Wissen, dass man jeder Situation gewachsen ist, entsteht durch Stärkung des Selbstvertrauens wie der körperlichen Projektion persönlicher Kraft.

Einst bekamen Frauen in den Wehen einen Sarder, damit sie eine problemlose Geburt hatten.

Sardonyx

ENERGIE: projektiv
PLANET: Mars
ELEMENT: Feuer
GOTTHEIT: Mars
ASSOZIIERTE METALLE: Silber, Platin, Gold
KRÄFTE: Schutz, Mut, Eheglück, Beredsamkeit, Frieden, Glück
MAGISCHER GEBRAUCH: Sardonyx ist ein Chalcedon mit Lagen von braunem Sarder. Er wird in Schutzritualen verwendet und getragen, um Mut und Furchtlosigkeit zu fördern. Im alten Rom wurde für letzteren Zweck eine Figur von Herkules oder Mars in den Stein graviert.

Sardonyx wird verwendet, um gute Beziehungen zwischen Liebenden oder Ehepaaren zu fördern, häuslichen Zwist zu beenden und die Kommunikation voranzubringen.

Er wird zur Beredsamkeit getragen oder mitgeführt, besonders von Anwälten und Menschen, die in der Öffentlichkeit reden. Deswegen kann Schmuck, der Sardonyx enthält, vor Gericht getragen werden, um dafür zu sorgen, dass die Aussage des Trägers klar und präzise ist.

Nahe dem Herzen getragen oder platziert lindert er Depressionen und Niedergeschlagenheit und erzeugt Frieden und Freude.

Einst wurde in Sardonyx ein Adlerkopf eingraviert, dann wurde der Stein in Silber, Platin oder Gold gefasst und als Glücksbringer getragen.

Schwefel

ENERGIE: projektiv

PLANET: Sonne

ELEMENT: Feuer

KRÄFTE: Schutz, Heilung

MAGISCHES/RITUELLES WISSEN: Schwefel ist ein gelbes Mineral. Beim Verbrennen gibt er einen penetranten Geruch ab. Wegen dieses Geruchs und wegen seiner Farbe benutzen ihn die Menschen seit Jahrhunderten in der Magie.

In der Blütezeit der zeremoniellen Magie wurde Schwefel oft verbrannt, um »Dämonen« und »Teufel« zu vertreiben. Dies hing mit der Vorstellung zusammen, dass positive Kräfte durch süße Düfte angezogen wurden, während negative Kräfte üblen Gestank verabscheuten und davor flohen. Später wurde Schwefel als magisches Räuchermittel verbrannt, um Tiere und Wohnungen vor magischer Manipulation oder magischer Versklavung zu schützen.

MAGISCHER GEBRAUCH: Schwefel wurde bis vor kurzem noch bei Erkältungen, Rheuma und körperlichen Schmerzen verschrieben. Gewöhnlich wurde er in ein rotes Beutelchen getan und um den Hals getragen.

Stücke von Schwefel werden bei Schutzritualen auch auf den Steinaltar gelegt oder im Haus als allgemeiner magischer »Hüter« platziert.

Selenit

ENERGIE: rezeptiv

PLANET: Mond

ELEMENT: Wasser

KRÄFTE: Versöhnung, Energie

MAGISCHER GEBRAUCH: Selenit ist ein farbloses Schichtmineral, das oberflächlich Calcit ähnelt.

Er ist nach Selene, der antiken Mondgöttin, benannt und wird zwischen Liebenden zur Versöhnung ausgetauscht.

Der Stein wird auch getragen, um dem Körper Energie zu verleihen.

Serpentin

VOLKSTÜMLICHER NAME: *Za-tu-mush-gir* (assyrisch)

ENERGIE: projektiv

PLANET: Saturn

ELEMENT: Feuer

KRÄFTE: Schutz, Laktation

MAGISCHER GEBRAUCH: Die Zuordnungen zu Energie, Planet und Element sind vorläufig, da es über diesen Stein nur wenige Informationen gibt.

Siegel aus Serpentin wurden im antiken Assyrien getragen, damit die Götter und Göttinnen doppelten Segen spendeten.

Stillende Mütter tragen den Serpentin um den Hals, um den Milchfluss anzuregen.

Ansonsten dient er hauptsächlich dem Schutz vor giftigen Lebewesen wie Schlangen, Spinnen, Bienen, Skorpionen und anderen unangenehmen Reptilien und Insekten.

Das mag Ihnen vielleicht ziemlich nutzlos vorkommen, aber denken Sie einmal darüber nach. Haben Sie schon einmal im Gebirge gezeltet, oder sind Sie im Frühling durch Wälder gewandert? Oder wie steht es mit Expeditionen in die Wüste, um dort Steine zu sammeln?

Wenn wir unser Zuhause verlassen, sind wir der Natur in all ihren Erscheinungsformen ausgesetzt, auch Lebewesen, die uns beißen und stechen, wenn sie ihr Territorium oder ihr Leben verteidigen wollen. Seien Sie deswegen nicht verärgert. Tragen Sie etwas Serpentin bei sich, während Sie durch die Wälder stapfen oder die Natur erkunden. Vielleicht können Sie damit solche Zwischenfälle verhindern.

SMARAGD

ENERGIE: rezeptiv

PLANET: Venus

ELEMENT: Erde

GOTTHEITEN: Isis, Venus, Ceres, Vishnu

ASSOZIIERTE METALLE: Kupfer, Silber

KRÄFTE: Liebe, Geld, geistige Kräfte, übersinnliche Wahrnehmung, Schutz, Exorzismus, Sehschärfe

MAGISCHES/RITUELLES WISSEN: Aufgrund seiner leuchtend grünen Farbe steht der Smaragd für unseren Planeten.

Weil Smaragde zu den teuersten Steinen auf dem Markt zählen, können die im Abschnitt »Zusätzliche Informationen« erwähnten magischen Ersatzsteine an seiner Stelle verwendet werden (s. S. 279).

Doch wie bereits im Abschnitt »Steine kaufen und sammeln« erwähnt gibt es durchaus preiswerte Smaragde minderer Qualität (s. S. 47). Erkundigen Sie sich in Fachgeschäften. Vielleicht finden Sie ja genau den Smaragd, den Sie für magische Zwecke benötigen.

MAGISCHER GEBRAUCH: Wenn Sie eine Liebe in Ihr Leben bringen möchten, kaufen Sie einen Smaragd und laden Sie ihn durch Visualisierung mit Ihrem magischen Bedürfnis auf, vielleicht während Sie ihn neben eine grüne Kerze platzieren.

Nach diesem Ritual tragen Sie den Smaragd nahe Ihrem Herzen, und zwar so, dass er von anderen nicht gesehen werden kann.

Wenn Sie eine künftige Liebe kennenlernen, wissen Sie, dass es nicht der sichtbare Juwel war, der sie angezogen hat.

Smaragde werden oft auch in Geschäftszaubern und Ritualen zur Verkaufsförderung angewendet, auch um die öffentliche Wahrnehmung der Firma zu erhöhen.

Der Stein wird getragen, um das Gedächtnis zu verstärken – diesen Gebrauch hat der Pseudo-Albertus-Magnus im 16. Jahrhundert vorgeschlagen – sowie um das Verständnis zu erhöhen und Beredsamkeit zu erlangen.

Der Stein beeinflusst nicht nur den bewussten Geist, sondern ebenso auch den übersinnlichen (unterbewussten) Geist, denn er erhöht die Wahrnehmung seines Trägers im Hinblick auf übersinnliche Fähigkeiten. Wegen dieser doppelten Wirkung wird dem Smaragd nachgesagt, er gewähre alles Wissen um Vergangenheit, Gegenwart und Zukunft.

Auf der ganzen Welt wurde der Smaragd in der Magie zum Schutz getragen oder angewendet. Reisende banden sich den Stein an den linken Arm, um sich zu schützen. Smaragde wurden »Besessenen« gegeben, um das böse Wesen in ihnen auszutreiben. (Viele dieser Menschen waren Epileptiker oder Asthmatiker.)

Seine beruhigende Farbe bewirkte, dass Smaragde als Sehsteine verwendet wurden, um bei trüben, müden oder schwachen Augen Linderung zu verschaffen, den Sehnerv zu entspannen und das normale Sehvermögen wiederherzustellen.

Der vielleicht merkwürdigste Gebrauch des Smaragds stammt aus Indien: Uralte Hinduschriften schreiben vor, den Stein während des Schlafs zu tragen, um einen Samenerguss zu verhindern.

Um die besten Ergebnisse in der Magie zu erzielen, so berichten es jedenfalls die alten Magier, sollte ein Smaragd in Silber oder Kupfer gefasst werden.

Sodalith

ENERGIE: rezeptiv

PLANET: Venus

ELEMENT: Wasser

KRÄFTE: Heilung, Frieden, Meditation, Weisheit

MAGISCHER GEBRAUCH: Sodalith ist ein dunkelblauer Stein mit weißen Adern. Oft wird er mit Lapislazuli verwechselt, aber ihm fehlen die goldenen Einsprengsel von Eisenpyrit, die Letzterer oft enthält.

Dies ist ein Heilstein, speziell für Gemütskrankheiten oder durch Stress, Nervosität, Zorn oder Angst verursachte Beschwerden. Tragen Sie ihn oder reiben Sie damit den Körper ein, um Angst und Schuldgefühle zu vertreiben. Tragen oder halten Sie ihn, um den Geist zu beruhigen, den Körper zu entspannen und inneren Aufruhr zu beschwichtigen.

Sodalith ist ein guter Meditationsstein. Wenn er sorgfältig angewandt wird, fördert er die Weisheit.

Sonnenstein

ENERGIE: projektiv

PLANET: Sonne

ELEMENT: Feuer

ASSOZIIERTER STEIN: Mondstein

ASSOZIIERTES METALL: Gold

KRÄFTE: Schutz, Energie, Gesundheit, sexuelle Energie

MAGISCHES/RITUELLES WISSEN: Es gibt mindestens zwei Steine, die Sonnenstein heißen. Der eine ist eine Form von durchsichtigem Quarz mit einer blassorangefarbenen Färbung. Dies ist der Oregon-Sonnenstein.

In der Antike trug eine Form von Feldspat, die aus Indien importiert wurde, diesen Namen. In gewisser Hinsicht ähnelt er einem orangefarbenen Opal mit einem kräftigen bunten Schillern. In der Vergangenheit wurde nur dieser Stein in der Magie verwendet.

In der Renaissance wurde dieser Stein häufig mit der Sonne in Verbindung gebracht, wohl aufgrund seiner funkelnden orange-goldenen Farben. Er wurde in Gold gefasst und getragen, damit er dem Magier die Einflüsse der Sonne vermittelte.

Symbolisch ist der Sonnenstein mit dem Mondstein verbunden.

MAGISCHER GEBRAUCH: Auf einer Mineralienausstellung traf ich einen Händler, der einige Sonnensteine anbot – den alten Feldspattypus. Ich erklärte ihm, ich hätte sie noch nie gesehen. Er entgegnete, er habe sie vor zwanzig Jahren erworben. Sie waren wunderschön und ich nahm sie gern mit.

Der Sonnenstein ist wie die meisten funkelnden, reflektierenden Steine ein Schutzstein. Legen Sie ihn im Haus vor eine weiße Kerze, sodass er überall im Haus seine Schutzenergien verbreitet.

Ein Sonnenstein in einem Säckchen mit Heilkräutern verstärkt deren Energien. Er wird auch mitgeführt oder getragen, um in Zeiten von Stress oder Krankheit zusätzliche körperliche Energien zu vermitteln.

Wird er in der Nähe des Unterleibs getragen, stimuliert er die sexuelle Erregung und erhöht die sexuelle Energie.

Leider scheint der magische Gebrauch des Sonnensteins weithin in Vergessenheit geraten zu sein. Kein modernes Buch über Steinmagie, das ich gelesen habe, erwähnt ihn, nicht einmal beiläufig. Wenn Sie einen Sonnenstein finden, hüten Sie ihn wie einen Schatz.

Sphen

VOLKSTÜMLICHER NAME: Titanit
ENERGIE: projektiv
PLANET: Merkur
ELEMENT: Luft
KRÄFTE: mentale Kräfte, Spiritualität
MAGISCHER GEBRAUCH: Dieser grünlich-gelbe Stein wird selten in transparenten Kristallen gefunden. Weil er so weich ist, wird er kaum für Schmuck verwendet. *Sphen* geht auf das griechische Wort für »Keil« zurück und bezeichnet die Form seiner Kristalle.

Wenn man ihn findet, sollte man ihn zur Verbesserung des Verstands und zur Verarbeitung von Informationen verwenden. Ausgezeichnet eignet er sich zum Studieren, Theoretisieren und Debattieren.

Sphen wird auch getragen, um während der Meditation und der mystischen Rituale die spirituelle Erleuchtung zu fördern.

Spinell

ENERGIE: projektiv
PLANET: Pluto
ELEMENT: Feuer
KRÄFTE: Energie, Geld
MAGISCHER GEBRAUCH: Spinell kommt in schwarzen, blauen, grünen und rosafarbenen Kristallen vor und ist ziemlich selten.

Er wird in der Magie verwendet, um dem Körper Energie zu vermitteln, und zu diesem Zweck getragen. Spinell kann auch für zusätzliche körperliche Kraft in Zeiten von übermäßiger Anstrengung sorgen.

Man kann ihn auch in magischen Ritualen benutzen, die Reichtum und Wohlstand anziehen sollen.

Stalagmiten, Stalaktiten

VOLKSTÜMLICHER NAME: Tropfsteine

ENERGIE: Stalagmiten: projektiv, Stalaktiten: rezeptiv

ELEMENT: Erde

MAGISCHES/RITUELLES WISSEN: Stalagmiten (die vom Höhlenboden aufragen) und Stalaktiten (die von Höhlendecken herabhängen) entstehen durch kalkreiches Wasser, das von oben in Höhlen tropft. Im Laufe von vielen Millionen Jahren bildeten sich Calcitmassen, die jeder kennt, der solche Höhlen schon einmal besucht hat. Manchmal vereinten sie sich zu Steinsäulen.

Früher hat man sie für versteinerte Erde gehalten. Noch vor rund hundert Jahren war es üblich, dass Höhlenbesucher sie als Souvenirs abbrachen. Eine so sinnlose Zerstörung sollte hoffentlich vorbei sein.

Einst wurden kleine Stalagmiten und Stalaktiten mitgeführt, oft in Beutelchen, und zwar als Amulette gegen Negatives und »Böses«. Wahrscheinlich wegen ihrer phallischen Form schrieb ihnen der Volksmund schützende Eigenschaften zu. Diese uralte Magie wird aus rein historischem Interesse erwähnt. Es gibt keinen Grund, für magische Zwecke die Schönheit der Tropfsteinhöhlen zu zerstören. Es gibt genügend Ersatzschutzsteine.

Staurolith

VOLKSTÜMLICHE NAMEN: Feenkreuz, Feentränen, Staurotid, Kreuzstein

ELEMENTE: Erde, Luft, Feuer und Wasser

KRÄFTE: Schutz, Gesundheit, Geld, Elementarkräfte

MAGISCHES/RITUELLES WISSEN: Um Staurolithen (nach griechisch *stauros*, »Kreuz«) ranken sich viele Legenden, meist aus neuerer Zeit und im Zusammenhang mit dem Christentum.

Diese Steine sind oft Zwillingskristalle, die gleicharmige Kreuze bilden. Mindestens drei amerikanische Präsidenten – Roosevelt, Wilson und Harding – trugen Staurolithen als Glücksbringer.

Staurolithe kommen in den USA, in Frankreich und in Schottland vor. In der Bretagne, wo man viele Staurolithen findet, sagte man einst, sie seien vom Himmel gefallen, und trug sie als Talismane.

Das Kreuz wird zwar normalerweise in der westlichen Welt mit dem Christentum in Verbindung gebracht, doch schon Jahrhunderte vor dem Entstehen dieser Religion wurde dieses Symbol in Kulten und Magie verwendet.

Gleicharmige Kreuze symbolisieren die Durchdringung der Ebenen des Physischen und des Spirituellen, die Kombination projektiver und rezeptiver Energien in unserem Körper und in unserer Seele sowie den sexuellen Beischlaf.

In der Magie steht der Staurolith für die vier Elemente.

MAGISCHER GEBRAUCH: Staurolithe gibt es in unterschiedlich aussehenden Varietäten. Wenn sich die Zwillingskristalle exakt im rechten Winkel schneiden, erzeugen sie ein vollkommenes Kreuz mit gleich langen Armen. Diese Steine werden in der Magie bevorzugt. Häufiger allerdings schneiden Sie sich in unterschiedlichen Winkeln.

Der Staurolith wird getragen oder mitgeführt zum Schutz vor Negativem, Krankheiten und Unfällen. Man kann ein Exemplar aufladen und zu diesem Zweck ins Auto legen.

Dieser Stein wird auch getragen, um Reichtum anzuziehen und den Sexualtrieb zu stärken.

Wenn Sie die Kontrolle über die Elementarkräfte erlangen wollen, tragen Sie einen Staurolithen, der in einem Ring oder Anhänger aus Elektrum (Goldsilber) gefasst ist.

Hier ein Elementarzauber: Legen Sie einen Staurolithen flach auf den Steinaltar, wobei eine Spitze nach oben zeigt. Laden Sie dann eine kleine grüne Kerze mit den Erdenergien Reichtum, Stabilität, Erdung und Fruchtbarkeit auf. Versehen Sie eine gelbe Kerze mit den Luftenergien Kommunikation, Bewegung, Denken, Freiheit, Weisheit und Spiritualität. Laden Sie nun zwei weitere Kerzen auf: eine rote (Feuer), wobei Sie Kraft, Energie, Sexualität und Stärke visualisieren, und eine blaue, die Sie mit Wasserenergien wie Liebe, Freude, übersinnliche Wahrnehmung, Läuterung, Flüssigkeit und Heilung versehen.

Stellen Sie alle Kerzen in kleine Halter. Platzieren Sie die grüne Kerze neben die oberste Spitze des Staurolithen, die gelbe neben den östlichen, die rote neben den südlichen und die blaue neben den westlichen Punkt. Falls Sie es wünschen, umgeben Sie jede Kerze mit Steinen, die mit diesem bestimmten Element zusammenhängen. (Mehr über die Elementarsteine erfahren Sie im Abschnitt »Zusätzliche Informationen« auf S. 268–270.)

Zünden Sie nun die grüne Kerze an und visualisieren Sie ihre Kräfte. Wiederholen Sie dies mit den Kerzen für Luft, Feuer und Wasser. Sehen Sie vor sich, wie Sie selbst die Kontrolle über diese Energien haben. Geloben Sie, auf das Gleichgewicht der Elementarkräfte in Ihrem Wesen hinwirken zu wollen. Vereinen Sie sie in sich.

Wiederholen Sie dies eine Woche lang einmal pro Tag.

Sugilith

ENERGIE: rezeptiv

PLANET: Jupiter

ELEMENT: Wasser

KRÄFTE: übersinnliche Wahrnehmung, Spiritualität, Heilung, Weisheit

MAGISCHER GEBRAUCH: Sugilith ist ein relativ neuer Stein. Auch sein Gebrauch in der Magie ist neu. Gegenwärtig wird dieser Stein gründlich erforscht und zu Experimenten verwendet.

Dieser lilafarbene Stein ist selten und darum sehr teuer.

Anscheinend ermöglicht er die übersinnliche Wahrnehmung, wenn er getragen oder mitgeführt wird.

Wie die meisten lilafarbenen Steine wird auch Sugilith zur Heilung getragen. Man trägt ihn auch während der Meditation, um die Wahrnehmung der spirituellen Welt zu verstärken und Weisheit zu erlangen.

Tigerauge

ENERGIE: projektiv

PLANET: Sonne

ELEMENT: Feuer

ASSOZIIERTES METALL: Gold

KRÄFTE: Geld, Schutz, Mut, Energie, Glück, Weissagen

MAGISCHES/RITUELLES WISSEN: Römische Soldaten trugen Tigeraugensteine, in die Symbole zum Schutz in der Schlacht eingraviert wurden.

MAGISCHER GEBRAUCH: Tigerauge ist ein guter Stein zur Förderung von Reichtum und Geld. Für einen einfachen Geldzauber laden Sie mehrere Tigeraugensteine mit ihrem Bedürfnis nach Geld auf. Legen Sie sie um eine grüne Kerze. Zünden Sie die Kerze an und visualisieren Sie.

Sie werden auch zum Schutz gegen alle Arten von Gefahr mitgeführt. Ein in Gold gefasster Tigeraugen-Cabochon in einem Ring oder Anhänger ist ein guter Schutz.

Das golden blitzende, von der Sonne regierte Tigerauge wird getragen, um Überzeugungen zu stärken und Mut und Vertrauen zu schaffen.

Dies ist ein warmer Stein, der beim Tragen den Energiefluss durch den Körper fördert. Er ist auch für die Schwachen und Kranken von Nutzen.

Setzen Sie sich an einem sonnigen Tag ins Freie. Halten Sie ein Tigerauge in den Händen und betrachten Sie die Lichtblitze. Beruhigen Sie Ihren bewussten Verstand und schauen Sie in die Zukunft. Oder verwenden Sie den Stein als Instrument, um in ein vergangenes Leben einzutauchen.

Topas

ENERGIE: projektiv
PLANET: Sonne
ELEMENT: Feuer
GOTTHEIT: Ra
ASSOZIIERTES METALL: Gold
ASSOZIIERTER STEIN: Tigerauge
KRÄFTE: Schutz, Heilung, Abnehmen, Geld, Liebe
MAGISCHES/RITUELLES WISSEN: Die Steine, die wir heute Peridot und Olivin nennen, wurden ganz früher einmal Topas genannt.

Einst diente er dazu, seinen Träger unsichtbar zu machen.

MAGISCHER GEBRAUCH: Der Topas ist einer von vielen Edelsteinen, die für Schutzzwecke verwendet werden. Er gilt als spezieller Schutz gegen Neid, Intrige, Krankheit, Verletzung, plötzlichen Tod, Hexerei und negative Magie sowie gegen Wahnsinn. Für besonders wirksam hielt man den Stein, wenn er in Gold gefasst und an den linken Arm gebunden wurde.

Wenn man ihn trägt, lindert er Depressionen, Zorn, Furcht, Gier, Raserei und alle anderen Besorgnis erregenden Gefühle.

Im Haus platziert ist er ein Talisman gegen Brand und Unfälle. Wenn Sie ihn unter Ihr Kopfkissen legen oder während des

Schlafs tragen, wehrt der Topas Albträume ab und stoppt das Schlafwandeln.

Der Topas dient dazu, Schmerzen bei Rheuma und Arthritis zu lindern sowie die Verdauung zu regeln. Vielleicht wird der Stein deshalb auch getragen, um abzunehmen.

Er wird auch »Liebhaber von Gold« genannt und somit auch verwendet, um Reichtum und Geld zu bringen. Kombinieren Sie ihn mit einer gleich großen Menge Tigerauge. Laden Sie diese Steine auf und legen Sie sie um eine grüne Kerze. Zünden Sie die Kerze an und visualisieren Sie Ihr Bedürfnis.

Einen Topas zu tragen weckt Liebe.

Türkis

VOLKSTÜMLICHE NAMEN: *Fayruz* (arabisch »Glücksstein«), Türkenstein, türkischer Stein, *Thyites* (altgriechisch), Venusstein, Reitertalisman

ENERGIE: rezeptiv

PLANETEN: Venus, Neptun

ELEMENT: Erde

GOTTHEITEN: Hathor, Buddha, der Große Geist (amerikanische Indianer)

ASSOZIIERTES METALL: Gold

KRÄFTE: Schutz, Mut, Geld, Liebe, Freundschaft, Heilung, Glück

MAGISCHES/RITUELLES WISSEN: Für viele Indianerstämme ist der Türkis ein heiliger Stein. Die Navajo verwendeten gemahlene Türkise und Korallen für Sandbilder, um dem ausgedörrten Land Regen zu bringen. Andere Ureinwohner im Südwesten der USA und in Mexiko legten Türkise in Gräber, um die Toten zu bewachen.

Die Pueblos legten Türkise unter den Fußboden als Opfergaben für die Götter, wenn ein Haus oder eine Kiva gebaut wurde.

Ein Stück Türkis war im Medizin- oder Kraftbeutel des Apachenschamanen ein fast unabdingbares Instrument. Andere Indianerstämme befestigten Türkise an Bögen, um für ihre Treffsicherheit zu sorgen.

Neben diesen und vielen anderen Verwendungsmöglichkeiten wird der Türkis wegen seiner wunderschönen Farbe und seiner starken magischen Eigenschaften geschätzt.

MAGISCHER GEBRAUCH: Der Türkis ist ein Schutzstein. Aus Türkis geschnitzte Pferde oder Schafe dienen den Navajo als starke Wächter vor negativer Magie.

Ein Türkisring wird getragen, um vor dem bösen Blick, vor Krankheit, Schlangengift, Gewalt und Unfällen sowie allen anderen Gefahren zu schützen. Er fördert auch Mut, wenn er getragen wird.

Reiter tragen den Türkis, um sich vor Stürzen zu schützen. Zu diesem Zweck wird er in Gold gefasst. Sie befestigen ein zweites kleines Stück Türkis am Zaumzeug oder am Sattel, um auch das Pferd zu schützen.

Für Reisende ist er ein wertvolles Amulett, besonders wenn sie sich an politisch instabile oder gefährliche Orte wagen.

Ein altes Ritual benutzte den Türkis dazu, um Reichtum zu erlangen. Vollziehen Sie dieses Ritual ein paar Tage nach Neumond, wenn die Sichel erstmals wieder am Himmel sichtbar ist. Vermeiden Sie es bis zum richtigen Zeitpunkt, den Mond anzuschauen.

Halten Sie einen Türkis in der Hand. Visualisieren Sie, wie sich Ihr magisches Bedürfnis – Geld – in Ihrem Leben manifestiert. Gehen Sie nach draußen und schauen Sie den Mond an. Dann wenden Sie Ihren Blick direkt dem Türkis zu.

Die Magie beginnt. Führen Sie den Stein mit, bis das Geld eintrifft.

Der Türkis wird auch getragen oder in Geld anziehenden Zauberritualen verwendet, indem man etwa Kreise oder Halsketten von Türkisen um grüne Kerzen legt und Reichtum visualisiert. Als Geschenk vermittelt er seinem Empfänger Reichtum und Glück.

Der Stein wird auch in der Liebesmagie verwendet. Hier wird der Türkis getragen, mitgeführt oder einem geliebten Menschen gegeben. Häufig dient er dazu, die eheliche Harmonie zu fördern, indem er dafür sorgt, dass die Eheleute gut miteinander auskommen. Manche Quellen behaupten, wenn die Liebe im Empfänger des Steins nachlässt, wird auch die Farbe des Steins verblassen.

Tragen Sie einen Türkis, um neue Freunde zu gewinnen, um Freude zu haben und ausgeglichen zu sein und Ihre Schönheit zu erhöhen.

Der Türkis ist auch ein Heilstein. Er schärft die Augen, lindert Fieber und beseitigt Kopfschmerzen. Drücken Sie einen Türkis an den kranken oder beeinträchtigten Körperteil und visualisieren Sie, wie die Krankheit in den Stein eingeht. Wasser, in den ein Türkis eingetaucht wurde, wird wegen seiner heilenden Energien getrunken.

Türkisringe und -anhänger werden getragen, um die Gesundheit zu fördern und zu schützen; werden blaue Kerzen mit Türkisen umgeben, visualisiert man, wie sie den Heilungsprozess beschleunigen. Der Stein soll Migräne verhindern, wenn er getragen wird.

Wie alle blauen Steine ist der Türkis ein Glücksbringer und wird getragen, um das Glück anzuziehen.

Turmalin

VOLKSTÜMLICHE NAMEN: Wassermelone, Mohrenkopf, Türkenkopf

ENERGIEN: verschiedene (siehe unten)

PLANETEN: verschiedene (siehe unten)

ELEMENTE: verschiedene (siehe unten)

KRÄFTE: Liebe, Freundschaft, Geld, Geschäft, Gesundheit, Frieden, Energie, Mut, Astralprojektion

MAGISCHER GEBRAUCH: Turmalin war den alten Magiern nicht bekannt und wird auch heute noch kaum in der Magie verwendet, obwohl er immer beliebter wird.

Der Turmalin ist in vielerlei Hinsicht ein einzigartiger Stein. Er ist durchsichtig, wenn man den Kristall seitlich betrachtet, aber undurchsichtig, wenn man an den Enden darauf sieht. Wird er erwärmt oder gerieben, polarisiert er. Ein Ende wird positiv geladen und zieht Asche oder leichtes Stroh an, das andere wird negativ geladen. Der Stein kommt in verschiedenen Farben vor, die jeweils spezifische magische Eigenschaften haben. Manche Kristalle besitzen zwei oder drei Farbtöne.

BLAUER TURMALIN (Indigolith) (*Energie:* rezeptiv, *Planet:* Venus, *Element:* Wasser): Tragen Sie diesen Stein, um Stress abzubauen, sowie für Frieden und einen erholsamen Schlaf.

GRÜNER TURMALIN (*Energie:* rezeptiv, *Planet:* Venus, *Element:* Erde): Dieser Stein dient dazu, Geld und Erfolg in Geschäften anzuziehen. Legen Sie einen in ein Sparschwein oder eine Geldbörse. Grüner Turmalin wird auch getragen, um die Kreativität anzuregen.

ROSAFARBENER TURMALIN (*Energie:* rezeptiv, *Planet:* Venus, *Element:* Wasser): Rosafarbener Turmalin weckt Liebe und Freundschaft. Tragen Sie ihn, um das Mitgefühl gegenüber anderen Menschen zu fördern.

ROTER TURMALIN (Rubellit)(*Energie:* projektiv, *Planet:* Mars, *Element:* Feuer): Rubellit oder roter Turmalin wird getragen, um dem Körper Energie zu verleihen. Er wird auch in Schutzritualen verwendet. Trägt man ihn, fördert er Mut und stärkt den Willen.

SCHWARZER TURMALIN (Schörl) (*Energie:* rezeptiv, *Planet:* Saturn, *Element:* Erde): Da er normalerweise zu brüchig für Schmuck ist, ist schwarzer Turmalin nur selten im Handel erhältlich. Er dient der Erdung und steht für die Erde in Zauberritualen, die mit diesem Element zusammenhängen. Er schützt auch, da er Negatives absorbiert, wenn er zu diesem Zweck durch Visualisierung aufgeladen wird.

WASSERMELONEN-TURMALIN (*Energien:* projektiv, rezeptiv, *Planeten:* Mars, Venus, *Elemente:* Feuer, Wasser): Wassermelonen-Turmalin besteht im Inneren aus rotem oder rosafarbenen Turmalin und einer Hülle aus grünem Turmalin. Ein zerbrochener oder aufgeschnittener Wassermelonen-Turmalin ähnelt sehr stark der Frucht, nach der er benannt ist. Dieser Stein wird getragen, um die projektive und die rezeptive (männliche und weibliche) Energie im Körper ins Gleichgewicht zu bringen.

Er ist auch ein Stein, der Liebe erweckt, und wirkt zu diesem Zweck am besten, wenn er von ausgeglichenen Menschen verwendet wird.

TURMALIN-QUARZ (*Energie:* rezeptiv, *Planet:* Pluto): Tragen Sie diesen Stein oder legen Sie ihn unter Ihr Kopfkissen, um die Astralprojektion zu fördern. Oder besorgen Sie sich eine Kugel aus Turmalinquarz, schauen Sie sie an, beruhigen Sie Ihren Geist und projizieren Sie Ihren Astralkörper in den Kristall.

Versteinertes Holz

ENERGIE: rezeptiv

ELEMENT: Akasha

KRÄFTE: Langlebigkeit, Rückkehr in ein vergangenes Leben, Heilung, Schutz

MAGISCHER GEBRAUCH: Versteinertes Holz besteht aus uralten Bäumen, die vor Äonen von mineralhaltigem Wasser bedeckt wurden. Das Wasser löste langsam das Holz auf und ersetzte es durch verschiedene Mineralien. Durch diesen Prozess entstand das, was wir »versteinertes Holz« nennen.

Es ist ein Fossil und wird damit von Akasha regiert. Wegen seines biblischen Alters (fossiles Holz ist Jahrmillionen alt) wird es mitgeführt oder in Zauberritualen verwendet, die die Lebenszeit verlängern oder alternativ unsere Freude und unsere Entwicklung in unserem Leben verstärken sollen.

Ebenfalls wegen seines Alters dient versteinertes Holz zum Beschwören vergangener Inkarnationen.

Wegen seiner Härte und seines merkwürdigen Aussehens wird der »Stein« als Schutzamulett getragen. In früheren Zeiten glaubte man, er würde das Böse »abschrecken«. Heutzutage nehmen wir an, dass er Energiebarrieren errichtet, die das Negative ablenken.

Versteinertes Holz wird auch als Talisman gegen das Ertrinken getragen.

Zirkon

ENERGIE: projektiv

PLANET: Sonne

ELEMENT: Feuer

ASSOZIIERTES METALL: Gold

KRÄFTE: Schutz, Schönheit, Liebe, Frieden, sexuelle Energie, Heilung, gegen Diebstahl

MAGISCHER GEBRAUCH: Dies ist ein etwas verwirrender Stein. Er kommt in vielen Farben vor, aber einige sind künstlich erzeugt. Er trägt viele Namen. Alle Arten haben magische Eigenschaften.

BRAUNER ZIRKON (Malakon): Verwenden Sie ihn zum Erden und Zentrieren. Brauner Zirkon wird in Reichtums- und Geldzauberritualen eingesetzt.

FARBLOSER (ODER WEISSER) ZIRKON: Er ist ein magischer Ersatz für Diamant und wird zum Schutz getragen. Verwenden Sie ihn für klares Denken und um mentale Prozesse zu fördern.

Hier ein kurioses Ritual: Küssen Sie einen weißen oder farblosen Zirkon. Wenn Sie keusch sind, wird der Stein farblos bleiben – falls nicht, wird er schwarz.

GELBER ZIRKON (Jargon, Lynkurer): Tragen Sie ihn, um die sexuelle Energie zu verstärken oder Liebe zu wecken. Führen Sie ihn mit sich, um Depressionen zu vertreiben, die Aufmerksamkeit zu erhöhen und geschäftlichen Erfolg zu haben.

GRÜNER ZIRKON: Grüne Zirkone werden in Geldzauberritualen verwendet.

ORANGEFARBENER ZIRKON (Hyazinth): Tragen Sie ihn, um die Schönheit zu verstärken und Ängste und Eifersucht zu besänftigen. Auf Reisen mitgeführt, schützt er vor Verletzungen. Im Haus getragen oder platziert, sichert er es vor Diebstahl – bewahren Sie also einen orangefarbenen Zirkon bei Wertsachen auf. Wird er in Gold gefasst, ist er doppelt so stark.

ROTER ZIRKON (Hyazinth): Dieser Stein mehrt Reichtümer, wenn er getragen oder in entsprechenden Ritualen verwendet wird. Er schützt auch vor Verletzungen. Als Schutzstein belebt er den Körper, verleiht Energie in Zeiten von körperlichem Stress und heilt. Trägt man ihn, zieht er Schmerzen aus dem Körper.

Anmerkung des Herausgebers

Die folgenden vier Steine werden häufig in der Magie verwendet, auch wenn Scott Cunningham sie nicht in seine Enzyklopädie aufgenommen hat. Fotos dieser vier Steine finden Sie im Farbbildteil.

Hier einige grundlegende Informationen über jeden Stein.

Danburit

ENERGIE: rezeptiv

KRÄFTE: Stärke, mentale Kräfte, Spiritualität

MAGISCHER GEBRAUCH: Der Danburit vermittelt Stärke in turbulenten Zeiten. Er aktiviert mentale Kräfte und fördert die spirituelle Entwicklung.

Kyanit

ENERGIE: rezeptiv

KRÄFTE: Ausdauer, Liebe, Meditation

MAGISCHER GEBRAUCH: Der Kyanit dient dazu, die Liebe in all ihren Aspekten zu bejahen. Er fördert den rechten Geist für die Meditation.

Ulexit

ENERGIE: rezeptiv

KRÄFTE: Kreativität, Harmonie, Ausgeglichenheit, Mut

MAGISCHER GEBRAUCH: Ulexit wird auch »Fernsehstein« genannt. Legen Sie ihn auf diesen Text, die Schrift erscheint an der Oberfläche des Steins.

Vanadinit

KRÄFTE: Meditation, mentale Kräfte, Geld

MAGISCHER GEBRAUCH: Vanadinit ermutigt dazu, dem eigenen Herzen zu trauen. Ein guter Stein, um loszulassen und sich dem Universum zu öffnen.

TEIL DREI

Die Magie der Metalle

Kapitel 14

Die Metalle

Eine Feuerkugel blitzt und donnert über eine urzeitliche Landschaft. Sie schlägt mit ungeheurer Wucht auf dem Boden auf, sodass eine Wolke aus Staub und Schutt aufsteigt. Wenn sich diese Wolke legt, ist das ganze Gebiet von glatten, geschwärzten Objekten mit einem nahezu unwirklichen Gewicht übersät. Eine menschliche Gestalt, die dieses Phänomen mit eigenen Augen gesehen hat, kauert sich misstrauisch hin, beobachtet den Himmel, erhebt sich dann wieder und mustert das seltsame Material zur ihren Füßen. Größenordnung, Glanz und Gefährlichkeit des Ereignisses lösen etwas im Verstand des Augenzeugen aus. Nachdem der Mensch lange verharrt hat, greift er vorsichtig einen der noch immer warmen Steine. Irgendwie hat er das Gefühl, dass dies ein mächtiges Objekt ist, erfüllt von den Energien der unheimlichen Lichtpunkte am Himmel.

Zehntausend Jahre später sitzt eine Priesterin der Göttin Isis in einem ummauerten Garten neben einem Lotusteich. Sie betastet ein metallisches Bildnis einer knienden Figur mit Flügeln. Die Figur glänzt und schimmert wie das Licht des Mondes. Silber, sinniert sie, das Metall von Isis.

Weitere viertausend Jahre später entledigt sich ein Mann seiner Kleidung und legt behutsam seine Brille und sein Messingarmband ab. Er schlüpft in ein Gewand, das keine metallischen

Reißverschlüsse, keine stahlverstärkten Schnallen aufweist. Er bereitet sich auf Magie vor.

Metalle sind »das Fleisch der Götter und Göttinnen«, die Knochen der Erde, Manifestationen universaler Mächte. Für unser Bewusstsein mögen sie kostspielig oder gewöhnlich, wunderschön oder bloß interessant, heilig oder praktisch sein.

Alle Metalle sind mächtige magische Instrumente. Ihr ritueller Gebrauch – oder der Umstand, dass man sie meidet – ist so alt wie die Magie selbst. Genauso wie die Menschen der Frühzeit Kräfte im Inneren von Steinen spürten, entdeckten sie, dass auch Metalle Energien enthalten, die ungeheuren Einfluss haben. Ein Metall schützte vor dem Bösen. Ein anderes bannte Albträume. Ein drittes diente einzig und allein dazu, die Kräfte hinter dem Leben und dem Universum zu ehren.

Später, als die Menschen die Technik erfanden, Metalle aus ihrer steinernen Ummantelung zu befreien, entwickelte sich auch ein verfeinerteres magisches Wissen im Hinblick auf die Metalle.

Heutzutage ist die Metallmagie nahezu vergessen, so wie einst das Wissen um Kräuter und Steine. Das ist schade, da Metalle in der Magie genauso mächtig und wirksam sind.

Metalle können allein oder in Kombination mit Steinen verwendet werden. Falls Sie Steinschleifer oder Goldschmied sind, können Sie Ihre eigenen magischen Ringe, Armbänder und Kronen fertigen. Wenn nicht, können Sie inzwischen viele Stücke in Läden kaufen, im Versandhandel bestellen oder nach Wunsch herstellen lassen.

Für die Magie der Metalle brauchen Sie weder ein Pfund Gold noch eine Tonne Silber. Sie müssen auch nicht in ferne Länder reisen, um in Bergwerken danach zu suchen. Metalle gibt es überall um uns herum. Um diese Magie auszuüben, müssen wir nur die Energien erkennen, die in ihnen geweckt werden wollen.

Planetarische Metalle

Mindestens seit altbabylonischer Zeit werden bestimmte Metalle mit den Planeten assoziiert. Dieses für den rituellen Gebrauch entwickelte System ist bis heute ziemlich konstant geblieben.

Um einen Zauber auszuüben, der mit einem der Planeten zusammenhängt (mehr darüber im Abschnitt »Zusätzliche Informationen«, S. 264–267), übertragen Sie auf sein Metall Ihr spezielles magisches Bedürfnis und verwenden es in irgendeinem bedeutungsvollen Ritual, genauso wie Sie es bei Steinen tun würden.

Metalle können getragen, mitgeführt, in Tuchbeutelchen gegeben oder neben Kerzen oder Steine platziert werden. Es sind Ihnen keine Grenzen gesetzt.

Denken Sie daran, dass die Menschen der Antike Sonne und Mond als Planeten betrachteten, wenn Sie die folgende Liste der Himmelskörper und ihrer jeweiligen Metalle studieren:

SONNE – Gold
MOND – Silber
MERKUR – Quecksilber, Elektrum
VENUS – Kupfer
MARS – Eisen
JUPITER – Zinn
SATURN – Blei

Dies ist das Grundsystem, obwohl seit diesen lange zurückliegenden Zeiten noch andere Metalle (und Planeten) entdeckt wurden. Ausführliche Informationen über diese Metalle finden Sie in den einzelnen Beschreibungen.

Elementare Metalle

Metalle sind zwar offensichtlich mit der Erde verbunden, doch sie werden auch jedem der Elemente zugeschrieben und bieten somit eine weitere Struktur für die Gestaltung des Rituals. Näheres zu den magischen Einflüssen der Elemente erfahren Sie im Abschnitt »Zusätzliche Informationen« (s. S. 268–270).

ERDE regiert Blei und Quecksilber.
LUFT regiert Aluminium, Quecksilber und Zinn.
FEUER regiert Antimon, Messing, Boji-Steine und Gold.
EISEN regiert Meteorit, Pyrit und Stahl.
WASSER regiert Kupfer, Magnetit, Quecksilber und Silber.
AKASHA regiert Boji-Steine und Meteorit.

Merkur wird wegen seiner besonderen Eigenschaften gemeinsam von Erde, Luft und Wasser regiert (mehr darüber in der entsprechenden Beschreibung). Elektrum und andere Amalgame oder Legierungen werden offensichtlich von den Elementen beherrscht, die jeweils ihre Komponenten regieren. (Elektrum beispielsweise, eine natürliche Legierung von Gold und Silber, wird von Feuer und Wasser regiert.)

Diese beiden Systeme der rituellen Assoziationen sind, wie gesagt, Instrumente, die der Magier dazu benutzen kann, Rituale zu erschaffen. Sie sind Systeme und keine Zwangsjacken!

Aluminium

ENERGIE: projektiv
PLANET: Merkur
ELEMENT: Luft
KRÄFTE: mentale Fähigkeiten, Reise, Bildmagie

MAGISCHER GEBRAUCH: Aluminium ist vielleicht das am meisten missbrauchte Metall der Neuzeit. So sind Kochutensilien aus Aluminium seit Langem beliebt – ungeachtet der offensichtlichen Gefahr, dass die Hitze bestimmte Elemente des Aluminiums auf die gekochten Speisen überträgt, und zwar möglicherweise mit riskanten Folgen.

Aluminium oder Formen aus diesem leichten Metall werden für alles Mögliche verwendet, von Aspirinröhrchen bis zu Deosprays, von Getränkedosen bis zu Flugzeugteilen.

Dieses »moderne« Metall wird zuweilen als Alternative zu Quecksilber empfohlen, das traditionellerweise dem Planeten Merkur zugeschrieben wird, dem es seinen lateinischen Namen *mercurium* verdankt. Aluminium ist natürlich weniger gefährlich im Gebrauch, aber benützen Sie es nicht zum Kochen. In der Magie kann man kleine Stücke Aluminium mitführen, um mentale Fähigkeiten anzuregen.

Aufgrund seiner modernen Assoziationen mit dem Reisen wird Aluminium in Zauberritualen für Fahrten in ferne Länder benutzt.

Alufolie, die aus jeder Küche der Welt verbannt werden sollte, können Sie als ein Instrument der Bildmagie verwenden.

Legen Sie ein großes Stück Folie auf Ihren Steinaltar. Zünden Sie Kerzen an, deren Farbe Ihrem magischen Bedürfnis entspricht. (Magische Informationen über Farben in Bezug auf Steine, Kerzen und magische Ziele finden Sie im Abschnitt »Der Regenbogen der Kraft«, S. 32–41).

Während Sie an Ihr magisches Bedürfnis denken, falten Sie die Folie, bis sie die richtige Form hat. Lassen Sie Ihre Visualisierung von dieser Form beflügeln; senden Sie Energie in sie hinein und durch sie hindurch, um Ihr Bedürfnis manifest zu machen. Wenn Sie fertig sind, glätten Sie die Folie und spülen Sie sie mit

Wasser ab. Wenn sie getrocknet ist, können Sie dieses Stück Folie jeden Tag verwenden. Wiederholen Sie das Ritual, bis Sie Erfolg haben.

Aluminium zu recyceln ist eine neue Form der »Magie«, bei der wir Abfall in Geld verwandeln. Es ist ökonomisch, ökologisch und magisch vernünftig. Wenn Sie in der Nähe einen Recyclinghof haben, heben Sie Ihr Aluminium auf und verwandeln Sie es in »Gold«.

Antimon

ENERGIE: projektiv

PLANET: Sonne

ELEMENT: Feuer

KRÄFTE: Schutz

MAGISCHER GEBRAUCH: Tragen Sie ein kleines Stück Antimon, um sich gegen negative Schwingungen zu schützen. Dieses weiße Metall kann auch allgemein zum Schutz getragen oder mitgeführt werden.

Fügt man etwas Antimon zu Kombinationen von Schutzsteinen hinzu, stärkt dies deren Kräfte.

Blei

ENERGIE: rezeptiv

PLANET: Saturn

ELEMENT: Erde

ASSOZIIERTE KRÄUTER: Rose, Brennnessel, Gartenraute, Kreuzkümmel

KRÄFTE: Weissagen, Schutz, Abwehrzauber

MAGISCHES/RITUELLES WISSEN: Blei wird seit Langem in der Magie verwendet. Bei den alten Griechen wurden Täfelchen aus diesem Metall rituell aufgeladen und mit »Kraftworten« beschrieben. Diese Täfelchen dienten generell negativen Zauberformen, weil das Blei dafür sorgte, dass der Zauber lange anhielt.

In Indien wurden im 11. Jahrhundert Talismane und Figuren, die eine Empfängnis bewirken oder die Fruchtbarkeit von Gärten und Obstgärten erhöhen sollten, in Bleitäfelchen eingeritzt.

MAGISCHER GEBRAUCH: Blei ist ein schweres Metall, das zum Tod führt, wenn es vom Körper aufgenommen wird. Die alten Römer kamen dahinter, als sie Geschirr und Kochutensilien aus Blei benutzten.

Bei einem merkwürdigen Wahrsageritual, das Charles Godfrey Leland im 19. Jahrhundert in Italien notiert hat, wird Blei verwendet. Nehmen Sie zwei Rosensamen (aus der Hagebutte, die sich bildet, nachdem eine Rose ihre Blütenblätter verloren hat), drei Brennnesselblätter, zwei Rautenblätter und drei Kreuzkümmelsamen. Geben Sie alles mit einer kleinen Menge Blei auf einen Metallteller.

Zünden Sie um Mitternacht, nachdem Sie Ihren Geist von allen überflüssigen Gedanken befreit haben, zwei gelbe Kerzen und ein Feuer an. Stellen Sie den Metallteller auf das Feuer. Füllen Sie dann ein großes Becken mit Wasser. Sobald das Blei geschmolzen ist, gießen Sie es zusammen mit der Kräuterasche ins Wasser.

Wenn sich das Bleiklümpchen abgekühlt hat, holen Sie es aus dem Wasser und betrachten seine Form. Das Ritual und das Blei selbst sollten Ihnen den Zugang zu Ihrem übersinnlichen Geist ermöglichen. Wenn Ihnen nichts einfällt, legen Sie das Bleiklümpchen unter Ihr Kopfkissen und lassen sich von Ihren Träumen leiten.

Blei wird in Schutzzaubern getragen und verwendet und spielt auch im Abwehrzauber eine Rolle. Es kann neben den Hauseingang platziert werden, um Negativem den Zugang zu verwehren.

Boji-Steine

ENERGIE: projektiv

PLANET: Mars

ELEMENTE: Feuer, Akasha-Kraft, Schutz, Heilung, ausgleichende Energien

Als ich einmal in Denver war, drückte mir Leon, der Inhaber vom Isis Bookstore, mehrere bizarr aussehende »Steine« in die Hand. Sie waren grau, metallisch, schwer. Waren sie magnetisch? Nein. Einige waren oval mit einer körnigen Oberfläche, ziemlich glatt, andere hingegen waren mit dreikantigen Stücken irgendeines Metalls besetzt, das Kristalle im »Stein« gebildet hatte.

Ein paar waren röhrenförmig und sahen aus wie zwei Steine, die zusammengeschmettert und miteinander verschmolzen worden waren.

»Was ist das denn?«, fragte ich verwirrt.

»Boji-Steine«, erwiderte Leon lächelnd.

Nun, davon hatte ich noch nie gehört.

Als ich einen in jeder Hand hielt, spürte ich, wie eine unglaubliche Energie durch meinen Körper strömte.

MAGISCHER GEBRAUCH: Boji-Steine sind ein Rätsel. Ich habe sie Fachleuten mitgebracht, aber sie wissen nicht, was sie eigentlich sind. Kristalline Formen von Eisen? Pseudomorphe Kristalle (in denen organische oder mineralische Substanzen ersetzt sind, in diesem Fall durch Metall)? Zumindest ein Exemplar, erfuhr ich, scheint ein fossiler Wirbel eines alten Tiers zu sein, wobei der Knochen durch eine Form von Pyrit ersetzt wurde.

Was immer sie sind – Boji-Steine senden kräftige, projektive Schwingungen aus. Sie sind anscheinend nützlich, um die Körperenergien auszugleichen, und wirken somit beruhigend, erdend und heilend. Eine Frau berichtete mir, als sie einen Stein in der Hand gehalten habe, sei der Schmerz daraus verschwunden.

Mit Sicherheit schützen sie, indem sie unsere übersinnlichen Abwehrkräfte aufladen.

Eisen

ENERGIE: projektiv

PLANET: Mars

ELEMENT: Feuer

GOTTHEIT: Selene

ASSOZIIERTE STEINE: Bergkristall, Lochsteine

ASSOZIIERTE METALLE: Magnetit, Meteorit

KRÄFTE: Schutz, Abwehrzauber, Stärke, Heilung, Erdung, Rückgabe gestohlener Dinge

MAGISCHES/RITUELLES WISSEN: Eisen kommt selten in reiner Form vor – außer in Meteoriten. Daher wurde das erste Eisen, das Menschen verwendeten, aus diesen seltsamen Himmelskörpern gewonnen. Man fertigte daraus einfache Werkzeuge, wobei man die Knochen- und Steingeräte früherer Menschen durch Eisen ersetzte.

Fast überall auf der Welt lernten die Menschen schließlich, Eisen aus seinem Erz zu gewinnen. Seither stand es für eine breitere Verwendung zur Verfügung. Zugleich schränkte man es auf eine rein physische Verwendung ein und begrenzte seinen Gebrauch in Magie und Religion.

Im antiken Griechenland beispielsweise wurde kein Eisen in die Tempel gebracht, und römische Priester durften während der körperlichen Reinigung nicht mit Eisen rasiert oder geschabt werden.

In Irland, Schottland, Finnland, China, Korea, Indien und anderen Ländern unterliegt Eisen strengen Tabus. In alten Ritualen wurde Feuer immer wieder ohne Eisen gemacht, Altäre wurden ohne seine Verwendung errichtet und magische Rituale erst dann vollzogen, wenn der Körper von allen Spuren des Metalls frei war.

Kräuter wurden üblicherweise mit Messern gesammelt, die nicht aus Eisen waren, weil man glaubte, die Schwingungen dieses Metalls würden die Kräuterenergien »blockieren« oder »durcheinanderbringen«.

Die Hindus glaubten einst, die Verwendung von Eisen in Bauwerken würde Epidemien verbreiten. Noch heute meinen manche Menschen, ein Geschenk aus Eisen würde Unglück bringen.

Dennoch hatte Eisen seinen festen Platz in der Magie. Speziell in Schutzritualen wurde es getragen oder verwendet. Man glaubte, Dämonen, Geister, Feen und andere Fantasiewesen würden seine starken projektiven Schwingungen fürchten.

In China glaubte man, Drachen hätten Angst vor Eisen. Wenn man Regen benötigte, warf man Stücke des Metalls in »Drachenteiche«, um diese Kreaturen aufzuscheuchen und in den Himmel zu schicken, damit sie dort Regenwolken bildeten.

Im alten Schottland diente Eisen zur Abwehr von Gefahren, wenn im Haus jemand gestorben war. Eisennägel oder Stricknadeln wurden in jedes Nahrungsmittel – Käse, Getreide, Fleisch und so weiter – gerammt, um als eine Art Blitzableiter zu fungieren und die verwirrenden Schwingungen anzuziehen, die der Tod in den Lebenden erwecken könnte, und damit die Nahrung vor möglicher Verseuchung zu schützen.

Die alten Römer trieben Eisennägel in ihre Hauswände, um ihre Gesundheit zu erhalten, besonders in Pestzeiten.

Wegen seiner schützenden Wirkungen galt Eisen indes auch zuweilen als heilig. Diebe im alten Irland wagten nicht, es zu stehlen.

MAGISCHER GEBRAUCH: Eisen – das ist pure schützende Kraft, aktiv, suchend, blendend, verwirrend, behütend.

Legen Sie für einen starken Schutz kleine Eisenstücke in jedes Zimmer des Hauses oder vergraben Sie sie an den vier Ecken Ihres Grundstücks. In früheren Zeiten verwendete man zuweilen Eisenzäune, um zu verhindern, dass Negatives in das Haus eindrang.

Tragen Sie während der Schutz- oder Abwehrmagie einen Eisenring, in den das Symbol von Mars (♂) eingraviert ist. Oder besorgen Sie sich eine acht Zentimeter dicke weiße Kerze und acht alte Eisennägel. Erwärmen Sie die Nägel im Feuer (oder in der Flamme einer roten Kerze) und stecken Sie sie dann in einem Zufallsmuster in die weiße Kerze. Zünden Sie die mit Nägeln besetzte Kerze an und visualisieren Sie, dass Sie behütet, geschützt, sicher sind.

Eisen zu tragen oder ein kleines Stück von diesem Metall mitzuführen verstärkt die physische Kraft und ist ein ausgezeichneter Talisman für Sportler.

Eisen wird auch bei Heilritualen verwendet. Ein Stückchen Eisen wird nachts unter das Kopfkissen gelegt. Ursprünglich sollten damit die »Dämonen« abgeschreckt werden, die die Krankheit verursacht hatten. Damit kann aber auch die Selbstheilungsfähigkeit des Körpers verstärkt werden.

Eisenringe oder -armbänder werden getragen, um dem Körper Krankheiten zu entziehen. Dieser Brauch reicht mindestens bis zu den Römern zurück.

Hier ein merkwürdiges Ritual aus Deutschland zur Heilung von Zahnschmerzen: Gießen Sie Öl auf ein Stück erhitztes Eisen. Die Dämpfe, die vom Eisen aufsteigen, werden das Problem beheben.

Im alten Schottland wurden heilende Steine – Bergkristalle oder Lochsteine – in Eisenkästchen aufbewahrt, um sie vor übernatürlichen Wesen zu schützen, die sie stehlen könnten.

Eisen wird auch zur Erdung getragen, um die übersinnlichen Zentren zu schließen und Energie daran zu hindern, aus dem

Körper zu fließen. Das ist während magischer Rituale natürlich nicht das Beste, aber es ist in Ordnung, wenn jemand übersinnlichen oder emotionalen Angriffen ausgesetzt ist, körperlich erschöpft ist oder sich auf physische Dinge konzentrieren möchte.

Ein Hufeisen und die Nägel, mit denen sie an den Hufen befestigt werden, sind uralte magische Instrumente. Vielleicht wurden sie erstmals im alten Griechenland verwendet, wo sie *seluna* hießen und mit dem Mond und der Göttin Selene assoziiert wurden.

Ein Hufeisen, das im Haus über der Haustür aufgehängt wird, sorgt für Schutz. Während es unterschiedliche Theorien darüber gibt, wie das Hufeisen »richtig« aufgehängt werden soll, platziere ich es stets mit den Spitzen nach oben. Idealerweise wird es mit drei seiner Originalnägel an die Wand genagelt.

Ein alter Hufeisennagel wird zuweilen zu einem Ring gebogen (falls Sie einen finden, der lang genug ist) und als Glücksbringer und zur Heilung getragen.

Falls Ihnen etwas gestohlen wurde und Sie einen Kamin im Haus haben, probieren Sie doch einmal diesen Zauber: Nehmen Sie einen Hufnagel, den Sie zufällig gefunden haben. Hämmern Sie ihn in den Kamin, und visualisieren Sie, dass der gestohlene Gegenstand in Ihr Haus zurückkehrt.

Noch heute gibt es Magier und Wiccaner, die erst alle Spuren von Eisen von ihrem Körper entfernen, bevor sie magisch tätig werden, aber dieser Brauch gerät allmählich in Vergessenheit.

Elektrum

MAGISCHER GEBRAUCH: Elektrum ist ein allgemeiner Begriff für eine Mischung oder Legierung von Metallen. Gold, Silber und Platin findet man oft in der einen oder anderen Kombination in Elektrum, das in der Magie verwendet wird.

Natürliches Elektrum kommt selten vor und war einst für eine Verwendung in der Magie hoch begehrt. Heute wird Elektrum zwar künstlich hergestellt, doch das mindert seine Energien nicht.

Das Verfahren, Metalle miteinander zu verbinden, kombiniert auch ihre Kräfte. Das so entstehende »neue« Metall wird in verschiedenen magischen Operationen verwendet, etwa wenn die kombinierten Kräfte mehrerer Planeten erforderlich sind, oder auch für einen speziellen Zweck.

Vor Jahrhunderten wurde Elektrum aus Gold und Silber zu einem Becher verarbeitet. Wurde eine giftige Lösung in den Becher gegossen, verriet das Elektrum ihre Anwesenheit, indem es halbrunde Regenbögen und Funken abgab.

Wir müssen das zwar nicht allzu ernst nehmen (auch wenn ein derartiger Effekt durch übersinnliche Wahrnehmung festgestellt werden könnte), und bestimmt ist das Vergiften heute nicht mehr so gang und gäbe wie in früheren Zeiten, doch immerhin ist dies ein Beispiel für die Kräfte, die dem Elektrum zugeschrieben werden.

Die alten Ägypter fertigten Schmuck aus natürlich vorkommendem Elektrum. Heutige Magier, die sich in Metallverarbeitung auskennen, stellen für spezielle Zwecke ihr eigenes Elektrum her.

So könnte zum Beispiel ein Wiccaner, der sich der alten Göttin und dem Gott der Natur verschrieben hat, einen Ring oder einen Anhänger aus einem Elektrum von Gold und Silber tragen. Dies wäre dann ein Symbol der Einheit der beiden Urgottheiten.

Heute ist Elektrum im Handel nur selten erhältlich und muss daher meist eigens hergestellt werden.

Gold

ENERGIE: projektiv

PLANET: Sonne

ELEMENT: Feuer

ASSOZIIERTE STEINE: Bergkristall, Lapislazuli, Olivin, Peridot, Sardonyx, Sonnenstein, Topas, Türkis, Zirkon (mehr über spezielle Anwendungen finden Sie in den Beschreibungen zu diesen Steinen)

ASSOZIIERTE METALLE: Magnetit, Pyrit (mehr über spezielle Anwendungen finden Sie in den Beschreibungen dieser Metalle)

KRÄFTE: Macht, Heilung, Schutz, Weisheit, Geld, Erfolg, sexuelle Funktionsstörungen des Mannes

MAGISCHES/RITUELLES WISSEN: Gold ist sehr eng mit Göttlichkeit verbunden, insbesondere mit Göttern, die mit der Sonne assoziiert werden. Zu allen Zeiten war Gold, wo auch immer es gefunden oder erworben wurde, oft das Material der Wahl zur Gestaltung heiliger Bilder und zum Schmuck von Altären. Es galt auch als höchstes Opfer, das den Göttern dargebracht werden konnte.

Für viele Menschen ist Gold das Symbol für Reichtum und Erfolg. Man trägt Goldschmuck, als wollte man sagen: »Ich bin erfolgreich.« Doch nur wenige Menschen kennen seine uralten magischen Eigenschaften.

Magier, die fast ausschließlich mit der Sonnenenergie arbeiten, tragen rituellen Goldschmuck, um sich auf diese Kraftquelle einzustimmen. Auch im Wicca-Glauben tragen die Hohepriester wie diejenigen, die die Sonne als Symbol des Gottes verehren, oft Gold.

Der Legende nach ernteten die Druiden Mistelzweige mit Sicheln aus Gold. Auch mittelalterliche Kräuterkundige benutzten bei der Kräuterernte goldene Geräte, um die Kraft der Pflanzen zu stärken, die sie sammelten.

MAGISCHER GEBRAUCH: Gold, das in magischer Hinsicht vielleicht stärkste Metall, wird in der Magie verwendet, um seine Energie für Rituale zu nutzen. Wird Goldschmuck während der Magie getragen, verstärkt er die Fähigkeit des Magiers, Kraft zu wecken und auszustrahlen. Wenn Sie Gold im Alltag tragen, erhöht es Ihre persönliche Kraft und fördert damit Mut, Vertrauen und Willenskraft.

Wie erwähnt wurden Goldwerkzeuge traditionell zum Sammeln von Kräutern benutzt. Ich sage »traditionell«, weil reines Gold für diesen Zweck zu weich ist. Falls Sie zufällig einige vergoldete Messer bei sich zu Hause haben, wären sie ideal für das Kräutersammeln. Streng genommen sollten sie nur zum Sammeln projektiver (männlicher, positiver oder elektrischer) Kräuter verwendet werden. Silbermesser eignen sich symbolisch gesehen besser zum Sammeln rezeptiver (weiblicher, negativer, magnetischer) Kräuter.

Goldketten werden um den Hals getragen, um die Gesundheit zu erhalten, Goldarmbänder lindern Arthritis. Wer Gold gewohnheitsmäßig trägt, soll lange leben.

Wegen seines Sonnenglanzes ist Gold ein schützendes Metall. Schlichtes Gold kann als Wächter mitgeführt oder getragen werden. Auch ein mit Goldnägeln besetzter Goldring schützt. Bis heute behütet man kleine Kinder in Indien durch winzige Goldamulette. Die noch immer von Christen getragenen Goldkreuze und –kruzifixe gehen auf alte heidnische Bräuche zurück.

Legen Sie während der Schutz- oder Abwehrmagie goldene Objekte oder Goldschmuck auf den Steinaltar. Eine einfache Goldkette, die um eine weiße Kerze gelegt wird, kann Schutzrituale fokussieren.

Gold wird auch benutzt, um Weisheit zu fördern. Zu diesem Zweck wird es nicht getragen, sondern einem anderen Menschen gegeben. Dies geschieht, um dem Geber Erleuchtung zu bringen.

Da Gold seit Langem als Tauschmedium dient und einen großen Wert besitzt, spielt es oft eine Rolle in Geldritualen. Das mag Ihnen merkwürdig vorkommen. Wenn Sie schon Gold haben, warum sollten Sie dann noch Geldrituale vollziehen? Tatsächlich genügt dafür schon die kleinste Menge Gold, sogar ein Stückchen Blattgold. Denken Sie sich doch einmal Rituale aus, in denen Gold, Geld anziehende Edelsteine und Kerzen eine Rolle spielen.

Schmuck aus Goldnuggets wird getragen, um dem Magier kontinuierlich Geld zuzuführen – vorausgesetzt natürlich, er ist reich genug, um solche Ringe zu besitzen. Man glaubt, solcher Schmuck sei besonders stark für Bergarbeiter wie für jene, die in Bergwerke oder Edelmetalle investieren.

Als Symbol der Sonne wird Gold in Erfolgsritualen verwendet. Als hilfreich erweist es sich auch, entsprechend aufgeladenes Gold zu tragen, um Funktionsstörungen der männlichen Sexualität (Impotenz) zu beheben.

Kupfer

ENERGIE: rezeptiv

PLANET: Venus

ELEMENT: Wasser

GOTTHEITEN: Aphrodite, Astarte, Ishtar

ASSOZIIERTE STEINE: Bergkristall, Smaragd

ASSOZIIERTES KRAUT: Mimose

KRÄFTE: Energie lenken, Heilung, Glück, Liebe, Schutz, Geld

MAGISCHES/RITUELLES WISSEN: Kupfer, ein rötlich orangefarbenes Metall, ist seit Langem mit dem Göttlichen verbunden. In Mesopotamien wurde es der Himmelskönigin sowie Göttinnen zugeschrieben, die mit dem Planeten Venus verbunden waren: Ishtar, Astarte und vielleicht auch Inanna, deren sumerischer Vorläuferin.

In Babylon ebenso wie bei den frühen Bewohnern der nordwestamerikanischen Pazifikküste war es auch der Sonne geweiht.

MAGISCHER GEBRAUCH: Kupfer ist als elektrischer Leiter bekannt. Ein moderner magischer Gebrauch dieses Metalls besteht in der Herstellung von Zauberstäben aus Kupferrohr. Sie werden am oberen Ende mit einem Bergkristall versehen und zuweilen in Leder oder einen anderen abschirmenden Stoff eingehüllt. Mit solchen Zauberstäben werden in magischen Ritualen Energien gelenkt. Kupfer wird auch in Ritualen zum gleichen Zweck getragen – nämlich um die Fähigkeit des Magiers zu erhöhen, Energien zum magischen Ziel hinzulenken.

Seit Langem wird Kupfer benutzt, um eine Heilung anzuregen. Dies beruht anscheinend auf der Fähigkeit des Kupfers, die Polarität des Körpers oder den Fluss der projektiven und der rezeptiven Energien ins Gleichgewicht zu bringen. Blockaden in diesem Energiemuster führen den Schamanen wie den Heilern zufolge zu einem Ungleichgewicht und damit zu Krankheiten.

Es gibt unendlich viele Heilanwendungen für Kupfer. In Mexiko legt man vor einer Reise eine Kupfermünze auf den Nabel, um eine Reisekrankheit zu verhindern. Kupfer wird getragen, um Rheuma, Arthritis und andere Schmerzzustände zu lindern. Zur Linderung von Krämpfen wird Kupferdraht lose um Beine und Arme befestigt.

Reines Kupfer in jeder Form wird oft für allgemeine Heilzwecke getragen, auch um Übelkeit zu verhindern. Am wirkungsvollsten ist Kupfer bei allen Heilanwendungen, wenn es von Rechtshändern auf der linken Körperseite, von Linkshändern auf der rechten Seite getragen wird.

Kupfer ist ein Glücksmetall, vielleicht aufgrund seiner einstigen Sonnenattribute. Darum kann es in Kombination mit jedem Glück bringenden Edelstein verwendet werden.

Als Metall von Venus wird Kupfer getragen, um Liebe zu wecken. Falls Sie sich Smaragde leisten können, lassen Sie sie in Kupfer fassen und tragen Sie sie zu diesem Zweck.

In alter Zeit wurden Mimosensamen (*Acacia dealbata*) in Kupferringen gefasst und getragen, besonders bei Auseinandersetzungen, zum Schutz gegen alle Männerkrankheiten und gegen Negatives.

Schließlich dient Kupfer auch dazu, Geld anzuziehen und das Vermögen zu mehren. Legen Sie Cent-Stücke, besonders wenn sie in Schaltjahren geprägt wurden, in die Küche, um Geld ins Haus zu holen.

Magnetit

VOLKSTÜMLICHE NAMEN: Magnet, *Magnetis* (altgriechisch), *Shadanu Sabitu* (altassyrisch), Herkulesstein, *piedra iman* (spanisch)

ENERGIE: rezeptiv

PLANET: Venus

ELEMENT: Wasser

ASSOZIIERTE KRÄUTER: Sandelholz, Rose, Schafgarbe, Lavendel

ASSOZIIERTER STERN: Polarstern

ASSOZIIERTER STEIN: Koralle

ASSOZIIERTE METALLE: Eisen, Kupfer, Silber, Gold

KRÄFTE: Macht, Heilung, Anziehung, Freundschaft, Liebe, Treue, Heilung von Funktionsstörungen der männlichen Sexualität, Wille, Schutz, Geschäft, Geld, Glücksspiele

MAGISCHES/RITUELLES WISSEN: Der Legende nach schufen die alten Römer eine Statue der Venus aus Magnetit und ein Bild von

Mars aus Eisen. Als die beiden Statuen im Tempel nebeneinandergestellt wurden, zog Venus Mars an.

Unbestätigte Geschichten rühmen auch eine Statue, die mithilfe von Magnetiten ständig in der Luft schwebte.

Der Stein wurde einst mit dem mythischen Helden Herkules in Verbindung gebracht und damit ein Symbol für Stärke und Unverwundbarkeit.

In der heutigen Volksmagie gilt der Magnetit als lebendig. Er wird an einem Freitag in eine kleine Schale mit Wasser gegeben, damit er »trinken« kann, und dann ins volle Sonnenlicht zum Trocknen gelegt. Wenn er trocken ist, werden Eisenfeilspäne auf ihn als »Nahrung« gestreut.

Es gibt zwar durchaus Varianten dieses Verfahrens – manche bewahren den Stein in einem roten Beutel auf und geben einmal pro Woche Wasser und Eisenfeilspäne darauf –, doch insgesamt ist es ein weitverbreiteter Glaube.

Vor mehreren Jahrhunderten glaubte man, es sei gefährlich, einen Magnetiten während eines Gewitters bei sich zu haben, weil er Blitze anziehe.

Rieb man ein Messer an diesem Stein, wurde es nicht nur magnetisiert, sondern jede Wunde, die man damit beibrachte, und war sie noch so klein, galt als tödlich.

Einst glaubte man, durch die bloße Gegenwart eines Diamanten oder von Knoblauch werde der Magnetit seiner magnetischen wie seiner magischen Kräfte beraubt. In seinem Monumentalwerk *Magiae naturalis* (1558) behauptete Giambattista della Porta, er habe derartige Vorstellungen widerlegt.

Gleichwohl gab es noch immer Menschen, die sie für wahr hielten. Zum Glück ließen sich die Kräfte des Magnetit auf einfache Weise wiederherstellen. Er wurde mit Leinöl eingerieben, in einen Beutel aus Ziegenleder getan und mit Schmutz bedeckt. Zu allen

Zeiten diente er dazu, die Männlichkeit zu stärken und Funktionsstörungen der männlichen Sexualität (Impotenz) zu heilen. In Assyrien wurde er in einem sexuellen Ritus einer rein sympathetischen Magie verwendet. Der Mann legte einen Magnetit in Öl und rieb mit dem dabei entstehenden »Aufguss« seinen Körper und seinen Penis ein, um zu einem befriedigenden Beischlaf zu gelangen. Die Frau rieb ihren Körper mit Parzilli oder Eisenpulver ein, um ihre Attraktivität zu erhöhen. So vorbereitet ließen Paare vor dreitausend Jahren auf magische (oder psychologische) Weise ihre Hemmungen fahren und vergnügten sich miteinander.

Im 16. Jahrhundert befahl ein indischer König, sein Kochgeschirr aus Magnetit zu fertigen, um sich ewige Männlichkeit zu gewähren.

Prostituierte lockten Freier einst mit Magnetit an, und Diebe trauten ihm zu, sie vor den Behörden zu verbergen.

All dieses magische Wissen geht auf den natürlichen Magnetismus des Magnetits zurück. Er besitzt ebenso wie künstlich erzeugte Magneten die Kraft, Eisen anzuziehen. Vor fünfhundert Jahren war dies noch eine magische, wundersame Eigenschaft. Deshalb glaubten viele Menschen, im Magnetit lebe ein Geist oder Dämon, der ihm diese Kraft verleihe.

Inzwischen gibt es zwar für den Magnetismus eine wissenschaftliche Erklärung, doch noch immer wird der Magnetstein in magischen Ritualen verwendet. Dies ist besonders in Mexiko der Fall, wo er in *Botanicas* zusammen mit Kerzen, Räucherstäbchen, religiösen Medaillen, Schlangenhäuten, Ölen und verschiedenen anderen okkulten Dingen verkauft wird. Ähnliche Läden findet man auch in verschiedenen Teilen der USA, wo Menschen spanischer Herkunft leben.

Mexikanische Straßenhändler, die magische Dinge feilbieten, verkaufen auch Magnetite. Ich habe einmal einen bei einer Frau gekauft, die in einem von Touristen nicht besuchten Viertel von Tijuana auf einem Randstein hockte.

Man kennt ihn auch in Hoodoo und anderen amerikanischen Volksmagiesystemen.

Manchmal werden Magnetite grün (für die Verwendung in Geldzauberriten), rot (Liebe) und weiß (Schutz) angestrichen. Das Bemalen spielt natürlich in magischer Hinsicht keine Rolle – es sei denn, Sie bestehen darauf.

MAGISCHER GEBRAUCH: Der Magnetit ist ein Kraftstein, der dazu dient, Zauberriten zu stärken. Er wird in Kräuterkissen oder -amulette gegeben, auf den Altar gelegt oder getragen, um die Fähigkeit des Magiers zu verstärken, Energie zu wecken und freizusetzen.

In der mittelalterlichen zeremoniellen Magie wurde die Figur eines Ritters in voller Rüstung in den Magnetstein graviert. Dieser Stein diente bei Ritualen dazu, sie magisch aufzuladen.

Je größer der Stein ist, desto mehr Kraft wohnt ihm inne. Dies gilt zwar für alle Steine, doch beim Magnetit ist es von besonderer Bedeutung, denn seine magnetische Kraft entspricht seiner Größe.

Grundsätzlich wird der Magnetstein in der Magie zur Anziehung gebraucht. Da der Stein ein natürlicher Magnet ist, wird er im Ritual manipuliert, um Objekte oder Energien zu seinem Benutzer hinzuziehen. Somit kann er in jeder Art von Zauber verwendet werden.

Hier ein einfaches Beispiel: Ein in die Gürtelschnalle eines Mannes gefasster Magnetit zieht Erfolg in allen Unternehmungen an. Dies beruht wahrscheinlich auf der Anziehungskraft des Steins ebenso wie auf dem Umstand, dass er in der Nähe des Nabelchakras platziert wird. Dieses Energiezentrum ist mit persönlicher Macht und dem Willen verbunden. Wenn es durch die Gegenwart des Magnetits angeregt wird, erweitert es den Willen und sorgt somit für Erfolg. Dieser Zauber stammt übrigens aus Mexiko.

Aufgrund seiner magnetischen Kräfte dient der Magnetit auch dazu, Krankheiten und Schmerzen aus dem Körper herauszuziehen. Echte Heiler, die in einen Kranken Energie senden, um die natürlichen Heilkräfte des Körpers zu beschleunigen (oder genauer gesagt: Gleichgewichtsstörungen oder Blockaden in den Energieströmen des Körpers zu korrigieren), können den Magnetit dazu benutzen, um ihre Energien zu bündeln.

Der Stein kann über den betroffenen Teil des Körpers geführt oder direkt daraufgelegt werden. Dies gilt insbesondere für Schmerzen in den Händen und Füßen. Er wird auch mitgeführt, wobei er oft zunächst mit einem Heilöl wie Sandelholzöl eingerieben wird. Alle Magnetite, die in Heilritualen verwendet werden, um Krankheiten aufzunehmen, sollten nach jedem Gebrauch gereinigt werden.

Mit Magnetiten soll man Rheuma und Kopfschmerzen wirksam behandeln und Wunden heilen können. Vor ein paar Jahrhunderten galt es als ein Spezifikum gegen Gicht, wenn man einen Magnetit in ein schwarzes Beutelchen gab und an einem schwarzen Band um den Hals trug.

Ein kleiner, in Silber gefasster Magnetit sollte das Sehvermögen schärfen. In Gold gefasst, stärkte der Magnetit das Herz.

Hier ein einfacher Volkszauber, der den Körper von jeder Krankheit heilt: Halten Sie den Magnetstein in Ihren Händen und schütteln Sie ihn heftig, während Sie visualisieren, wie Ihre Krankheit Sie verlässt und in den Stein eingeht. Nach dem Ritual vergraben Sie den Stein für eine Woche in der Erde.

Jeder Magnetit, der für Heilungsrituale verwendet wird, um Krankheiten zu absorbieren, sollte nach jedem Gebrauch oder, falls er getragen wird, nach etwa einer Woche gereinigt werden.

Der Magnetit wird auch getragen oder mitgeführt, um Freundschaften anzuziehen. Wenn Sie gerade in eine neue Stadt umgezogen sind oder einen Job unter unbekannten Menschen angefangen haben, tragen oder führen Sie einen Magnetstein mit, um neue Freunde kennenzulernen.

Der Magnetit dient auch dazu, Liebe zu wecken. Er gilt daher nicht nur als Magnet für Eisen, sondern auch für Herzen, besonders wenn er in einem Ring getragen wird.

Legen Sie zwei Magnetite in einen Kreis aus rosafarbenen oder roten Kerzen, während Sie visualisieren, dass Sie eine Beziehung eingehen. Spüren Sie den starken Kontakt, das Vermischen von Energien, das mit der Liebe einhergeht. Visualisieren Sie das auch.

Für den gleichen Zweck werden oft auch zwei Magnetite in kleinen roten Beutelchen mitgeführt, zuweilen gemischt mit Liebe erweckenden Kräutern wie Rose, Schafgarbe und Lavendel (sowie Kupfer, einem weiteren Liebe erweckenden Metall).

Der Magnetit wird auch getragen, um Differenzen in einer Beziehung, vor allem Streitigkeiten, auszugleichen. Seine Grundfunktion besteht darin, die Gemüter abzukühlen, um eine echte Kommunikation zu ermöglichen.

Früher trugen schwangere Frauen eine Korallenhalskette mit einem Magnetit als Anhänger, um die Geburt zu erleichtern.

In der amerikanischen Volksmagie tragen Frauen Magnetite, um sicherzustellen, dass ihre Männer wieder nach Hause kommen. Somit regen Magnetite die Treue an. Da dies, wie jede Treuemagie, an Manipulation grenzt, soll hier kurz darauf eingegangen werden.

Wenn Sie eine Liebes- oder Sexualbeziehung mit einem anderen Menschen anfangen, besonders wenn Kinder daraus hervorgehen, übertragen Sie die Kontrolle über Ihr Leben zum Teil auf Ihren Partner und Ihre Familie. Dies gehört zum Geben in einer starken emotionalen Bindung.

Am besten sollte eine solche Treuemagie angewandt werden, um Ihren Partner behutsam an seine Verpflichtungen zu erinnern. Wenn eine Beziehung zu Ende geht, werden kein Zauberritual und kein Magnetit der Welt die Ekstase, den stillen Frieden und die emotionale Erfüllung der Liebe wiederbringen. Eine übersinnliche oder magische Versklavung hat mit Liebe nichts zu tun.

Die Fähigkeit des Magnetits, Impotenz zu kurieren, ist bereits erwähnt worden, aber derart drastische oder komplexe Methoden müssen gar nicht angewandt werden. Ein Mann, der unter sexuellen Funktionsstörungen leidet, kann den Stein in seiner rezeptiven Hand halten und eine befriedigende, erfüllte, lustvolle sexuelle Beziehung visualisieren.

Sobald dies geschehen ist, kann er den Stein mitführen oder unter die Matratze legen, damit er seine Kräfte freisetzt. Der Stein und die Visualisierung bewirken, dass die eigentliche Ursache der sexuellen Funktionsstörung beseitigt wird.

Der Magnetit dient auch als Schutzamulett, indem er getragen, im Haus platziert oder mitgeführt wird. Ein großer Magnetit, der von brennenden weißen Kerzen umgeben ist, strahlt schützende Energien im ganzen Haus aus. Er absorbiert Negatives, schickt es aber nicht an den Absender zurück. Deshalb sollten solche Steine bei jedem Vollmond in Salzwasser gereinigt werden.

Manche Menschen haben ständig zwei Magnetite dabei – den einen zum Schutz, den anderen als Glücksbringer. In Spanien glaubte man einst, wer einen Magnetit mitführe, sei gegen alle Gefahren geschützt, die von Stahl, Blei, Feuer und Wasser ausgehen.

Wenn es Ihnen an Willenskraft fehlt (d. h., wenn Sie sich nicht durchsetzen und in Übereinstimmung mit Ihren Zielen handeln können), übertragen Sie auf einen Magnetit mithilfe Ihrer Visualisierung diese spezielle Anweisung »Stärke meinen Willen«. Führen Sie dann den Stein mit und nutzen Sie die Energien, die er Ihnen sendet. Wie bereits erwähnt kann er fünf Zentimeter unter dem Nabel getragen oder dort platziert werden, während Sie auf dem Bauch liegen und visualisieren, dass Sie selbstbewusst und sicher sind.

Weil Magnetit ein anziehender Stein ist, dient er dazu, Geld oder geschäftlichen Erfolg anzuziehen. Geben Sie einen Magnetit in ein grünes Beutelchen mit einer Silbermünze, einem Stück Gold (wenn Sie eins haben) oder Geld anziehenden Kräutern wie Patschuli, Gewürznelken oder Tonka. Geschäftsleute können einen geladenen Magnetit in die Registrierkasse legen oder grüne Kerzen um einen Magnetit herum anzünden, um Kunden anzuziehen.

Schließlich halten manche Menschen den Magnetit für einen starken Spielertalisman. Er wird getragen oder mitgeführt, um bei Wetten Glück zu bringen.

Messing

ENERGIE: projektiv
PLANET: Sonne
ELEMENT: Feuer
ASSOZIIERTES METALL: Gold
KRÄFTE: Heilung, Geld, Schutz
MAGISCHER GEBRAUCH: Messing dient seit Langem als magischer Ersatz für Gold. Es besitzt zwar nicht alle Attribute von Gold, wird aber auch für Geld anziehende Rituale verwendet.

Laden Sie beispielsweise bei Sonnenaufgang acht Messingglöckchen und acht grüne Kerzen mit Ihrem Bedürfnis nach Geld auf. Tun Sie dies möglichst im direkten Sonnenlicht. Stellen Sie die Kerzen (in Haltern) ungefähr in Form eines Quadrats auf (zwei auf jeder Seite). Läuten Sie jedes Glöckchen über jeder Kerze und visualisieren Sie.

Oder legen Sie bei Wohlstandsritualen aufgeladenen Olivin, Aventurin oder irgendeinen anderen Geld anziehenden Stein auf ein Stück Messing.

Hier ein weiterer einfacher Geld anziehender Zauber: Ritzen Sie in ein kleines Stück Messing mit einem spitzen Nagel oder einem Gravierwerkzeug ein Pentagramm und tragen oder führen Sie das Messingstück mit, um Reichtum anzuziehen.

Messing wird auch in der rituellen Heilung verwendet. Einen Messingring zu tragen soll beispielsweise Magenkrämpfe beenden. Ein alter Zauber, der Nasenbluten stoppt, besteht darin, dass man einen Messingschlüssel auf den Nacken legt oder auf den Rücken fallen lässt.

Dieses goldgelbe Metall bietet auch Schutz. Messingschmuck schützt seinen Träger. In der Abwehrmagie dient Messing dazu, Negatives an seinen Absender zurückzuschicken. Aufgeladene Messingobjekte werden zu Schutzzwecken ins Haus gelegt.

Meteorit

VOLKSNAME: Aerolith

ENERGIE: projektiv

PLANET: keiner, da Meteoriten mit dem Universum assoziiert werden

ELEMENTE: Akasha, Feuer

GOTTHEIT: die Große Mutter

ASSOZIIERTE STEINE: Peridot, Diamant

KRÄFTE: Schutz, Astralprojektion

MAGISCHES/RITUELLES WISSEN: Meteoriten faszinieren die Menschen seit Urzeiten. Man hat sie für Geschenke der Götter und Göttinnen gehalten. Manche Meteoriten wie der Kaaba-Stein in Mekka und ein Stein, der die Große Muttergöttin von Phrygien darstellen soll, werden als Symbole der Göttlichkeit verehrt.

Ein vier Tonnen schwerer Stein wurde seit dem 13. Jahrhundert in China als heiliges Objekt verehrt. Der Stein, der wie ein kauernder Ochse geformt ist, ist in einem buddhistischen Schrein untergebracht. Vor einiger Zeit hat jedoch ein Team von chinesischen Geologen den Stein untersucht und festgestellt, dass er ein Meteorit ist, der vor etwa 1300 Jahren auf der Erde gelandet war. Seither wird der Stein nicht mehr verehrt.

In Babylonien war der Meteorit ein starker magischer Schutz. Man glaubte, er beseitige alles Böse aufgrund seines fremdartigen Aussehens und des »Donnerns seiner furchtbaren Macht«.

Peridot wird oft in Meteoriten gefunden. Vor einiger Zeit wurden auch winzige Diamanten in Meteoriten entdeckt, die 1969 in Mexiko heruntergefallen waren – die ersten Diamanten, die nicht auf unserem Planeten entstanden waren.

An dem einen oder anderen Ort auf der Erde dienten Meteoriten dazu, den Ursprung des Lebens zu erklären. Wenn schon Gesteine auf die Erde aus dem Weltall fielen, dann könnte dies doch auch mit Pflanzen, Wasser, Tieren und Menschen geschehen.

In symbolischer Hinsicht kann man Meteoriten als Durchdringung der physischen Welt durch die spirituelle Welt betrachten, als Astralkraft, als göttliche Ordnung oder Laune.

MAGISCHER GEBRAUCH: Meteoriten sind buchstäblich außerirdische Dinge. Sie besitzen die Kräfte intergalaktischer Flüge, der

Bewegung, der Geschwindigkeit und der von keiner Schwerkraft behinderten Energie.

Verwenden Sie sie in Schutzritualen. Legen Sie einen Meteoriten neben weiße Kerzen auf den Altar oder halten Sie ihn in der Hand.

Meteoriten werden auch dazu benutzt, um die Astralprojektion zu fördern. Bei Versuchen einer bewussten Astralprojektion wird ein kleiner Meteorit oder ein Fragment davon unter das Kopfkissen gelegt.

Pyrit

VOLKSTÜMLICHE NAMEN: Katzengold, Narrengold, Eisenkies, Inkastein

ENERGIE: projektiv

PLANET: Mars

ELEMENT: Feuer

KRÄFTE: Geld, Weissagen, Glück

MAGISCHES/RITUELLES WISSEN: Pyrit wurde von den alten Mexikanern zur Herstellung polierter Spiegel verwendet, mit denen sie vielleicht die Zukunft vorhersagen wollten. Stücke von diesem seltsamen Mineral wurden auch in die Medizinbeutel der indianischen Schamanen getan, vielleicht um zusätzliche Energie zu verleihen.

Im alten China diente dieser Stein dazu, vor Krokodilangriffen zu schützen, ein Problem, das die meisten Menschen zum Glück auch ohne den Stein vermeiden können.

MAGISCHER GEBRAUCH: Wegen seines gelblichen Schimmers und seines glänzenden Aussehens wird dieser »Stein« verwendet, um Reichtum und Geld anzuziehen.

Legen Sie fünf Stücke Pyrit auf Ihren Steinaltar. Umgeben Sie sie mit fünf grünen Kerzen. Zünden Sie die Kerzen an, und visualisieren Sie, dass Sie Geld finden, das Ihre finanziellen Bedürfnisse befriedigt.

Pyrit wird auch mitgeführt, um Geld und Glück zu bringen. Die glänzende Oberfläche von Pyrit kann auch als magischer Spiegel verwendet werden, um übersinnliche Impulse zu wecken. Tragen Sie ihn bei sich, ist er ein Glücksbringer.

Quecksilber

ENERGIEN: projektiv, rezeptiv

PLANET: Merkur

ELEMENTE: Wasser, Erde, Luft

MAGISCHES/RITUELLES WISSEN: Quecksilber ist jenes merkwürdige glänzende geschmolzene »Silber«, das nie fest wird. In Mystik und Magie ist es ein komplexes Metall. Es besitzt eine Doppelnatur: projektiv und rezeptiv, Yang und Yin, Metall und Flüssigkeit.

Wegen seiner Dichte wird Quecksilber vom Element Erde regiert. Weil es in einem flüssigen Zustand auftritt, wird es auch von Wasser regiert. Seine raschen Bewegungen verweisen zudem auf das Element Luft.

Da Quecksilber ausgesprochen giftig ist, könnte dieser Aspekt vielleicht von Feuer regiert werden.

Quecksilber ist jedenfalls seltsam. Zum Teil wird es gerade wegen seines einzigartigen Aussehens und seiner Eigenschaften in der Magie verwendet. So hielt man früher etwas Quecksilber in der Hand und benutzte es zum Kristallsehen. Für diesen Zweck verwendete man auch durchsichtige Glaskugeln, die mit Quecksilber gefüllt, fest verkorkt und dann verkehrt herum auf einen Ständer gestellt wurden.

Ein noch heute bei Spielern beliebter Talisman besteht aus einer ausgehöhlten Muskatnuss, die mit Quecksilber gefüllt und versiegelt wird. Führt man sie mit, soll sie Glück bei Karten- und Würfelspielen, bei Pferdewetten und im Lotto bringen.

Doch Quecksilber ist gefährlich, wenn man es einatmet, schluckt oder auch nur für längere Zeit berührt. Sein magischer Gebrauch ist somit begrenzt und vielleicht unnötigerweise riskant.

Im alljährlich erscheinenden *Witches' Almanac* wurde in der Ausgabe Widder 1976 bis Fische 1977 eine moderne Version der Hexenflasche abgedruckt, eines alten Schutztalismans. Dieser Talisman bestand aus drei Flaschen. Die kleinste Flasche wurde mit Quecksilber gefüllt und in eine zweite Flasche getan. Diese zweite Flasche wurde mit Wasser gefüllt, dann in ein noch größeres Glasgefäß gestellt und mit Sand, Steinen und Muschelschalen bedeckt.

Nachdem dieser Zauber veröffentlicht worden war, wurde er ungeheuer populär. Viele Menschen begannen damit, Quecksilber wieder in der Magie zu verwenden.

Doch es gibt sicherere und preiswertere Metalle, die Sie in der Magie verwenden können. Verwenden Sie also kein Quecksilber. Bitte!

Silber

ENERGIE: rezeptiv

PLANET: Mond

ELEMENT: Wasser

GOTTHEITEN: Isis, Diana, Luna, Selene, Lucina; alle Mond- und Nachtgöttinnen

ASSOZIIERTE STEINE: Smaragd, Perle, Jade, Lapislazuli

KRÄFTE: Beschwörung, Liebe, übersinnliche Wahrnehmung, Träume, Frieden, Schutz, Reise, Geld

MAGISCHES/RITUELLES WISSEN: Silber ist das Metall des Mondes. Weil es in seiner reinen Form vorkommt, war es eines der ersten Metalle, die von Menschen verwendet wurden. Wegen seiner Schönheit und Seltenheit wurden daraus Götterbilder und Opfergaben gefertigt.

Auf der ganzen Welt wird Silber mit den Mondmanifestationen der Großen Mutter, der ewigen Göttin, gleichgesetzt. Bis heute tragen Wicca-Hohepriesterinnen und diejenigen, für die der Mond ein heiliges Symbol der Göttin ist, ihr zu Ehren Silberhalbmonde. Bei Wicca-Vollmondritualen werden Silberobjekte auch auf den Altar gelegt.

Verehrer der Göttin können Silberglöckchen läuten, um bei Ritualen ihre Gegenwart zu beschwören. Da die Glocke an sich ein Symbol der Göttin ist und Silber ihr geweiht ist, ist dies das wirkungsvollste und magisch korrekteste Ritual.

Silber ist auch ein beliebtes Schutzamulett. In China werden kleine Kinder durch Silbermedaillons geschützt, die um den Hals getragen werden. Wenn französische Paare heiraten wollen, schützen sie sich durch eine Silberkette. Die Vorstellung, das Silberkugeln Vampire und Werwölfe vernichten, ist durch Literatur und Film verbreitet worden.

Silber ist das Metall der Gefühle, des übersinnlichen Geistes sowie von Liebe und Heilung.

MAGISCHER GEBRAUCH: Silberschmuck oder aufgeladene Steine wie Smaragd, Perlen, Jade oder Lapislazuli, die in Silberringe gefasst sind, werden getragen, um Liebe zu wecken. Sie können auch das Symbol der Venus (♀) in eine kleine runde Silberscheibe ritzen. Stellen Sie eine rosafarbene Kerze auf die Scheibe und zünden Sie sie an, während Sie visualisieren, wie eine Liebe in Ihr Leben kommt.

Weil Silber mit den Gefühlen verbunden ist, fühlen sich manche Menschen überreizt oder emotional überwältigt, wenn sie es zur Zeit des Vollmonds tragen. Wenn Ihnen dies widerfährt, achten Sie darauf und tragen Sie nötigenfalls etwas Gold, um sich ins Gleichgewicht zu bringen. Oder entfernen Sie einfach das Silber.

Silber ist auch ein übersinnlich beeinflussendes Metall. Wenn es getragen wird, regt es die übersinnliche Wahrnehmung an, während es gleichzeitig den bewussten Verstand einschläfert. Viele Medien tragen ständig Silber, um das Unterbewusste leichter anzapfen zu können.

Versuchen Sie in der Nacht des Vollmonds mit Silber wahrzusagen. Nehmen Sie ein Stück Silber mit hinaus ins volle Mondlicht. Beruhigen Sie sich und halten Sie das Silber etwa einen halben Meter vor Ihre Augen, wobei Sie Ihre Hand aufstützen. Fangen Sie das Spiegelbild des Mondes im Silber ein und betrachten Sie es, bis Sie übersinnliche Impulse wahrnehmen.

Silberschmuck vor dem Schlafen anzulegen ist eine Methode, übersinnliche Träume hervorzurufen. Falls das Schmuckstück mit Mondsteinen oder einem anderen übersinnlichen Stein besetzt ist, werden die Wirkungen noch stärker sein. Oder Sie legen ein Stück Silber unter Ihr Kopfkissen. Beruhigen Sie Ihren Geist, während Sie auf dem Metall liegen. Visualisieren Sie Ihr Bedürfnis nach einem übersinnlichen Traum. Sehen Sie, wie Sie sich am Morgen an Ihre wichtigen Träume erinnern.

Wenn Sie zornig oder nervös sind, tragen Sie etwas Silber. Einem alten Glauben zufolge wird jeder, der mit einem Silberring (ganz gleich, welchen Stein er enthält) berührt wird, augenblicklich ruhig.

Silber wird für Schutzzwecke verwendet. So wie der Mond das Licht der Sonne reflektiert, so reflektiert auch sein Metall alles Negative vom Träger weg. Kleine Silberkugeln (oder sonstiger Silberschmuck) werden zur magischen Sicherheit getragen. Weltweit beliebt sind Silberhalbmonde, deren »Hörner« das Böse abweisen.

Dieses Metall wird auch zu Schmuck verarbeitet, aufgeladen und dann getragen, um die Gedanken und Stimmungen des Trägers zusammenzuhalten. Silber soll besonders stark sein, um Reisende vor Gefahren zu schützen, insbesondere auf See.

Rund zwei Drittel der Weltbevölkerung verwenden Silbermünzen oder versilberte Münzen als Geld. Daher wird es ausgiebig in der Geld anziehenden Magie genutzt.

Übertragen Sie auf eine Silbermünze Geld anziehende Schwingungen. Sie können auch eine Silberperle oder ein anderes kleines Stück Silber nehmen. Legen Sie die Münze oder das Silberstück in oder unter einen Kerzenhalter, stecken Sie eine grüne Kerze hinein, zünden Sie sie an und visualisieren Sie, wie unerwartet Geld in Ihr Leben strömt.

Stahl

ENERGIE: projektiv

PLANET: Mars

ELEMENT: Feuer

KRÄFTE: Schutz, gegen Albträume, Heilung

MAGISCHES/RITUELLES WISSEN: Einst glaubte man, Stahl würde Schutz gegen böse Feen bieten.

MAGISCHER GEBRAUCH: Stahl ist ein relativ junges Metall und hat daher keine bedeutende magische Geschichte. Immerhin hat man einige Anwendungsmöglichkeiten entdeckt und bewahrt.

So werden zum Beispiel kleine Stücke Stahl mitgeführt, um gegen Negatives zu schützen. Ein Stahlring wird auch als Schutzamulett getragen.

Nehmen Sie ein stumpfes Stahlmesser in die Hand. Visualisieren Sie, wie es Negatives durchbohrt und vertreibt sowie negative Impulse daran hindert, Sie zu beeinträchtigen. Sehen Sie, wie Sie am nächsten Morgen erfrischt und verjüngt erwachen.

Legen Sie dann das Messer unter Ihr Bett und schlafen Sie darüber. Sie sollten dann keine Albträume mehr haben.

In der amerikanischen Volksmagie verhindert ein Stahlring, der an der Hand getragen wird, Rheumatismus. Wie viele dieser kleinen Rituale lässt sich auch dieses schwer beweisen!

ZINN

ENERGIE: projektiv

PLANET: Jupiter

ELEMENT: Luft

KRÄFTE: Weissagen, Glück, Geld

MAGISCHES/RITUELLES WISSEN: Ein alter Zauber aus Cornwall besagt, um Zinn in Silber zu verwandeln, müsse der Magier nichts weiter tun, als es in einer bestimmten Nacht des Mondzyklus in einen Behälter voller Ameisen zu geben. Bezeichnenderweise verschweigt der Zauber, welche Nacht dies sein soll. Die erste? Die siebte? Die zwanzigste?

MAGISCHER GEBRAUCH: Zinn, das Metall von Jupiter, wird zum Weissagen genauso verwendet wie Blei (siehe die entsprechende Beschreibung auf S. 231).

In der Silvesternacht, die sich hervorragend dafür eignet, zukünftige Trends vorherzusagen, schmelzen Sie eine kleine Menge Zinn in einem Eisenbecher über einer Flamme.

Sobald das Metall geschmolzen ist, werfen Sie es in einen Eimer mit Eiswasser. Schauen Sie sich dann die Form an, die das Metall angenommen hat, sowie die Falten oder Muster, die vielleicht darauf zum Vorschein gekommen sind. Sagen Sie danach die Zukunft voraus.

Zinn wird auch als Glücksbringer mitgeführt. Das Metall kann ferner zu Geld anziehenden Talismanen geformt werden, etwa zu minutiös nachgebildeten Euromünzen.

TEIL VIER

Zusätzliche Informationen

Dieser Teil besteht aus den sechs Abschnitten Energie, Beherrschende Planeten, Beherrschende Elemente, Magische Intentionen, Magische Ersatzsteine und Geburtssteine.

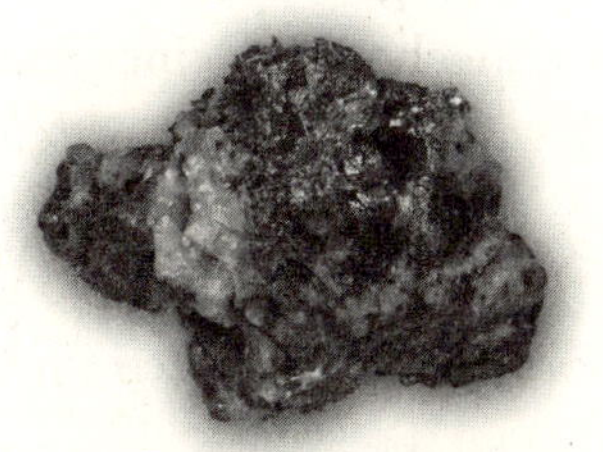

DIE TABELLEN

In den Tabellen werden Informationen aus dem Abschnitt »Magie und Volksweisheit« (s. S. 97–222) zum raschen Nachschlagen zusammengefasst. Sie enthalten aus zeitlichen und Platzgründen nur Informationen im Zusammenhang mit Steinen. Detaillierte Informationen zu einzelnen Steinen oder Metallen finden Sie in den jeweiligen Beschreibungen.

Bedenken Sie, dass diese Klassifikationen nur Vorschläge sind. Sie sind für mich gültig, aber vielleicht nicht für Sie. Stellen Sie Ihr eigenes System auf, falls dieses Sie nicht anspricht.

Energie

projektiv

Projektive Steine vermitteln Energie und sind nützlich für Heilung, Schutz, Exorzismus, intellektuelle Kräfte, Glück, Erfolg, Willenskraft, Mut und Selbstvertrauen.

Achat, braun
Achat, gebändert
Achat, rot
Achat, schwarz
Apachenträne
Asbest
Aventurin
Bergkristall
Bergkristall, Rutil
Bergkristall, Turmalin
Bimsstein
Blutstein
Calcit, orangefarben
Citrin
Diamant
Diamant, Herkimer
Feuerstein
Fluorit
Gneis
Granat
Hämatit
Jaspis, gefleckt
Jaspis, rot
Karneol
Katzenauge
Lava
Obsidian
Onyx
Opal
Pfeifenstein
Rhodochrosit
Rhodonit
Rubin
Sarder
Sardonyx
Serpentin
Sonnenstein
Sphen
Spinell
Tigerauge
Topas
Turmalin
Zirkon

REZEPTIV

Rezeptive Steine sind beruhigend und stressabbauend und beziehen sich auf Liebe, Weisheit, Mitgefühl, Beredsamkeit, Schlaf, Träume, Freundschaft, Wachstum, Fruchtbarkeit, Wohlstand, Spiritualität, übersinnliche Wahrnehmung und Mystik.

Achat, blau gebändert
Achat, grün
Achat, moosfarben
Alaun
Amethyst
Aquamarin
Azurit
Bergkristall
Bergkristall, blau
Bergkristall, grün
Bergkristall, rauchfarben
Bergkristall, rosafarben
Beryll
Calcit, blau
Calcit, grün
Calcit, rosafarben
Celestit
Chalcedon
Chrysokoll
Chrysopras
Fossilien
Geoden
Jade
Jaspis, braun
Jaspis, grün
Jett
Kohle
Koralle
Kreuzstein
Kunzit
Lapislazuli
Malachit
Marmor
Mondstein
Olivin
Opal
Peridot
Perle
Perlmutt
Salz
Saphir
Selenit
Smaragd
Sodalith
Sugilith
Türkis
Turmalin, blau
Turmalin, grün
Turmalin, rosafarben
Turmalin, schwarz
Versteinertes Holz

Beherrschende Planeten

SONNE

Die folgenden Steine sind nützlich für juristische Angelegenheiten, Heilung, Schutz, Erfolg, Erleuchtung, magische und physische Energie. In den Ritualen mit diesen Steinen verwendete Kerzen sind gewöhnlich orangefarben oder golden.

- Bergkristall
- Bernstein
- Calcit, orangefarben
- Diamant
- Karneol
- Pfeifenstein
- Schwefel
- Sonnenstein
- Tigerauge
- Topas
- Zirkon

MOND

Die folgenden Steine eignen sich für den Gebrauch in Ritualen um Schlaf, prophetische Träume, Gartenbau, Liebe, Heilung, das Meer, das Zuhause, Fruchtbarkeit, Frieden, Mitgefühl und Spiritualität. Kerzenfarben: Weiß oder Silber

- Aquamarin
- Bergkristall
- Beryll
- Chalcedon
- Mondstein
- Perle
- Perlmutt
- Saphir
- Selenit

MERKUR

Die folgenden Steine dienen der Stärkung geistiger Kräfte sowie für Beredsamkeit, Weissagung, Studium, Selbstverbesserung, Kommunikation, Reise und Weisheit. Kerzenfarbe: Gelb.

Achat
Aventurin
Bimsstein
Gneis
Jaspis, gefleckt

VENUS

Venussteine sind nützlich in Ritualen zur Förderung von Liebe, Treue, Versöhnung, Austausch, Schönheit, Jugend, Lust und Seligkeit, Vergnügen, Glück, Freundschaft, Mitgefühl und Meditation sowie in Ritualen, in denen es um Frauen geht. Kerzenfarbe: Grün.

Azurit
Calcit, blau
Calcit, grün
Calcit, rosafarben
Chrysokoll
Chrysopras
Jade
Jaspis, grün
Katzenauge
Koralle
Kunzit
Lapislazuli
Malachit
Olivin
Peridot
Smaragd
Sodalith
Türkis
Turmalin, blau
Turmalin, grün
Turmalin, rosafarben
Turmalin, Wassermelone

MARS

Diese Steine sind nützlich zur Förderung von Mut, Aggression, Heilung nach Operationen, physischer Stärke, Politik, sexueller Energie, Exorzismus, Schutz, Abwehrmagie sowie geeignet für Rituale, die sich um Männer drehen. Kerzenfarbe: Rot.

Asbest
Blutstein
Rhodochrosit
Rhodonit

Feuerstein
Granat
Jaspis, rot
Lava
Onyx
Pfeifenstein
Rubin
Sarder
Sardonyx
Turmalin, rot
Turmalin, Wassermelone

JUPITER

Die folgenden Steine eignen sich gut für Spiritualität, Meditation, übersinnliche Wahrnehmung und religiöse Rituale. Violette Kerzen können in Verbindung mit diesen Steinen beim Ritual angezündet werden.

Amethyst
Lepidolith
Sugilith

SATURN

Saturnsteine sind nützlich für Erdung, Zentrieren, Schutz, Läuterung und Glück. Kerzenfarben: Grau, Braun.

Alaun
Apachenträne
Hämatit
Jaspis, braun
Jett
Kohle
Obsidian
Onyx
Salz
Serpentin
Turmalin, schwarz

Anmerkung: Zusammen mit anderen Autoren und Magiern bin ich dabei, die Energien von Uranus, Neptun und Pluto zu nutzen, den drei Planeten, die die Magie der Antike noch nicht kannte. Derzeit gibt es nur begrenzte magische Informationen im Zusammenhang mit ihnen und die Meinungen gehen ziemlich auseinander. In Zukunft wird man weitere Steine ermitteln, die unter dem Einfluss dieser Planeten stehen. Einstweilen führe ich hier die Steine auf, die ich vorläufig der Herrschaft von Neptun und Pluto zugeordnet habe. (Einige dieser Steine werden auch von anderen Planeten beherrscht.)

NEPTUN

Amethyst
Celestit
Lepidolith
Perlmutt
Türkis

PLUTO

Kunzit
Quarz, Turmalin
Spinell

Beherrschende Elemente

ERDE

Steine, die mit diesem Element zusammenhängen, sind nützlich zur Förderung von Frieden, Erden und Zentrieren von Energien, Fruchtbarkeit, Geld, geschäftlichem Erfolg, Stabilität, Gartenbau und Landwirtschaft. Kerzen, die in Verbindung mit diesen Steinen verwendet werden, sollten grün sein.

Achat, grün
Achat, moosfarben
Alaun
Calcit, grün
Chrysopras
Jaspis, braun
Jaspis, grün
Jett
Katzenauge
Kohle
Kunzit
Malachit
Olivin
Peridot
Salz
Smaragd
Stalagmit
Stalaktit
Türkis
Turmalin, grün
Turmalin, schwarz

LUFT

Luft ist das Element von Kommunikation, Reise und Intellekt. Seine Farbe ist Gelb.

Aventurin
Bimsstein
Gneis
Jaspis, gefleckt
Sphen

FEUER

Feuersteine verwendet man für Schutz, Abwehrmagie, magische Energie, physische Stärke, Mut, Willenskraft (etwa bei der Ernährung) und Läuterung. Kerzenfarbe: Rot.

Achat, braun
Achat, gebändert
Achat, rot
Achat, schwarz
Apachenträne
Asbest
Bergkristall
Bernstein
Blutstein
Citrin
Diamant
Feuerstein
Granat
Hämatit
Jaspis, rot
Karneol
Lava
Obsidian
Onyx
Pfeifenstein
Rhodochrosit
Rubin
Sarder
Sardonyx
Schwefel
Serpentin
Spinell
Sonnenstein
Tigerauge
Topas
Turmalin, rot
Turmalin
Zirkon

WASSER

Steine dieses Elements verwendet man in Liebesritualen und für Heilung, Mitgefühl, Versöhnung, Freundschaft, Läuterung, Stressabbau, Frieden, Schlaf, Träume und übersinnliche Wahrnehmung.

Achat, blau gebändert
Amethyst
Koralle
Lapislazuli

Aquamarin
Azurit
Bergkristall
Beryll
Calcit, blau
Calcit, rosafarben
Celestit
Chalcedon
Chrysokoll
Geoden
Jade
Koralle
Lepidolith
Lochsteine
Mondstein
Perle
Perlmutt
Saphir
Selenit
Sodalith
Sugilith
Turmalin, blau
Turmalin, grün
Turmalin, rosafarben

AKASHA

Dies ist das fünfte Element, und seine Steine sind gewöhnlich organischen Ursprungs, d. h. entweder Substanzen von Lebewesen oder Fossilien von Tieren und Pflanzen, die seit Langem tot sind. Sie sind nützlich für verschiedene magische Anwendungen wie Langlebigkeit und Rückkehr in ein vergangenes Leben.

Bernstein
Fossilien
Jett
Koralle
Perlmutt
Versteinertes Holz

Magische Intentionen

Diese Liste enthält Steine, die ich für den Gebrauch in Ritualen zu verschiedenen Zwecken empfehle. Es sind hier allerdings nicht alle magischen Intentionen aufgeführt. Weitere finden Sie in den Einzelbeschreibungen der Steine.

ABWEHRMAGIE
- Lava
- Onyx
- Saphir

ALBTRÄUME BEENDEN
- Chalcedon
- Citrin
- Jett
- Lepidolith
- Lochsteine
- Rubin

ASTRALPROJEKTION
- Bergkristall
- Turmalin
- Opal

BEREDSAMKEIT
- Celestit
- Karneol
- Sardonyx

ERDEN
- Hämatit
- Kunzit
- Mondstein
- Obsidian
- Salz
- Turmalin

ERFOLG
- Amazonit
- Chrysopras
- Marmor

ERNÄHRUNG
- Mondstein
- Topas

FREUNDSCHAFT
- Chrysopras
- Türkis
- Turmalin, rosafarben

FRIEDEN

Amethyst
Aquamarin
Calcit
Chalcedon
Chrysokoll
Diamant
Karneol
Koralle
Kunzit
Lepidolith
Malachit
Obsidian
Rhodochrosit
Rhodonit
Saphir
Sardonyx
Sodalith
Turmalin, blau

GARTENBAU

Achat
Jade
Malachit
Zirkon, braun

GEBURT

Bimsstein
Geoden
Sarder

GELD, WOHLSTAND, REICHTUM

Aventurin
Blutstein
Calcit
Chrysopras
Jade
Katzenauge
Kohle
Olivin
Opal
Perle
Perlmutt
Peridot
Rubin
Salz
Saphir
Smaragd
Spinell
Staurolith
Tigerauge
Topas
Turmalin, grün
Zirkon, braun, grün, rot

GESCHÄFTLICHER ERFOLG

Blutstein
Malachit
Turmalin, grün
Zirkon, gelb

GLÜCK

- Alexandrit
- Apachenträne
- Aventurin
- Bernstein
- Chalcedon
- Chrysopras
- Jett
- Kreuzstein
- Lepidolith
- Olivin
- Opal
- Perle
- Sardonyx
- Tigerauge
- Türkis

GLÜCKSELIGKEIT

- Amethyst
- Chrysopras
- Zirkon, gelb

GLÜCKSSPIEL

- Amazonit
- Aventurin
- Katzenauge

HEILUNG/GESUNDHEIT

- Achat
- Amethyst
- Aventurin
- Bergkristall
- Bernstein
- Blutstein
- Calcit
- Celestit
- Chrysopras
- Diamant
- Feuerstein
- Granat
- Hämatit
- Jade
- Jaspis
- Jett
- Karneol
- Katzenauge
- Koralle
- Lapislazuli
- Lochsteine
- Peridot
- Saphir
- Schwefel
- Sodalith
- Sonnenstein
- Staurolith
- Sugilith
- Topas
- Türkis
- Versteinertes Holz
- Zirkon, rot

LANGLEBIGKEIT

Achat
Fossilien
Jade
Versteinertes Holz

LÄUTERUNG

Aquamarin
Calcit
Salz

LIEBE

Achat
Alexandrit
Amethyst
Bernstein
Beryll
Calcit
Chrysokoll
Jade
Lapislazuli
Lepidolith
Malachit
Mondstein
Olivin
Perle
Rhodochrosit
Saphir
Sarder
Smaragd
Topas
Türkis
Turmalin, rosafarben

MAGISCHE ENERGIE

Bergkristall
Blutstein
Malachit
Opal
Rubin

MEDITATION

Geoden
Saphir
Sodalith

MENTALE KRÄFTE

Aventurin
Fluorit
Smaragd
Sphen
Zirkon

MUT

Achat
Amethyst
Aquamarin
Blutstein
Diamant
Karneol
Lapislazuli
Sarder

Sardonyx
Tigerauge
Türkis
Turmalin, rot

PHYSISCHE ENERGIE

Beryll
Calcit
Rhodochrosit
Selenit
Sonnenstein
Spinell
Tigerauge
Turmalin, rot
Zirkon, rot

PHYSISCHE STÄRKE

Achat
Bernstein
Beryll
Blutstein
Diamant
Granat

REISE

Chalcedon
Zirkon, orangefarben

SCHLAF

Mondstein
Peridot
Turmalin, blau

SCHÖNHEIT

Bernstein
Jaspis
Katzenauge
Opal
Zirkon, orangefarben

SCHUTZ

Achat
Alaun
Apachenträne
Asbest
Bergkristall
Bernstein
Bimsstein
Calcit
Chalcedon
Chrysopras
Citrin
Diamant
Feuerstein
Fossilien
Gneis
Granat
Jade
Jaspis

SCHUTZ

Jett
Karneol
Katzenauge
Koralle
Lapislazuli
Lava
Lepidolith
Malachit
Marmor
Mondstein
Obsidian
Olivin
Onyx
Perle
Peridot
Perlmutt
Rubin
Salz
Sarder
Sardonyx
Schwefel
Serpentin
Smaragd
Sonnenstein
Staurolith
Tigerauge
Topas
Türkis
Turmalin, rot
Turmalin, schwarz
Versteinertes Holz
Zirkon, farblos
Zirkon, rot

SEXUELLE ENERGIE

Karneol
Sonnenstein
Zirkon, gelb

SPIRITUALITÄT

Calcit
Diamant
Lepidolith
Sphen
Sugulith

TRÄUME

Amethyst
Azurit

ÜBERSINNLICHE WAHRNEHMUNG

Amethyst
Aquamarin
Azurit
Bergkristall
Beryll
Citrin
Lochsteine
Lapislazuli
Smaragd

VERSÖHNUNG
Diamant
Selenit

WEISHEIT
Chrysokoll
Jade
Koralle
Sodalith
Sugilith

WEISSAGUNG
Azurit
Feuerstein
Gneis
Hämatit
Jett
Mondstein
Obsidian
Tigerauge

ZENTRIEREN
Calcit
Zirkon, braun
(*siehe auch* ERDEN)

Magische Ersatzsteine

Hier erhalten Sie eine Liste magischer Steine, die Sie anstelle von Steinen verwenden können, die Sie vielleicht gerade nicht zur Hand haben, wenn Sie sie benötigen. Andere Ersatzsteine sind genauso effektiv. Dies sind nur einige Vorschläge für die wichtigsten Steine.

AMAZONIT	Aventurin
AQUAMARIN	Beryll, Smaragd
AVENTURIN	Amazonit
BERYLL	Aquamarin, Smaragd
CHRYSOKOLL	Türkis
CITRIN	Topas
DIAMANT	Herkimer-Diamant, Bergkristall, Zirkon
GRANAT	Roter Turmalin, Rubin
JADE	Grüner Jaspis, grüner Turmalin
JASPIS, GRÜN	Jade
JASPIS, ROT	Karneol
JETT	Obsidian
KARNEOL	Koralle, roter Jaspis, Sarder
KATZENAUGE	Tigerauge
KORALLE	Karneol, roter Jaspis
KREUZSTEIN	Staurolith
KUNZIT	Rosafarbener Turmalin
LAPISLAZULI	Sodalith
MONDSTEIN	Perlmutt
OLIVIN	Grüner Turmalin, Peridot
PERLE	Mondstein, Perlmutt
PERIDOT	Grüner Turmalin, Olivin
RUBIN	Granat, roter Turmalin

SAPHIR	Amethyst, blauer Turmalin, blauer Zirkon
SARDER	Karneol
SMARAGD	Aquamarin, Beryll, grüner Turmalin, Peridot
SODALITH	Lapislazuli
SONNENSTEIN	Karneol
STAUROLITH	Kreuzstein
SUGILITH	Lapislazuli
TIGERAUGE	Katzenauge
TOPAS	Citrin, gelber Turmalin
TÜRKIS	Chrysokoll
TURMALIN, BLAU	Blauer Zirkon
TURMALIN, GRÜN	Olivin, Peridot
TURMALIN, ROT	Granat, Rubin

Anmerkung: Bergkristalle können wie Opale mit den magischen Attributen jedes Steins aufgeladen werden, und zwar durch Ihre Visualisierung.

Geburtssteine

Ich habe es bewusst vermieden, diese Steine im Text zu erwähnen, zum Teil weil so viele andere Bücher verschiedene Steine für jedes Tierkreiszeichen aufführen. Außerdem herrscht nur geringe Einigkeit über die »korrekten« Geburtssteine.

Nun ist dies zwar keine alte magische Tradition, doch heute sind solche Steine sehr bekannt. Dieses Buch wäre aber nicht vollständig, wenn darin nicht kurz auf sie eingegangen würde.

Wie bei allen magischen Symbolen sind diese Entsprechungen nur Vorschläge. Sie basieren im Allgemeinen auf den beherrschenden Planeten jedes Zeichens.

Wenn Sie einen Stein tragen wollen, weil er mit Ihrem Tierkreiszeichen assoziiert ist, dann sollten Sie dies nur dann tun, wenn Sie die Einflüsse dieses bestimmten Steines in Ihr Leben einbringen wollen.

WIDDER
- Blutstein
- Granat
- Rubin

STIER
- Jade
- Lapislazuli
- Smaragd

ZWILLINGE
- Achat
- Aventurin

KREBS
- Beryll
- Mondstein
- Saphir

LÖWE
- Bernstein
- Diamant
- Karneol
- Topas

JUNGFRAU
- Chrysopras
- Lapislazuli
- Türkis

SKORPION

Bergkristall
Turmalin
Kunzit
Spinell

SCHÜTZE

Amethyst
Sugilith

STEINBOCK

Apachenträne
Hämatit
Onyx

WASSERMANN

Aquamarin
Fossilien
Jett

FISCHE

Amethyst
Sugilith

Bezugsquellen

Es gibt zwar überall um uns herum Steine, doch viele von den ungewöhnlicheren Arten sind nur schwer zu finden.

Wie ich bereits im Abschnitt »Steine kaufen und sammeln« erwähnt habe, können Sie Steine in lokalen Stein- und Mineralienläden kaufen. Auch viele naturkundliche Museen verkaufen Steine.

Darüber hinaus gibt es natürlich eine Reihe von Versandgeschäften, die mit Steinen aller Art handeln und bei denen Sie bequem über das Internet bestellen können.

Zahlreiche Links zu diesen Versandadressen finden Sie im umfangreichen und höchst informativen Internetatlas für Mineralien und Fossilien unter

www.mineralienatlas.de

Glossar

AKASHA: Das fünfte Element, die allgegenwärtige spirituelle Kraft, die das Universum durchdringt. Es hängt mit dem äußeren Raum, dem inneren Raum, dem Nichtmanifesten und der Lebenskraft zusammen. *Siehe auch* ELEMENTE.

AMULETT: Ein magisch aufgeladenes Objekt, das Energien abweist; ein schützendes Objekt, das oft getragen oder mitgeführt wird. *Siehe auch* TALISMAN.

ASTRALPROJEKTION: Auch Astral- oder Seelenreise; Der Akt, das Bewusstsein vom physischen Körper zu trennen und es frei herumzubewegen.

AUFLADEN: Etwas auf magische Weise mit Energie versehen, wobei die Energie im Allgemeinen mittels Visualisierung ins Objekt oder in den Ort gelenkt wird.

BÖSER BLICK: Der Blick, der mutmaßlich anderen großen Schaden zufügen kann. *Siehe auch* ÜBERSINNLICHER ANGRIFF.

CABOCHON: Ein nach oben gewölbt geschnittener und geschliffener runder, ovaler oder quadratischer Stein mit einer ebenen oder nach innen gewölbten Fläche. Cabochons werden oft für Schmuck verwendet.

CHATOYIEREN: Eine bei vielen Steinen (z. B. Tigerauge, Mondstein, Sonnenstein) auftretende Lichterscheinung, die an das schlitzartige Auge einer Katze erinnert (nach französisch *chat* = Katze).

ELEKTRUM: Das Produkt der Mischung verschiedener Metalle, etwa von Gold und Silber. Elektrum kommt in der Natur selten vor, hat aber eine lange magische Geschichte.

ELEMENTE: Erde, Luft, Feuer und Wasser. Diese vier Grundsubstanzen sind die Bausteine des Universums. Alles, was existiert (oder das Potenzial hat zu existieren), enthält eine oder mehrere dieser Energien. Die Elemente kommen im Allgemeinen auch in der Welt und in uns selbst vor und können durch Magie genutzt werden, eine Veränderung herbeizuführen. *Siehe auch* AKASHA.

HEXEREI: Meist Volksmagie – also praktische und irdische ZAUBER *(siehe dort)*, die das Leben des Zauberers oder der Hexe verbessern sollen. Hexerei und WICCA *(siehe dort)* werden oft miteinander verwechselt. Doch viele Frauen oder Männer, die sich »Hexe« oder »Zauberer« nennen, sind keine Wiccaner, sondern Magier.

HOHEPRIESTERIN: Eine Praktizierende des WICCA *(siehe dort)*, die in dieser Religion einen hohen Status erlangt hat, nachdem sie mehrere Proben überstanden und (meist) drei Weihen empfangen hat.

KAHUNA: Ein Praktizierender des alten hawaiischen philosophischen, wissenschaftlichen und magischen Systems; ein Experte, ein Magier, ein Priester oder eine Priesterin.

KRAFTBEUTEL: Die Energiequelle eines SCHAMANEN *(siehe dort)*; ein Behältnis aus Stoff und/oder Tierhaut, in dem sich Bergkristalle, Steine, Trommeln, Rasseln und andere magische Objekte und Instrumente befinden.

MAGIE: Der Akt, Energie zu wecken und auf ein Ziel hin zu lenken und freizusetzen. Die Kunst, kaum verstandene, aber natürliche Kräfte zu nutzen, um eine erforderliche Veränderung herbeizuführen.

MAGIER: Jemand, der Magie praktiziert.

MEDITATION: Die nach innen gewandte Reflexion und Kontemplation. Eine Zeit der Stille, in der der Praktizierende bei bestimmten Gedanken oder Symbolen verweilen oder sie unaufgefordert kommen lassen kann.

PENDEL: Ein Instrument der WEISSAGUNG *(siehe dort)*, das aus einer Schnur und einem daran befestigten schweren Objekt besteht, etwa einem Bergkristall, einer Wurzel oder einem Ring. Das freie Ende der Schnur wird in der Hand gehalten, der Ellbogen wird auf einer ebenen Oberfläche aufgestützt und dann wird eine Frage gestellt. Die Bewegung der Schwingungen des schweren Objekts gibt die Antwort. Dies ist ein Instrument, das einen Kontakt zum ÜBERSINNLICHEN GEIST *(siehe dort)* herstellt.

MEDIZINBEUTEL: *Siehe* KRAFTBEUTEL.

PENTAGRAMM: Ein fünfzackiger Stern, der mit einer Spitze nach oben visualisiert wird und die fünf Sinne, die ELEMENTE *(siehe dort)*, die Hand und den menschlichen Körper darstellt. Es ist ein Schutzsymbol, das seit altbabylonischer Zeit verwendet wird. Heute wird es häufig mit WICCA *(siehe dort)* gleichgesetzt.

PROJEKTIVE ENERGIE: Die elektrische, sich vorwärts bewegende, aktive Energie. Projektive Energie schützt. *Siehe auch* REZEPTIVE ENERGIE.

PROJEKTIVE HAND: Bei Rechtshändern die rechte, bei Linkshändern die linke Hand. Durch diese Hand geht magische Energie vom Körper aus. *Siehe auch* REZEPTIVE HAND.

REINKARNATION: Die Lehre von der Wiedergeburt. Das Phänomen wiederholter Geburten in menschlicher Form, damit sich die sexlose, alterslose Seele entwickeln kann.

REZEPTIVE ENERGIE: Das Gegenteil der PROJEKTIVEN ENER-

GIE *(siehe dort)*; die magnetische, beruhigende, anziehende Energie, die oft der Meditation, der Förderung von Liebe, Ruhe und Stille dient.

REZEPTIVE HAND: Die linke Hand bei Rechtshändern, die rechte Hand bei Linkshändern. Durch diese Hand wird Energie in den Körper aufgenommen. *Siehe auch* PROJEKTIVE HAND.

RUNEN: Stäbchenartige Buchstaben, die Überreste eines uralten Alphabets. Diese Symbole werden in Steine geritzt oder auf sie gemalt, mit denen sich dann mögliche zukünftige Trends ermitteln lassen. Sie werden auch in der Bildmagie verwendet, weil man ihnen seit Langem übersinnliche Kräfte zuschreibt.

SCHAMANE: Ein Mensch (Mann oder Frau), der ein besonderes Wissen über andere Dimensionen wie über die Erde erlangt, meist durch Phasen veränderter Bewusstseinszustände. Dieses Wissen verleiht dem Schamanen die Kraft, diese Welt durch Magie zu verändern. Einst herablassend als »Medizinmänner« und »Hexen« abgetan werden Schamanen inzwischen wieder als Hüter der traditionellen Heilung, des übersinnlichen und magischen Wissens respektiert.

SCHAMANISMUS: Die Praxis von SCHAMANEN *(siehe dort)*, meist ritueller oder magischer, zuweilen auch religiöser Natur.

SEXUELLE FUNKTIONSSTÖRUNG: Die Unfähigkeit zu gemeinsamen sexuellen Aktivitäten. Impotenz und Frigidität sind zwei Arten der Funktionsstörung.

STREIFEN: Feine Rillen oder Linien, die an bestimmten Steinen, etwa Kunzit, vorkommen.

TALISMAN: Ein mit magischer Energie aufgeladenes Objekt (*siehe* AUFLADEN), das zum Träger eine bestimmte Kraft oder Energie hinziehen soll. *Siehe auch* AMULETT.

TIEFENBEWUSSTSEIN: Der ÜBERSINNLICHE GEIST *(siehe dort)*.

ÜBERSINNLICHE WAHRNEHMUNG: Der Akt der bewussten Erfahrung des Übersinnlichen.

ÜBERSINNLICHER ANGRIFF: Die mutmaßlich auf einen anderen Menschen gerichtete negative Energie, die diesem Menschen schaden soll; ein »Verhexen« oder »Fluch«. Letztere kommen heute so gut wie kaum noch vor.

ÜBERSINNLICHER GEIST: Der unterbewusste oder tiefenbewusste Geist, in dem wir übersinnliche Impulse empfangen. Der übersinnliche Geist ist am Werk, wenn wir schlafen, träumen, meditieren, die WEISSAGUNG *(siehe dort)* praktizieren und Intuitionen oder die übersinnliche Wahrnehmung erleben.

VISUALISIEREN: Der Prozess der Gestaltung mentaler Bilder. In der Magie werden Bilder vom benötigten magischen Ziel gestaltet und dazu verwendet, Energie so zu lenken, dass eine Veränderung herbeigeführt wird.

WEISSAGUNG: Die magische Kunst, Unbekanntes durch die Interpretation der zufälligen Muster oder Symbole in Wolken, Kristallkugeln, reflektierenden Steinen, Tarotkarten, Flammen, einem PENDEL *(siehe dort)* und Rauch zu entdecken. Dabei wird ein Kontakt mit dem ÜBERSINNLICHEN GEIST *(siehe dort)* aufgenommen, indem der bewusste Verstand durch Rituale und die Beobachtung oder Manipulation von Instrumenten überlistet oder eingelullt wird. Wer ohne Weiteres mit dem übersinnlichen Geist zu kommunizieren vermag, kann, aber muss nicht weissagen.

WICCA: Eine zeitgenössische heidnische Religion mit spirituellen Wurzeln im SCHAMANISMUS *(siehe dort)* und in den frühesten Ausdrucksformen der Verehrung der Natur als göttlichen Manifestationen. Typisch ist die Verehrung der universalen Energie, der Quelle allen Lebens, als einer Göttin und eines Gottes.

YIN/YANG: Die Zwillingspole der Energie; ein altes chinesisches Konzept, die universalen Energien zu verstehen. Yin entspricht der REZEPTIVEN ENERGIE *(siehe dort)*, Yang der PROJEKTIVEN ENERGIE *(siehe dort)*.

ZAUBER: Ein magischer Ritus, meist nicht religiöser Natur und oft von gesprochenen Worten (»Zauberspruch«) begleitet.

Über den Autor

Scott Cunningham hat mehr als zwanzig Jahre lang elementare Magie praktiziert. Er hat mehr als dreißig Bücher, Romane wie Sachbücher, verfasst. Sie spiegeln seine breit gefächerten Interessen innerhalb der Sphäre des New Age wider, in der er hohes Ansehen genoss. Am 28. März 1993 verstarb er nach langer Krankheit.

Danksagung

Besonders danken möchten wir Megan Myrice von Milestones, die uns freundlicherweise die magischen Steine und Metalle für den Farbbildteil dieser Neuausgabe zur Verfügung gestellt hat. Näheres über Megans Steine erfahren Sie bei Milestones, Megan Myrice, 1062 G Street, Suite A, Arcata, CA 95521, Tel. (707) 825-9194

http://www.milestones4u.com
E-Mail: mhm4@axe.humboldt.edu

LITERATURVERZEICHNIS

Literaturverzeichnis

Damit dieses Buch so vollständig und umfassend wie möglich wird, habe ich auf eine Reihe von Quellen zurückgegriffen.

Ich habe meine Experimente und Erfahrungen mit Steinen aufgeschrieben, befreundete Steinschneider, Steinsammler und Ladenbesitzer befragt, meine Freunde unter den Wiccanern und Magiern gelöchert und viele Tage und Nächte damit verbracht, ganze Regale und Stapel von Büchern und Zeitschriften zu lesen, um meine Informationen aus erster Hand zu ergänzen. Ich möchte die Autoren nicht beim Wort nehmen. Wo immer es möglich war, habe ich die in Büchern gefundenen Informationen anhand meiner lebendigen Quellen überprüft.

Die im Folgenden aufgeführten Bücher und Zeitschriftenartikel stellen eine repräsentative Auswahl dar. Wer tiefer in die Geheimnisse der Steinmagie eintauchen möchte, sollte diese Werke lesen.

Jede Quelle habe ich mit einem kurzen Kommentar versehen. Eine glückliche Lektüre!

Adams, Evangeline: *Astrology for Everyone*, Philadelphia 1931.
Dieses Werk, eines der frühesten populären Bücher über Astrologie im 20. Jahrhundert, enthält einige widersprüchliche, aber interessante Informationen über Geburtssteine.

Agrippa von Nettesheim, Heinrich Cornelius: *De occulta philosophia. Drei Bücher über Magie*, Köln 1533. Nachdruck Nördlingen 1987.
Agrippas Klassiker enthält Informationen über den magischen Gebrauch von Steinen sowie ihre planetarischen Entsprechungen.

»Aima«: *Perfumes, Candles, Seals, and Incense*, Los Angeles 1975.
Dieses Buch enthält ein schönes Kapitel über den magischen Gebrauch von Edelsteinen.

Alderman, Clifford Lindsey: *Symbols of Magic: Amulets and Talismans*, New York 1977.
Interessante, meist aus Standardquellen entlehnte Informationen über Steine.

Banis, Victor: *Charms, Spells and Curses for the Millions*, Los Angeles 1970.
Steinwissen aus verschiedenen Quellen versammelt dieses Buch. (Ich ignoriere immer die »Flüche«.)

Bannerman-Phillips, E. Ivy A.: *Amulets and Birthstones: Their Astrological Significance*, Los Angeles 1950.
Eine umfassende Sammlung von Edelsteinmagie und -wissen aus allen Zeiten.

Barrett, Francis: *The Magus, or Celestial Intelligencer*, London 1801. Nachdruck New York 1967.
Barrett wiederholt großenteils Agrippas Informationen über Steine, stellt aber auch Zusammenhänge zwischen Steinen und Elementen dar.

Beckwith, Martha: *Hawaiian Mythology*, Honolulu 1979.

Diese umfassende Untersuchung behandelt die mystische Verwendung und Symbolik der Steine auf Hawaii in alter Zeit.

Best, Michael R., und Frank H. Brightman (Hrsg.): *The Book of Secrets of Albertus Magnus of the Virtues of Herbs, Stones and Certain Beasts*, London 1973.

Eine verständliche Übersetzung der Manuskripte des Pseudo-Albertus-Magnus, die zuerst um 1550 in einer Sammlung auf Englisch erschienen. Die magischen Informationen über Steine in diesem Buch sind zwar ein wenig verschroben, aber zum Teil durchaus brauchbar – immerhin ist all dies über vierhundert Jahre alt.

Bowness, Charles: *The Witch's Gospel*, London 1979.

Magische Informationen über Jett.

Budge, E. A. Wallis: *Amulets and Talismans*, New York 1968.

Budges Buch, vielleicht der Klassiker über magische Objekte, hat zeitgenössische Autoren stark beeinflusst. Es ist eine gute Übersicht über die alte Steinmagie. Zusammen mit den Werken von Kunz und vielleicht auch von Fernie enthält es genauso viele Informationen über magische Steine wie alle anderen hier aufgeführten Bücher zusammen.

Cirlot, J. E. A.: *Dictionary of Symbols*, New York 1962.

Das Buch befasst sich mit der Symbolik von Fossilien, Meteoriten, Eisen, Gold und so weiter und enthält einige Hinweise auf ihre magische Anwendung.

Clifford, Terry: *Cures*, New York 1980.

Dieses lebendig geschriebene Buch über antike und moderne Volksmedizin enthält einige Hinweise auf Edelsteine und Kristalle.

Coffin, Tristram P., und Hennig Cohen (Hrsg.): *Folklore in America*, Garden City 1970.

Informationen über Eisen und Ringe.

Crow, W. B.: *Precious Stones: Their Occult Power and Hidden Significance*, London 1970.
Enthält einige interessante Informationen über die Zuschreibung von Steinen zu den Planeten und Gottheiten.

Daniels, Cora Linn (Hrsg.): *Encyclopedia of Superstitions, Folklore and the Occult Sciences of the World*, 3. Bde., Detroit 1971.
Das Kapitel »The Mineral Kingdom« enthält viele Details über Steinmagie und -wissen.

De Lys, Claudia: *A Treasury of American Superstitions*, New York 1948.
Ein kurzes Kapitel über »Eyes of the Gods« befasst sich mit Edelsteinmagie.

Eichler, Lillian: *The Customs of Mankind*, Garden City 1924.
Informationen über die magischen Assoziationen von Eisen.

Eliade, Mircea: *Ewige Bilder und Sinnbilder. Über die magisch-religiöse Symbolik*, Frankfurt a. M. 1988.
Enthält Mythen und rituelle Anwendungen von Korallen.

Elkin, A. P.: *The Australian Aborigines*, New York 1964.
Informationen über den Gebrauch von Bergkristallen durch die Aborigines.

Evans, Joan: *Magical Jewels of the Middle Ages and the Renaissance*, New York 1976.
Eine gelehrte Untersuchung magischer Steinschneider von der Antike bis ins 18. Jahrhundert. Interessant, enthält aber viele Passagen auf Latein, Griechisch, Französisch und sogar Altspanisch.

Fernie, William T.: *The Occult and Curative Powers of Precious Stones*, New York 1973.
Ein weiteres Standardwerk. Die Informationen sind zwar unübersichtlich angeordnet, doch Dutzende von Steinen werden gründlich behandelt. Fernies Informationen stammen gro-

ßenteils aus mittelalterlichen und Renaissancemanuskripten und sind daher anderswo nicht zu bekommen, außer vielleicht im Buch von Kunz.

Fielding, William J.: *Strange Superstitions and Magical Practices*, New York 1943.

Fieldings Buch mit dem marktschreierischen Titel enthält ausgezeichnete Kapitel über Edelsteinmagie und Volksrituale.

Frazer, James: *Der goldene Zweig. Das Geheimnis von Glauben und Sitten der Völker*, Reinbek 2000.

Dieses Werk enthält auch rituelle Anwendungen von Steinen.

Ghosn, M. T.: *Origin of Birthstones and Stone Legends*, Lomita, Kalifornien, 1984.

Ich habe dieses Buch bei einer Mineralienausstellung mitgenommen. Es ist eine feine Sammlung von Geschichten über Edelsteinmagie und -wissen.

Giles, Carl H. und Barbara Ann Williams: *Bewitching Jewelry: Jewelry of the Black Art*, Cranbury, N.J., 1976.

Dieses merkwürdige Buch enthält ein Kapitel über okkulten Schmuck im Allgemeinen und eine kurze Liste von Edelsteinen mit ihren magischen Eigenschaften.

Gleadow, Rupert: *The Origin of the Zodiac*, New York 1968.

Enthält ein Kapitel über astrologische Geburtssteine, geordnet nach mehreren verschiedenen Systemen.

Gregor, Arthur S.: *Amulets, Talismans and Fetishes*, New York 1975.

Dieses Buch für »junge Leser« enthält viele Informationen über die Magie von Steinen, die als Amulette und Talismane verwendet werden.

Hand, Wayland, Anna Cassetta und Sondra B. Theiderman (Hrsg.): *Popular Beliefs and Superstitions: A Compendium of American Folklore*, 3 Bde., Boston 1981.

Diese monumentale Anthologie enthält viele Hinweise auf

Volksglauben, Rituale und Zauber um Edelsteine, »Gesteine« und Schmuck.

Harner, Michael: *Der Weg des Schamanen*, München 2003.
Diese Einführung in den Schamanismus enthält einige Informationen über Bergkristall.

Harvey, Anne: *Jewels*, New York 1981.
Ein reizendes, wunderschön illustriertes Buch über Edelsteinlegenden und -wissen.

Hayes, Carolyn H.: *Pergemin: Perfumes, Incenses, Colors, Birthstones: Their Occult Properties and Uses*, Chicago 1937.
Dieses Pamphlet enthält ein ausgezeichnetes Kapitel über den magischen Gebrauch von Steinen und befasst sich kurz mit Geburtssteinen.

Hodges, Doris M.: *Healing Stones*, Perry 1961.
Dieses Buch enthält kurze Kapitel über den mythologischen und magischen Hintergrund von 16 Edelsteinen.

Isaacs, Thelma: *Gemstones, Crystals and Healing*, Black Mountain, N.C., o.J.
Ein schönes Buch über Steinmagie, unter besonderer Berücksichtigung ihrer Heileigenschaften.

Kapoor, Gouri Shanker: *Gems and Astrology: A Guide to Health, Happiness and Prosperity*, New Delhi 1985.
Ein zeitgenössischer Überblick über alte und neue Edelsteinmagie in Indien, mit dem Schwerpunkt Astrologie und Heilung.

Kenyon, Theda: *Witches Still Live*, New York 1929.
Diese köstliche Anthologie von Folklore und Magie enthält ein paar Hinweise auf Steinwissen.

Krythe, Maymie: *All About the Months*, New York 1966.
Dieses faszinierende Kompendium von Kalenderweisheiten enthält Artikel über Geburtssteine.

Kunz, George Frederick: *The Curious Lore of Precious Stones*, Philadelphia 1913, Nachdruck New York 1977.

Kunz' Buch, ein weiterer Klassiker, ist eine Hauptquelle für Studenten und Praktizierende der Edelsteinmagie. Seine Informationen sind Dutzenden antiker Bücher und Manuskripte entnommen. (Kunzit wurde übrigens nach dem Autor benannt.)

Ders.: *Rings for the Finger*, New York 1973.

Eine gründliche historische Untersuchung von Ringen. Zwei Kapitel befassen sich mit magischen und heilenden Ringen.

Lame Deer, John [Fire], und Richard Erdoes: *Tahca Ushte, Medizinmann der Sioux*, München 1979.

Enthält eine Darstellung der Symbolik von Pfeifenstein bei den Sioux-Indianern.

Leach, Maria (Hrs.): *Standard Dictionary of Folklore, Mythology and Legend*, New York 1972.

Dieses ausgezeichnete Nachschlagewerk enthält viele Artikel über Steinweisheit und -magie.

Leland, Charles Godfrey: *Etruscan Magic and Occult Remedies*, New York 1963.

Dieses faszinierende Werk geht auch auf die Weissagung mit Blei ein.

Masse, Henri: *Persian Beliefs and Customs*, New Haven 1954.

Diese merkwürdig umfassende Studie enthält auch einiges über Magie im Hinblick auf Felsen und Steine.

Maple, Eric: *Superstition: Are You Superstitious?*, Cranbury, N.J., 1972.

Enthält ein paar Informationen über Steinmagie.

Mella, Dorothee L.: *Stone Power: The Legendary and Practical Use of Gems and Stones*, Albuquerque, New Mexico, 1976.

Eines der frühesten Bücher, die das gegenwärtige Interesse an

Edelsteinmagie auslösten. Mellas Werk ist eine gute Einführung.

Paulsen, Kathryn: *The Complete Book of Magic and Witchcraft*, New York 1971.

Ein weiteres gutes Kompendium mit Auszügen aus verschiedenen antiken Schriften; informiert über zahlreiche Steine und ihre magische Verwendung.

Pavitt, William: *The Book of Talismans, Amulets and Zodiacal Gems*, Hollywood 1970.

Dieses Buch enthält einen guten Abschnitt über Edelsteine.

Pearl, Richard M.: *How to Know the Minerals and Rocks*, New York 1955.

Ein nichtmagisches Werk, beschreibt 125 Edelsteine, Mineralien und Gesteine.

Plinius der Ältere: *Naturkunde*, Zürich, Düsseldorf o. J.

Dieses monumentale Werk versammelt einen Großteil der in Rom um das 1. Jahrhundert n. Chr. gebräuchlichen Steinmagie. Plinius war zwar ein Skeptiker, berichtete aber ausführlich über die alten magischen Glaubensvorstellungen.

Randolph, Vance: *Ozark Superstitions*, New York 1947.

Glaubensvorstellungen um Ringe und Schmuck der Menschen, die in den Ozarks leben.

Raphael, Katrina: *Crystal Enlightenment: The Transforming Properties of Crystals and Healing Stones*, Bd. 1, New York 1985.

Eines der »neuen« Bücher über Steinheilung. Das Werk enthält viele Informationen, die praktisch anwendbar und stimmig sind. Einiges davon ist »gechannelt«.

Dies.: *Crystal Healing: The Therapeutic Application of Crystals and Stones*, Bd. 2, New York 1987.

Weitere Ausführungen über das gleiche Thema, auch hier wurde einiges »gechannelt«. Interessante Lektüre, aber vieles davon kommt mir weit hergeholt vor. Ein Teil des Buches befasst sich mit einigen faszinierenden Methoden, Steine direkt auf den Körper zu legen, um die Chakras zu aktivieren.

Richardson, Wally, Jenny Richardson und Lenora Huett: *Spiritual Value of Gemstones*, Marina del Rey, Kalifornien, 1980.
Dieses Werk, ein weiteres »gechanneltes« Buch, enthält einige ausgezeichnete Informationen über Steine; störend ist allerdings die ungewollt sexistische Terminologie.

Schmidt, Phillip: *Superstition and Magic*, Westminster, Maryland, 1963.
Dieses von einem Jesuiten geschriebene Buch enthält einige ausgezeichnete Informationen über Edelsteinmagie – wenn Sie die offenkundige Abscheu des Autors vor dem Thema ignorieren.

»Seleneicthon«. *Applied Magic*, Hialeah, Florida, o. J.
Planetarische Attribute von Steinen.

Shah, Sayed Idries: *The Secret Lore of Magic*, New York 1970.
Diese Sammlung alter magischer Zauberbücher enthält Informationen über die Zusammenhänge zwischen Planeten und Edelsteinen.

Sharon, Douglas: *Magier der vier Winde. Der Weg eines peruanischen Schamanen*, Freiburg i. Br. 1980.
Über den Gebrauch von Bergkristallen und geformten Steinen bei heutigen peruanischen Schamanen.

Silbey, Uma: *Heilkraft der Kristalle*, München 1988.
Eines der besten Werke über die Arbeit mit Bergkristallen. Es bietet direkte, vollständige, praktikable Informationen, die nicht durch »mystische Offenbarungen« und pseudohistorische Informationen über Atlantis etc. beeinträchtigt werden. Viele Übungen und Rituale leiten den Leser dazu an, die Kräfte von Kristallen zu entdecken. Ein Muss!

Simpson, Jacqueline: *Folklore of Sussex*, London 1973.
Dieses Werk befasst sich auch mit Lochsteinen.
Smith, Michael G.: *Crystal Power*, St. Paul, Minnesota, 1984.
Dieses interessante Buch enthält zahlreiche Anwendungen von Bergkristallen.
Stein, Diane: *Die Weisheit der Göttin umarmen. Das spirituelle Heilbuch für Frauen*, St. Paul, Minnesota, 1987.
Ein Kapitel über Bergkristalle und andere Steine stellt eine ausgezeichnete Einführung in die Steinmagie dar.
Thompson, C. J. S.: *The Mysteries and Secrets of Magic*, New York 1972.
Die beiden Kapitel »Magical Rings« und »Magic in Jewels« enthalten ausgezeichnete Informationen über alte Magie.
Thomson, H. A.: *Legends of Gems: Strange Beliefs Which the Astrological Birthstones Have Collected Through the Ages*, Los Angeles 1937.
Eine interessante frühe Auswahl über traditionelle Steinmagie, mit besonderer Betonung von Geburtssteinen.
Toor, Frances: *A Treasury of Mexican Folkways*, New York 1973.
Ein kurzer Abschnitt geht auf den vielfältigen Gebrauch von Bergkristallen bei mexikanischen Schamanen ein.
Underhill, Ruth: *The Papago Indians of Arizona*, o. O. o. J.
Dieses Pamphlet, das wahrscheinlich in den Vierzigerjahren des vorigen Jahrhunderts erschien, enthält Informationen über den Gebrauch von Bergkristallen bei den Papago-Schamanen.
Uyldert, Mellie: *Verborgene Kräfte der Edelsteine*, München 1983.
Eine ziemlich umfassende Darstellung der Weisheit und Magie von Edelsteinen.
Verrill, A. Hyatt: *Minerals, Metals and Gems*, New York 1939.
Eine nichtmagische Einführung in die Welt der Mineralien.

Villiers, Elizabeth: *The Book of Charms*, London 1927. Nachdruck New York 1973.
Das Kapitel »Stones, Jewels and Beads« enthält eine gute Auswahl magischer Informationen.

Walker, Barbara, *Das geheime Wissen der Frauen*, München 1995.
Steine und Metalle und ihr Bezug zu den Gottheiten und Planeten.

Wright, Elbee: *Book of Legendary Spells*, Minneapolis, Minnesota, 1974.
Dieses Buch enthält eine alphabetische Liste von Edelsteinen und ihrer magischen Eigenschaften.

Zeitungen und Zeitschriften

Archaeology, A Pagan Renaissance, Circle Network News, Lapidary Journal, National Geographic, The Los Angeles Times, The San Diego Union